国家社会科学基金项目"新型城镇化进程中农业转移人口市民化协同推进机制及政策研究"（项目批准号：14BJL067）结项成果

农业转移人口市民化
协同推进机制及政策研究

陈湘满 著

中国社会科学出版社

图书在版编目 (CIP) 数据

农业转移人口市民化协同推进机制及政策研究/陈湘满著.
—北京: 中国社会科学出版社, 2020.8
ISBN 978 – 7 – 5203 – 6760 – 8

Ⅰ. ①农… Ⅱ. ①陈… Ⅲ. ①农业人口—城市化—研究—中国
Ⅳ. ①C924.24 ②F299.21

中国版本图书馆 CIP 数据核字 (2020) 第 115885 号

出 版 人	赵剑英	
责任编辑	李庆红	
责任校对	李 剑	
责任印制	王 超	

出　　版	中国社会科学出版社
社　　址	北京鼓楼西大街甲 158 号
邮　　编	100720
网　　址	http://www.csspw.cn
发 行 部	010 – 84083685
门 市 部	010 – 84029450
经　　销	新华书店及其他书店

印　　刷	北京君升印刷有限公司
装　　订	廊坊市广阳区广增装订厂
版　　次	2020 年 8 月第 1 版
印　　次	2020 年 8 月第 1 次印刷

开　　本	710 × 1000　1/16
印　　张	15.5
插　　页	2
字　　数	223 千字
定　　价	89.00 元

目 录

第一章 导论

第一节 研究背景及意义

一 研究背景

针对我国社会主要矛盾的变化，党的十九大明确提出了实施乡村振兴和区域协调发展的新战略，提出的"以城市群为主体构建大中小城市和小城镇协调发展的城镇格局，加快农业转移人口市民化"[①]具有深刻的政策含义，体现了党对我国区域协调发展以及城乡建设的重视。经过几十年的发展，中国特色社会主义进入了新时代，社会主要矛盾转化为"人民日益增长的美好生活需要和不平衡不充分的发展之间的矛盾"，而不再是人民日益增长的物质文化需要同落后的社会生产之间的矛盾，是在解决了温饱问题之后对生活品质更高的追求。我国生产能力已经显著提高，生产力水平在世界范围内进入前列，但从实际情况来看，我国巨大的生产力并没有平衡和充分地发展，区域经济和城乡发展不平衡，人民收入水平差距较大，城乡居民福利保障水平参差不齐，城市发展速度快，农村人口为城市发展做出了巨大的贡献，但受户籍制度等政策的影响，农业人口并没有享受到

---

① 习近平：《决胜全面建成小康社会 夺取新时代中国特色社会主义伟大胜利》，人民出版社 2017 年版。

城市发展带来的红利，这些矛盾的存在影响了国民整体福利水平的提高。农村劳动力还有巨大的潜力，加快农业转移人口市民化是中国实现现代化的重要战略，为我国缩小城乡收入差距，实现乡村振兴，全面建成小康社会奠定基础。

实际上，新型城镇化、区域协调发展与农业转移人口市民化三者密不可分。新型城镇化促进人口有序流动，推动农业转移人口就业地域转移、职业转换与身份转换，进而有利于实现农业现代化和全要素生产。农业转移人口市民化能解决新型城镇化进程中的劳动力不足的问题，有利于消除城乡和城市内部二元结构，促进区域协调发展。城镇化是推动区域协调发展的有力支撑，而地区市民化水平则是反映区域发展水平的主要指标。把市民化问题置于新型城镇化、区域协调发展的整体框架下，深入研究加快农业转移人口市民化的影响因素、协同推进机制及路径，是对农业转移人口市民化问题研究内容的拓展和深化，且提供了一个全新的研究视角，具有重要的学术价值。本书拟在科学界定"农业转移人口"和"市民化"概念的基础上，深入分析农业转移人口市民化在新型城镇化进程中的重要地位，全面阐释新型城镇化对区域协调发展的巨大意义，以及农业转移人口市民化对区域发展的有利推进效应。从经济、制度、文化三方面分析农业转移人口市民化的影响因素，探讨促进农业转移人口市民化的作用机制，探索适应新时代要求的农业转移人口市民化模式及路径。

二　研究意义

（一）理论意义

本书以新型城镇化与农业转移人口市民化互动作用机理为基础，围绕促进社会公平正义这条主线，从社会保障、公共教育、城镇住房、医疗卫生等基本公共服务的协同，新型工业化、新型城镇化、信息化、农业现代化"四化"与市民化协同，政府、市场、个人等多元主体协同，新型城镇化与乡村振兴协同四个方面构建农业转移人口市民化协同推进机制。这在国内经济学界尚属一个涉及甚少的研究课题。本书将探索建立一个完整规范的分析框架，对补充和完善农业转移人口市民化理论具有创新价值。

（二）现实意义

推进农业转移人口市民化，是新型城镇化建设的首要任务，是发挥市场对资源配置起决定性作用、理顺人口就业选择、促进城乡劳动力有序流动、提高全员劳动生产率的有力保障。有序推进农业转移人口市民化，对于城镇化健康发展、创新社会管理、促进农村经济社会发展、缩小城乡居民收入差距、维护社会公平正义，有着重大而深远的意义。如何推进？推进过程中要解决哪些体制机制问题？如何从新型城镇化、新型工业化、农业现代化全局上整体把握？本书从多方协调推进的视角，研究农业转移人口市民化问题，为中央及地方政府决策提供新的思路和理论基础，具有重要的实践价值和现实意义。

第一，加快农业转移人口市民化是推动新型城镇化、促进城乡融合发展的内在要求和现实需要。农业转移人口市民化是推动新型城镇化的关键和核心内涵。新型城镇化是以人为核心的城镇化。城乡居民公平分享发展成果，农村居民自主选择进城，让进入城市生活工作的农业转移人口真正融入城市，平等享受市民的各项权利，这也是新型城镇化的重要内涵。[①] 没有农业转移人口的市民化就没有新型城镇化，也就谈不上城乡融合发展。

第二，农业转移人口市民化的快速推进有利于区域协调发展。农业转移人口市民化进程的快速发展有利于消除城乡二元结构和城市内部的二元结构，促进区域协调发展；加快农业转移人口市民化进程有利于提升新型城镇化质量，进而推动区域协调发展。农业转移人口市民化进程的滞后直接影响城镇化的质量，长期以来的区域不平衡和城乡二元结构不仅没有发生根本改变，而且还形成了城市内部"新二元结构"，探索农业转移人口就地就近

---

① 牛凤瑞等：《农业转移人口市民化：我国城市化的重点和难点》，《上海城市管理》2016年第5期。

市民化的模式有利于提升新型城镇化质量。加快农业转移人口市民化进程有利于促进我国经济的空间分布与人口的空间分布更加均衡，进而促进区域协调发展。

第三，加快农业转移人口市民化有利于农村振兴战略的实施。党的十九大报告中提出实施乡村振兴，加快农业现代化建设，发展规模农业，同时促进农村第一、第二、第三产业融合发展。这需要让乡村吸引、培养更多适应现代化农业生产要求的新型农民。探索农业农村与城镇融合发展的机制，确保农业转移人口市民化的有效推进，全面实施居住证制度，进一步放宽落户条件，加快实现基本公共服务常住人口全覆盖。将城镇建设用地增加规模同吸纳农业转移人口落户数量挂钩，加大财政转移支付对农业转移人口市民化的支持力度。因此，加快农业转移人口市民化为决胜全面建成小康社会和实施乡村振兴战略奠定了坚实基础。

第四，加快农业转移人口市民化有利于社会的和谐稳定，是解决社会主要矛盾的有效方法。把大量农业剩余劳动力从农村转移出来，对农村而言，本身就具有促进社会稳定的作用。推动农业转移人口市民化，也有利于城市社会的和谐稳定。农业转移人口在市民化过程中获得市民身份、生活水平不断提高，增强了他们对城市的归属感、对社会的认同感，这对城市的和谐稳定具有重要意义。党的十九大报告提出，乡村发展不充分、城乡之间发展不平衡、城乡区域发展和收入分配差距依然较大，是我国当前社会主要矛盾的突出表现。因此，加快农业转移人口市民化，推动城乡融合发展，是解决社会主要矛盾的重要举措。

第二节　基于知识图谱的文献综述

一　数据来源与研究方法

（一）数据来源

以中国知网 CNKI《中国学术期刊》（网络版）数据库为检索数据库，

以"城镇化"并含"农业转移人口市民化"为检索主题词,检索条件为"精确",文献发表时间截至 2017 年 12 月 31 日,文献类型选择"全部期刊"进行检索,共得到 1727 条结果,包含 2001—2017 年所有主题相关文献(在此条件下检索出的相关文章最早出现在 2001 年)。在选择文献时,通过系统检索式排除以及人工判断排除,再去掉文献信息不完整的数据筛查,共 1580 条有效记录,时间跨度为 2005—2017 年。

(二) 研究方法

本研究使用陈超美教授开发的信息可视化软件 Information Visualization—Cite Space(版本为 Cite Space. V. 5. 1. R2)作为分析工具,运用计量学的方法,对 2005—2017 年"新型城镇化进程中农业转移人口市民化"主题相关文献进行识别,分析该时段内关键词的出现频率,通过可视化手段来呈现潜在科学知识的结构和分布规律,从而对市民化相关领域的发展历程、当前研究热点(研究者对该主题的关注度)与发展趋势进行梳理分析。另外,使用软件工具对该主题文献资源、文献发表年度、发文机构、科学领域结构等指标进行文献计量及内容分析,通过对指标的数量关系、变化规律等数据及图谱分析,揭示农业转移人口市民化这一主题过去 13 年间的学术产出、研究热点、研究前沿等总体研究状态。

二 相关文献基本情况

(一) 文献资源情况

关于农业转移人口市民化的文献资源主要涉及期刊、报纸、硕博士学位论文、国内会议等类型。其中期刊 771 条,占比达 48.8%;报纸 630 篇,占比为 39.9%。期刊反映的是学者对某一领域问题的关注,报纸则反映的是时事热点问题,在城镇化及农业转移人口市民化问题上期刊和报纸的发文数量基本持平,对该主题进行研究具有一定的理论深度,研究成果具有较强实用价值和学术价值的硕士学位论文只有 115 篇,占比仅为7.3%。相关主题博士学位论文发表31篇，占比为2%。国内会议交流的论文共22篇，占比为1.4%。

（二）年度文献数量分析

通过观察一定期限内某一主题的文献发表量在一定程度上可反映出研究的热点与趋势。若相应的文献发表量多并且呈现不断增长的趋势，说明某个问题得到了社会及研究者们的广泛关注。根据文献计量学原理，分析论文数量随时间的变化，可以从时间概念上了解该主题的发展历程。从文献发表的年度分布图可见（如图1－1），2001—2012年发文量较少，基本维持不变，不足50篇，没有太大的突破，该领域受到学者的关注度较低。2012年以后发文量陡然上升，研究热点凸显，2013年216篇，2014年达到峰值530篇，从2014年到2017年，文献量逐渐减少，2015年320篇，2016年308篇，2017年228篇，有上升的趋势。2012—2017年该主题发文量最少的年份仅有20篇（2012年），最多的有530篇（2014年），年均270篇。总之，"农业转移人口市民化"主题相关文献年度发文量有起有伏，但2012年以后总体呈上升趋势。说明2012年以后农业转移人口市民化问题是研究者们十分关注的问题。

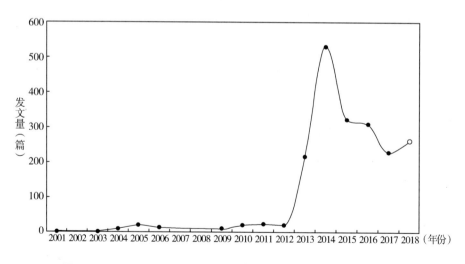

图1－1　2001—2018年度我国农业转移人口市民化研究发文量趋势

（三）科学领域结构分析

通过分析农业转移人口市民化的科学领域结构，可以了解该研究主要领域。将收集的文献数据导入 Cite Space 分析软件中，运行软件后得到科学知识图谱。从生成的科学领域分布表（见表1-1）中可以看到，主要应用的领域是宏观经济管理与可持续发展、农业经济、公安、人口学与计划生育等。20 世纪 70 年代，以皮奥雷（M. Pioer）、戈登（D. Gordon）等为主要代表的学者提出的二元劳动力市场理论以及以刘易斯和托达罗模型为典型代表的人口迁移理论均是对城镇化、农业转移人口市民化问题解析的基础。而从后文的关键词分析中可以看出，户籍制度改革、城乡二元结构等是研究不可忽视的问题。

表 1-1 科学领域分布（前 10 位）

序号	所属科学领域	百分比（%）
1	宏观经济管理与可持续发展	49.55
2	农业经济	23.62
3	公安	5.41
4	人口学与计划生育	4.24
5	中国政治与国际政治	3.07
6	政党及群众组织	2.52
7	经济体制改革	1.89
8	财政与税收	1.58
9	行政学及国家行政管理	1.22
10	投资	1.04

三 农业转移人口市民化研究热点与趋势分析

（一）研究热点分析

研究热点是一段时间内某学科研究的焦点，具体表现为相关研究者在这一阶段通过大量文献所关注的某个学科问题及其表达的学术思想。文章关键词是表示文章主题的单词或短语,高度凝练与概括,整篇文章是围绕着几个关键词展开说明的。因此,通过关键词知识图谱能够找出研究的热点与趋势。某关键词在知识图谱中的节点越大,则表明该词在该时间段内出现的频率越高,也就反映了研究者对该主题的关注度越高,越能代表热点。本书对 2005—2017 年"农业转移人口市民化"主题相关文献的关键词进行共现分析,借以全面了解在此期间该领域的研究热点。通过 Cite Space 软件绘制关键词共现网络图,时间切片设置为 1 年,选择排序算法 Log-likelihood-ratio(LLR)来自动选取关键词,产生了 25 个聚类。为了取得更好的效果,剔除检索时输入的"城镇化"和"农业转移人口市民化"两个高频关键词,节点以中介中心性的大小进行显示,中介中心性是一个测度节点在网络图谱中重要性的指标,中介度越强意味着该关键词与其他关键词在文献中共现的次数越多。设置最小可见聚类范围为 14(即对应关键词出现的频次在 14 以上),经过适当调试后,生成知识图谱(如图 1 - 2),并得到文献关键词频次统计表(见表 1 - 2)。

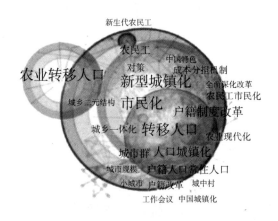

图 1 - 2　我国农业转移人口市民化研究热点共现网络图谱

表 1 - 2　　我国农业转移人口市民化研究关键词频次（前 25 位）

	关键词（高频）		关键词（高中心性）	
	名称	频次	名称	中心性
1	市民化	480	市民化	0.33
2	新型城镇化	388	农民工	0.23
3	转移人口	274	转移人口	0.17
4	农业转移人口	240	城市群	0.15
5	人口城镇化	70	户籍制度改革	0.13
6	户籍制度改革	65	城乡一体化	0.13
7	农民工	51	人口城镇化	0.12
8	城市群	41	城乡二元结构	0.12
9	对策	36	农业现代化	0.10
10	户籍人口	34	常住人口	0.10
11	农业现代化	31	户籍人口	0.09
12	农民工市民化	27	农业转移人口	0.08
13	户籍改革	24	农民工市民化	0.08
14	城乡一体化	24	户籍改革	0.08
15	常住人口	23	城中村	0.08
16	成本分担机制	21	成本分担	0.08
17	城市规模	18	问题	0.07
18	工作会议	18	保障房	0.07
19	小城市	15	社会管理	0.07
20	新生代农民工	15	新型城镇化	0.06
21	中国城镇化	14	市民化成本	0.06
22	城中村	14	对策	0.05
23	城乡二元结构	14	中国城镇化	0.05
24	中国特色	14	政府工作报告	0.05
25	全面深化改革	14	城镇经济	0.05

　　通过 Cite Space 软件对关键词共现可视化分析显示：共有 259 个节点（CN = 138），787 条连线（CE = 714）。共现次数大于 14 的聚类有 25 个，这些关键词均有可能是 2005—2017 年该主题的研究热点和前沿。Cite

Space 可视化分析显示共现频次最高的关键词是"市民化",达 480 次,而且该词同时具有较高中介中心性 0.33（＜0.40）。紧接着出现频次较高的关键词就是"新型城镇化",由此可见,对于农业转移人口市民化的探讨与新型城镇化相结合的主题较多,研究市民化对了解新型城镇化进程具有一定的导向作用,并且近几年受到较多研究者的关注。

围绕市民化问题展开,新型城镇化、农业转移人口、人口城镇化及户籍制度改革这几个关键词的共现频次依次为 388、240、70、65,中介中心性分别为 0.06、0.08、0.12、0.13。"新型城镇化"这个关键词的共现频次较高,中介中心性偏低,在一定程度上说明近些年对新型城镇化与市民化问题的关注度高。同理,农民工、城市群、户籍人口、农民工市民化、农民工现代化等关键词（共现频次分别为 51、41、34、31、27,中介中心性分别为 0.23、0.15、0.09、0.08、0.10）则是与前面所讲述的新型城镇化等话题相关的研究。

根据知网"高级检索"入口搜索的 1580 条记录,再由系统自带的数据统计功能得到的关键词共现矩阵图（见图 1-3）可以看出,农业转移人口市民化和新型城镇化共现的次数较多,达到 65 频次,位列第二和第三的均为以上关键词衍生的话题,即城镇化和市民化以及新型城镇化和市民化,再次就是农民工和市民化以及成本分担和户籍制度改革等关键词。从软件数据分析结果来看,近些年有关市民化领域的主题研究中,许多学者将新型城镇化和市民化结合起来探讨。同时,从整理的文献资料中,对已有的研究进行梳理也不难得出相同的结论。近年来,随着城镇化和工业化的快速发展,一大批农业转移人口进入城镇从事非农产业活动。

然而,在我国的新型城镇化进程中,长期以来由于政策制度、社会经济发展以及农民工自身原因,相当比例的农业转移人口迟迟未能转化为城镇居民,无法随着城镇化同步实现城镇居民身份的市民化,也无法融入城市生活,更不能平等地享受与城镇居民一样的基本公共服务和社会福利。在我国新型城镇化背景下,探讨如何进一步推进农业转移人口市民化的机

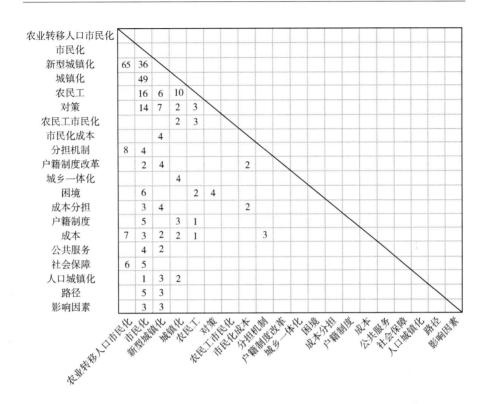

图 1 - 3　关键词共现矩阵

制就必须深入分析人口城镇化、户籍制度改革、市民化成本分担等问题。

　　Cite Space 抽词产生的聚类往往是有明显特征的名词性短语，但是专家更倾向于选择宽泛性的短语来进行标识。本书对聚类结果的研究主要体现在最大的子网络上，对排在前 6 位的主体相关内容以及最近的科研成果进行了总结，分别为"市民化""新型城镇化""转移人口""农业转移人口""人口城镇化"及"户籍制度改革"，其中排名第三的"转移人口"与排名第四的"农业转移人口"所属范畴有很大程度的叠加，在此主要讨论"农业转移人口"。以上即为 2005—2017 年关于城镇化和市民化研究的热点领域。

　　（二）阶段性趋势分析

　　Cite Space 软件主要用于揭示学科内的前沿研究，体现某一学科内相关领域演变中的前沿信息，识别该领域的知识基础及发展的关键节点，使用该软件对检索得到的 1580 篇文献进行分析，将数据导入软件中，设置时间跨度为 2005—2017 年，单位时间分区长度为 1，关键词来源主题、关键词及摘要，网络节点将研究类型（Node types）设置为关键词对象（keyword，主要作用是提取作者的原始关键词），每一个时间切片选 Top50，用系统默认值来设置其他参数值，并且选择时区视图（Time zone view），运行软件得到横轴以时间维度的农业转移人口市民化研究变化趋势知识图谱（见图 1 - 4），其中网络节点数量为 259，连线数量为 787。通过科学知识图谱来展示 2005—2017 年农业转移人口市民化相关研究的发展趋势。

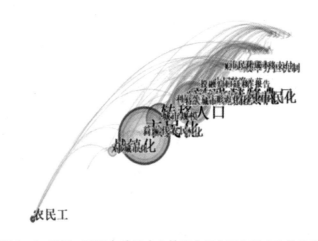

图 1 - 4　2005—2017 年我国农业转移人口市民化研究变化趋势

研究主题的分布与演化能够直观地体现不同时区内的热点领域和研究趋势的动态发展变化，通过 Cite Space 软件绘制的 2005—2017 年学者们对有关农业转移人口市民化以及城镇化研究热点的时区图。通过对图 1 - 4 的分析以及表 1 - 2 中高频关键词的梳理，并结合相关文献可见，该领域研究的热点由对农民工的现状、发展、影响因素等逐渐转向城镇化、市民化、农业转移人口等，随着时间的推移，研究重心逐步向市民化成本、财务分担机制等方向转移。基于此，过去 13 年间我国农业转移人口市民化研究大致分为以下两个时期。

1. 前期："民工潮"与"民工荒"——农民工市民化

农民工是一个特殊的劳动群体，在农村劳动力供过于求的背景下，他们从农业生产活动中分离出来，进入城市从事非农工作，为我国工业生产与城市建设做出了巨大贡献，是我国城镇化、工业化和现代化不可或缺的力量。不同的时代背景下成长起来的农民工，个体特征、观念和行为都有着显著的差别。改革开放前后出生的农业人口被称为传统意义上的农业转移人口，即第一代农民工，大部分是从 20 世纪八九十年代开始转移到城市工作，以建筑业、制造业为主，思想观念相对比较传统。新生代农民工是指在 20 世纪 80 年代以后出生的这部分人，这期间受计划生育政策的影响，农村家庭开始呈现小型化趋势，农村家庭只承包少量耕地，他们从中小学毕业或辍学后直接进入浩浩荡荡进城的"民工潮"中，从事的行业多元化。由于成长环境和受教育程度的不同，这两代人对社会的认同和价值观不尽相同，对生活的追求和期望也不尽一样。

进入 21 世纪以来，随着工业化的不断发展，城市化水平快速提高，越来越多的农民从农村迁移到城市，成为城市外来务工人员。然而，城市配套设施的限制、地区产业结构的升级调整、劳动地域分布不均匀以及农民工缺乏必要的培训等原因导致劳动力转移出现分散化，部分地区暴露出"民工荒"现象，成为这个阶段的新问题。刘传江（2006）等运用经济学理论来解释新生代农民工出现的"民工荒"问题；夏丽霞（2009）、黄建新（2012）等学者从生活满意度的视角出发分析了有关新生代农民工市民化的现状、影响因素、制度障碍及治理对策；张国胜（2008）、曹兵（2012）等人概述了农民工市民化的城市融入机制及社会成本；徐建玲（2008）、程诚（2010）、周密（2012）等学者基于对我国某些城市的调查数据，用实证方法研究了农民工市民化的进程。

农民工进入城市工作生活是时代趋势，特别是新生代农民工融入城市的意愿更加强烈，他们中部分人出生在城市或者从小跟着父母进城，已经习惯了城市的生活。第一代农民工和新生代农民工是工业发展与城市建设的主力军，但他们的身份依旧是农村人口，户籍并没有转换成城市居民，对此国家出台了一系列政策破解城乡分割体制，解决农业人口在城市就业中遇到的不公平待遇，开始运用法律、经济和行政等手段建立新型城乡关系。国家不断放宽农民工进城的限制条件，使农民工在城市也能享受一定的社会保障，为合法权利提供法律的保障，推动越来越多的农业人口选择到城市工作就业和居住，特别是年轻劳动力。国家通过政策及法律加强对农民工各项权益的保护，不断完善市民化制度，全面接纳农业人口进城就业。从以往的研究来看，专家学者们围绕新生代农民工人口面临的问题展开研究，在这一过程中也形成了一些较为系统的理论体系来支撑后续关于推进新型城镇化的研究，使得该领域研究随着时代的发展而不断深入。

2. 后期：走新型城镇化道路——农业转移人口市民化

党的十八大提出要有序推进农业转移人口市民化，首次用"农业转移人口"替代"农民工"，概念的转换体现了国家对市民化的重视以及对农村发展的关注，反映国家更加重视农业转移人口在我国经济建设中的重要作用。通过综合文献分析发现，这一阶段与前一阶段探讨农村剩余劳动力的转移不同，研究重点开始慢慢转为如何使农民工真正融入城市中去。党的十八届三中全会中提出："推进农业转移人口市民化，逐步把符合条件的农业转移人口转为城镇居民。"[①] 新型城镇化的关键体现在农业转移人口市民化，这是统筹城乡发展，解决"三农"问题的重要途径，在促进经济健康发展、解决城镇化进程中的各种问题等方面起着重要作用。农业转移人口市民化是我国未来发展的方向之一，对于城镇持续健康发展、加快农村经济发展、缩小城乡差距、实现全面脱贫意义深远。

学者们将市民化与新型城镇化发展结合起来进行研究，主要集中在以下方面。

一是新型城镇化发展的关键点及主要矛盾。以人为核心的城镇化劳动

---

① 《中共中央关于全面深化改革若干重大问题的决定》，中国共产党新闻网，http：//cpc. people. com. cn/n/2013/1115/c64094 - 23559163. html。

力转换的过程，是将农村剩余劳动力转移到城镇，即农村人口的减少和城镇人口的增加。那么，走新型城镇化道路的关键点就是怎样使来到城市就业的农业人口转化为城镇居民。要走中国特色新型城镇化道路，就要使农村转移人口"完全市民化"。在这个过程中，农业转移人口的安置问题就必然涉及土地城镇化，杨月（2017）、李晓庆（2017）等学者以我国一些典型城市为调研对象，论证了城镇化进程中人口与土地的协调性，指出新型城镇化发展中农业转移人口市民化比较突出的矛盾是土地城镇化的进程比人口城镇化的速度更快。

二是农业转移人口市民化过程中面临的困境。《国务院关于进一步推进户籍制度改革的意见》中规定：居住证制度作为取缔城乡二元户籍制度的缓冲层要全面实施，户口迁移政策和户口登记制度进行调整和统一，完善并共享人口基础信息库资源，实现城镇基本公共服务资源人均共享。[①]随着城镇化的不断推进，虽然对二元户籍制度进行了重大改革，但农业转移人口市民化还是面临诸多困境。城市原有居民对转移过来的农业人口不完全接纳，部分居民只接受婚嫁移民、技术移民或者是投资移民，有层次、有选择地接受，有些城市甚至通过政策提高市民化的门槛。这些现象阻碍了农业人口在城市安居乐业。另外，城市高昂的房价令大部分进城的农业人口望而却步。农业转移人口并没有成为真正的城市居民，也就不能享受到与城市居民相同的福利与保障。[②] 由于二元户籍等制度导致的城镇居民对农业转移人口在主观上的偏见与歧视，外来农业人口的社会认同度较低。城市人口的增加加大了城市的承载压力，巨大的能源消耗对自然资源和生态资源造成了破坏。产业结构与城镇规划不合理，还不能充分应对农业转移人口的大量迁入，社会资本能力不足也对市民化进程造成了障

---

① 《国务院关于进一步推进户籍制度改革的意见》，中华人民共和国中央人民政府网，http://www.gov.cn/zhengce/content/2014-07/30/content_8944.htm。

② 何玲玲、吕翠丽：《户籍改革下农业转移人口市民化困境的对策研究》，《广西科技师范学院学报》2017年第6期。

碍。从农业人口自身而言，相对城镇居民来说，农民工综合素质和专业技能不高，自身竞争力不强，因此在人力资本上也存在阻碍。

三是农业转移人口市民化路径及政策。齐红倩（2016）、顾东东（2016）等学者从社会流动分层的角度，分析总结了农民工的特征以及城市融入差异程度，认为对于新生代农民工与传统农民工市民化的实现过程要渐进式地、分期分批式地进行。王西（2016）、纪春燕（2016）基于协同理论及利益相关者理论，从财政体制改革层面探讨推进新型城镇化进程中农业转移人口市民化的成本分担机制，张飞（2017）则进一步探讨了新型城镇化背景下中央与地方财税关系。杨卫（2015）等研究农村集体经济改革与发展，探讨基于城乡一体化背景下的城郊集体经济管理模式转型与农民市民化。程业炳、张德化（2016）基于户籍制度改革背景，认为实现农业转移人口市民化的主要路径是落实城乡统一的户籍制度、社会保障制度，以及实现公共服务资源均等化，加大中小城市的容纳力度。[①] 陈筱、彭希哲（2011）通过主成分投影评价模型对全国 46 个样本城市进行统计分析，认为政府降低农业人口落户城市的门槛是实现进城农业人口在城市安定长久生活的重要途径。文乐（2017）等则从新型城镇化背景下农民工市民化过程中人力资本、职业培训、改善农民工社会文化环境等角度提出了推进农民工市民化的建议，提升农业人口的素质，增强农业人口职业技能，增强自身实力。张心洁（2016）等基于社会学，建立了测度农民工市民化程度的评价体系。李俭国（2015）等从社会成本角度，张国胜、陈瑛（2013）基于政治经济学的分析框架从财政体制改革和政策支持的角度均对农民工市民化的社会政策体系进行了深入研究。

新型城镇化背景下农业转移人口市民化的发展，从以往的政府和市场主导的二维模式向政府、市场、市民社会组成的三维模式转变，探讨市民社会语境下的农业转移人口市民化，充分调动市场在市民化过程中的积极作

---

① 程业炳、张德化：《农业转移人口市民化的制度障碍与路径选择》，《社会科学家》2016年第 7 期。

用，实现农业转移人口市民化的社会公正性等成为当前研究的重点问题。

四 简要文献评述

综观已有研究文献，有以下几个特点。

1. 关于农业转移人口市民化研究的文献非常丰富，研究的视角、涉及的领域和学科比较广泛。农业转移人口市民化作为新型城镇化战略的重要组成部分，是我国统筹城乡发展、实现新型城镇化的重要途径。近年来，随着户籍制度改革和乡村振兴战略的实施，农业转移人口的相关问题受到学术界的广泛关注，并逐渐加强了对农业转移人口市民化的相关研究。学者们大多是从各自的研究领域进行专题调查研究，从经济学、管理学、地理学、法学、社会学等学科开展相关研究。

2. 已有文献多局限于部分地区的农业转移人口市民化问题，缺乏对多区域的比较研究，尤其是缺乏对欠发达地区和中小城市农业转移人口市民化问题的研究。在区域协调发展的战略背景下，党的十九大进一步将构建大中小城市和小城镇协调发展的城镇格局作为加快农业转移人口市民化的落脚点，而要促进中小城市（镇）或欠发达地区的发展，劳动力是关键，推动农业转移人口就近甚至就地市民化便成为这些地区留住劳动力的必然选择。因此，研究中小城市或欠发达地区农业转移人口市民化的相关问题和政策，尤其是如何采取有效措施，促进农业转移人口的就近或就地市民化，从现实的有用性来说，也显得十分必要。

3. 国内众多的研究文献中，缺乏对农业转移人口市民化推进机制的系统研究，对于不同的影响因素如何影响市民化进程，没有明确和广泛认同的结论。从微观层面或者社会群体层面进行的相关研究多，而从宏观层面上将市民化进程和新型城镇化、新型工业化及农业现代化相结合的研究文献少。在研究推进农业转移人口市民化进程时，忽视了与其他进程的衔接，存在一定的局限性。推动农业转移人口市民化，是一个系统工程，包括一系列的政策组合，与新型工业化、新型城镇化、农业现代化紧密关联。就农业转移人口市民化内部而言，也涉及多个政策选项，包括户籍改革、成本分担、转移支付、社会保障等，实现不同政策的协同联动显得尤为必要。基于此，本书着重研究农业转移人口市民化协同推进的机制及相关政策。

第三节　研究框架及创新之处

一　研究框架

（一）农业转移人口市民化的历史进程及现实基础分析

1. 梳理农业转移人口市民化的历史进程，按国家政策导向划分为限制阶段、初步发展阶段和快速发展阶段。

2. 分析农业转移人口市民化的发展现状。

3. 从经济增长和制度层面分析农业转移人口市民化的现实基础。

（二）农业转移人口市民化的影响因素分析及其评价

1. 依据"推—拉理论"构建影响农业转移人口市民化进程因素的框架体系，从 4 个维度 12 个指标详细阐明各类影响因素对市民化进程的作用机制。

2. 依据理论框架体系构建评价模型，选取相关具体的评价指标并进行指标说明和数据的描述性统计。在实证模型构建的基础上，运用 Stata 软件对影响市民化进程的影响因素进行实证分析，得到实证结果。

3. 通过实证结果，分析能显著影响市民化进程的因素，并总结出破解推进市民化进程难题的关键因素，为推进市民化进程寻找突破口。

（三）新型城镇化背景下农业转移人口市民化的动力机制分析

1. 分析新型城镇化与农业转移人口市民化之间的关系及作用机理。

2. 从新型工业化、新型城镇化、农业现代化对农业转移人口市民化之间的推拉力、提升农业人口自身综合能力的内在驱动研究农业转移人口市民化的动力机制，构建由外生动力机制和内生动力机制共同组成的动力机制。

3. 分析农业转移人口市民化的传导路径及以目标导向、劳动力供求、社区融合引导为主要内容的传导机制。

（四）农业转移人口市民化行为与意识的实证研究

1. 从理论上分析影响农业转移人口市民化的行为与意识的具体因素，并根据已有理论和自身研究框架构建评价模型。

2. 依据构建的评价模型，选取相关解释变量、被解释变量以及控制变量并进行变量测度的说明与数据的描述性统计。

3. 在模型构建的基础上，运用 Stata 软件从居民媒体使用情况、生活生产方式、政治参与程度、态度与认知能力分析讨论农业转移人口市民化的行为与意识的影响因素，并分析出关键因素。

（五）农业转移人口市民化的协同推进机制研究

1. 研究公共服务与市民化的协同推进机制，其中公共服务主要包括社会保障、公共教育、城镇住房、医疗卫生等基本公共服务协同。

2. 研究"四化"同步协同机制，阐述新型工业化、新型城镇化、农业现代化与市民化协同发展的关系与作用。

3. 从政府、企业、个人多元主体视角研究多方协同推进市民化的作用机制，形成以政府为主导、多方共同参与、成本相互分担、协同有序推进的共同促进机制。

4. 研究新型城镇化与乡村振兴协同推进市民化机制。

（六）推进农业转移人口市民化的政策建议

根据农业转移人口市民化动力机制和协同推进机制，系统归纳协同推进农业转移人口市民化的政策建议：加强公共服务与市民化协同，提升农业转移人口市民化质量；强化"四化"协同，增强农业转移人口市民化动力；强化多元主体协同，提升农业转移人口市民化能力；强化城乡协同，拓展农业转移人口市民化空间；改革配套制度，提高农业转移人口市民化保障。

（七）专题与案例研究

1. 专题：武汉市农业转移人口市民成本测算及分担机制研究。从城镇化率、户籍改革、城镇化水平以及城镇化进程等方面，分析武汉市农业转移人口市民化现状；结合武汉市的实际情况，根据成本类型的差异性，构建成本测算模型；以测算结果为基础阐述成本分担原则，进一步研究如何构建以政府、企业和个人为主体的多元成本分担机制。

2. 案例：长株潭城市群农业转移人口市民化协同推进机制研究。分析长株潭城市群农业转移人口市民化的现实背景和现有基础，归纳总结现阶段长株潭城市群对农业转移人口市民化的成功经验，得出相应的政策启示。

二　主要创新之处

本书对加快农业转移人口市民化的研究，力求在文献、理论框架、现实对策方面取得一定的突破。在问题选择上，本书突出强调农业转移人口市民化与区域协调发展的结合，围绕区域协调这一主线，结合新型城镇化的背景，选择农业转移人口市民化的几个关键点进行专题研究，从而达到系统、全面、深入的研究效果。在研究方法上，本书运用文献分析法、实地调查法、历史分析法、规范分析与实证分析相结合、案例与专题研究等方法，确保本课题的研究不断取得突破和创新。

1. 本书在市民化进程的研究中明确提出"协同推进"的概念，并建立多方协同发展的机制框架，包括政府、企业、个人多元主体协同；新型城镇化、新型工业化、信息化、农业现代化等"四化"协同、公共服务协同、新型城镇化与乡村振兴协同。重点研究多方协同发展推进市民化进程，是对我国农业转移人口市民化研究的拓展与补充。

2. 深入阐释农业转移人口市民化的动力机制、协同机制。长期以来，学术界对农业转移人口市民化的内在动因阐述不少，但不够系统全面。本书将农业转移人口市民化作为一个过程体系以及传导机制体系，从内外动力机制、实施机制、保障机制、实现机制等方面完整地呈现农业转移人口市民化驱动逻辑。既对农业转移人口市民化进程的各个环节进行专门探析，又将其作为一个整体的机制体系概括为四个方面构成的内容体系，为农业转移人口市民化研究提供了驱动逻辑和核心内容体系。

3. 多维立体地揭示农业转移人口市民化的实现路径与政策组合。借鉴已有研究成果，围绕动力机制和协同推进机制设计推进农业转移人口市民化的政策路径，增强了政策的可行性。以目标为导向，从农业转移人口市民化的动力、质量、能力、空间、保障等维度凝练政策架构：加强公共服务与市民化协同，提升农业转移人口市民化质量；强化"四化"协同，增强农业转移人口市民化动力；强化多元主体协同，提升农业转移人口市民化能力；强化城乡协同，拓展农业转移人口市民化空间；改革配套制度，提高农业转移人口市民化保障。

第二章 农业转移人口市民化历史
进程及现实基础

第一节 农业转移人口市民化的历史进程

我国农业转移人口市民化的历史进程，以国家政策为导向来划分，可以分为限制阶段、初步发展阶段和快速发展阶段。限制阶段是指中华人民共和国成立到改革开放前的一段时期，在当时的物质和公共服务供给不足的国情下，限制农业人口转移流动也是十分必要的。初步发展阶段是指改革开放后到党的十六大召开之前这段时期，改革开放为中国经济制度改革提供了新的发展方向，户籍制度构成的城乡隔离开始松动，生产力的解放带来了大量的劳动力需求，农业转移人口数量开始逐步增多。快速发展阶段是指党的十六大以后这段时期，党的十六大后我国农业转移人口开始了真正意义上的市民化过程，党的十八大正式提出了农业转移人口市民化的概念，这一阶段人口城镇化率相较于前两个阶段取得了更快的发展，各种惠及全民的政策提高了农业转移人口市民化的意愿。

一 限制阶段（1949—1978年）

在中华人民共和国成立后，农业转移人口市民化的工作才开始进行。

在中华人民共和国成立初期，国家经济刚刚起步，我国并不存在二元户籍管理制度，公民可以自由迁徙，在1949—1952年共有约1300万干部、职工及家属进入城市，成为我国第一批市民化人口。在"一五"时期，国家大力推进机械工业的发展，250万人选择离开农村进入城市。[①] 1958年1月，我国第一个户籍管理法规——《中华人民共和国户口登记条例》正式颁布，条例中要求城乡户口管理部门严格户籍管理，切实做好制止农业人口盲目外流工作。这标志着国家限制农民自由向城市转移的二元化户籍制度正式开始实施。在这种二元户籍制度下，农业户籍人口在政治、经济、文化等公共领域不能享受公平的待遇，最关键的是二元户籍制度限制了地区的劳动力流动。在户籍制度约束下，由于"显性户籍墙"和"隐性户籍墙"的作用，一方面，将人口分为农村户籍的农业人口和非农户籍的市民；另一方面，在公共服务方面同样形成了不公平的二元结构，这一政策的实施导致农村户口向城市人口转换过程受到严重阻碍。[②]

1961年12月，国家大力推进大范围的户口管理整治工作，将户口分为农业户口和非农业户口。从地域的角度来看，主要是严格控制农村迁往城市的人口，对城市迁往农村的转移人口和城市之间的转移人口的户口并不加以限制。从城市间的角度来看，主要是控制中小型城市的迁往大城市特别是迁往北京、上海、天津、武汉、广州五大城市的农业转移人口的户口。随后，在开展人口统计工作的时候，又将是否享用国家供应粮作为户口管理限制的标准。"文化大革命"期间，经济社会发展处于停滞、退化阶段。农民"五匠"外出做工搞多种经营或家庭副业都要被当作"资本主义的尾巴"割掉。再加上精简职工和减少城镇人口、知识青年上山下乡、干部下放导致了所谓的逆城市化现象。[③]

① 黄露霜、郭凌：《中国农业转移人口市民化：历史演进、现实困境与路径选择》，《农业经济》2016年第12期。
② 董延芳、刘传江、胡铭：《新生代农民工市民化与城镇化发展》，《人口研究》2011年第1期。
③ 郑玲玲：《中国农业转移人口市民化的政策与路径研究》，博士学位论文，东北师范大学，2017年。

总之，从 1949 年到 1978 年这 30 年的时间，我国城镇人口平均每年增长仅为 0.2%，二元化格局十分鲜明。由于户口管制和粮食购销挂钩，粮食等农副产品的产量低，与许多国家没有建立贸易往来，城市就业率、GDP 等都很低，以上诸多因素限制了农民从农村向城市流动，城市和农村的人口流动各自形成闭环体系。由此看来，中华人民共和国成立后到改革开放这一时期，我国农业转移人口市民化处于限制阶段，整个农业转移人口市民化的进程发展速度缓慢，甚至停滞乃至倒退。

二　初步发展阶段（1978—2002 年）

改革开放至邓小平同志南方谈话期间，农民工向城镇居民迁移的进程在曲折中前进，1979—1983 年、1984—1988 年、1989—1991 年三个阶段对农民工流动的管理是控制—放松—又控制，由于户籍制度对农村劳动力自由流动的限制不断得到加强和固化，在此期间，农民工向城镇居民转化的进程十分缓慢，而且尚未形成清晰的转化路径。1978 年改革开放以来，中国城镇化进程快速推进，由二元户籍制度导致的城乡之间的隔离开始出现转机，城乡之间的人口流动也日益频繁。为了促进生产要素，尤其是劳动力在城乡之间的流动，我国的户籍制度逐渐由严格限制转变为半开放的控制状态。1978 年，我国农村开始实施家庭联产承包责任制，农民的农业生产积极性空前高涨，也带来了大量农村剩余劳动力。随着国家对产业扶持力度的加大，中小企业如雨后春笋般出现。改革开放为我国带来了许多新科技，更多新型企业以及进出口企业获得了巨大的发展，这些企业的建立与发展，带动了大量的劳动力需求，这些因素共同促进了农业人口向城镇转移。

1984 年 10 月，国务院发布《国务院关于农民进入集镇落户问题的通知》（国发〔1984〕141 号），通知要求积极支持有经营能力和有技术专长的农民进入集镇经营工商业，并放宽其落户政策，统计为非农业人口。允许农民"离土不离乡，进厂不进城"，形成了大批"农民工"。随后颁布的一系列户籍政策，农村人口可以在非农行业就业的条件限制逐步放宽，农业人口向城镇流动进程加快。但这也不可避免地加大了城镇的就业压力和公共服务负担，增加了公共服务成本。20 世纪 80 年代后期，通货膨胀极速增长，经济增长速度却逐渐放缓，1988 年中央调整政策，对农业转移人口实行有效控制与严格管理。

在经济社会体制改革过程中，一些新问题、新矛盾不断涌现出来。我国城乡发展均面临着空前的就业压力。一方面，乡镇企业因经营管理困境而无法继续吸纳不断增长的农村剩余劳动力；另一方面，城市经济体制改革导致国内下岗职工人数不断增加，城市就业压力急剧加大，城镇失业人数增多。农业转移人口的不断增加，加上城镇人口失业率的提高，迫切需要国家进一步改革经济体制。1992 年，邓小平同志南方谈话，提出抓住有利时机，发展自己，关键是发展经济，要注意稳定协调地发展，发展才是硬道理。经济的快速增长不仅带来了大量的就业需求，同时也吸引了更多人去南方"下海"创业，一大批人在那里获得了第一桶金。因此，邓小平同志南方谈话拉开了市场化改革进程的序幕，给农业人口转移提供了更大政策空间。1993 年劳动部印发《农村劳动力跨地区流动有序化——"城乡协调就业计划"第一期工程》（劳部发〔1993〕290 号），该文件的公布标志着我国农业转移人口政策已经逐渐由控制阶段过渡到了初步发展的政策阶段。1997 年各地陆续加大了有序化工程实施力度，提出进一步完善农村劳动力跨地区流动就业的法规和配套制度；扩大管理范围，落实"证卡合一"的凭证管理制度，提高管理水平；健全流动就业信息和服务网络，强化服务功能，大力开展对农民工的服务和培训；加强劳动监察，保障民工合法权益；加强流动就业登记和统计工作，掌握农村劳动力跨地区流动的动态。劳动力重点输入和输出地区要在认真总结前几年经验的基础上，积极研究制定组织农民工有序流动工作经常化、制度化的政策措施，并在1998 年春运期间进一步提高组织服务工作质量，使民工流动保持良好秩序。人口城镇化管理文件的发布，在一定程度上推动了农村剩余劳动力城乡间与地区间有序流动。但这些措施的政策取向依旧服从于经济发展目的，对农业转移人口仍以管制为主。总之，1978—2002 年，人口城镇化率从 17.92% 提高到 30.09%，年均增长率为 0.5 个百分点，我国农业转移人口市民化已进入了初步发展阶段。从这段时间公布的文件来看，放宽人口流动政策，主要目的是促进经济的发展，引导农村人口有序地进行转移，但是对农业转移人口仍然没有放开管制。

三　快速发展阶段（2002 年至今）

进入 21 世纪后，我国进入了支持农业人口转移的历史阶段。2004 年中央一号文件确立了公正对待农民工、让进城农民融入城市的完整政策方针。具体措施有：在准入门槛方面，取消了针对农民工进城就业的各种准入限制，实行一视同仁、平等竞争；取消专门面向外出就业民工的就业证卡，简化农民外出就业手续，实行暂住申报制度。[①] 在收费负担方面，政府要求清理整顿对外出或外来务工人员的乱收费，流入地政府必须将外来人口的管理费用纳入财政预算中，不能变相向企业或个人转嫁负担。在社会保障方面，建立并完善进城务工农民子女义务教育制度和经费筹措保障机制，保障农民工子女享受义务教育的权利。文件规定了在公共卫生领域给予农民工市民待遇；把农民进城务工纳入《劳动法》实施范围，规范企业用工制度，做好将农民工纳入工伤保险范围的工作，保障劳动者合法权益；将农民工的培训纳入各级公共财政的支持范围，全面做好农民工的职业技能培训工作；让农民工能够充分享受自由进城和自由迁移的权利并妥善解决城市农民工的社会保障问题。这一文件的颁布，说明国家计划在政治、经济、文化等公共领域保障农民工能享受公平的待遇，这样一方面能

---

① 刘文俭、陈玉光：《统筹城乡发展的战略重点与对策研究》，《理论前沿》2004 年第 22 期。

调动农民工进入城市的积极性，另一方面也增加了农民工留在城市的意愿，加快了农业转移人口市民化速度。

2005 年，国家提出用"工业反哺农业"的方式为农民创造更多的就业机会，为农业转移人口的市民化提供更多的服务；2009 年，我国开始出现"民工荒"，产业发展急需大量的产业工人。"十二五"时期，为适应新型城镇化和新型工业化发展的需要，亟须将农业人口转移出来以塑造更多的新时代产业工人，国家加大农业人口向城镇转移的支持力度。

2012 年 11 月，党的十八大报告第一次明确提出农业转移人口市民化的概念，强调要"加强户籍制度改革，有序推进农业转移人口市民化，逐步把符合条件的农业转移人口转为城镇居民"①。党的十八大提出的"推进农业转移人口市民化"具有重要的现实意义：第一，这是新型城镇化的内在要求，有利于提高我国城镇化水平和质量；第二，顺应了我国社会的发展趋势，符合广大农业转移人口的意愿；第三，有利于减少农村人口数量，促进现代农业发展；第四，有利于整个社会的和谐稳定。《国家新型城镇化规划（2014—2020 年）》更进一步明确指出到 2020 年要实现 1 亿左右农业转移人口和其他常住人口落户城镇。相关改革政策和推动措施的出台，标志着我国农业转移人口市民化进程进入了一个新的历史时期。

从农业转移人口市民化的层次角度来看，农民工从农村转移到城市就业，并享受城镇居民待遇到最后融入城市社会生活，从而成为城市市民，这个演变过程大致可以分为几个步骤：第一步是人口转移，农民从农村来到城市生活；第二步是空间扩张，职业由农民转变为农民工；第三步是获得城市户籍，农民工转变为城市居民身份；第四步是由角色转型、融入城市生活，成为城市市民。这四个步骤之间是相互影响、相互递进的。其中第一步和第二步是以人口转移和职业转换为切入点来界定的，主要取决于宏观政策改革与相关的制度创新，它对农民工市民化进程具有决定性的作

① 吕炜、谢佳慧：《农业转移人口市民化：重新认知与理论思辨》，《财经问题研究》2015年第 11 期。

用。第三步和第四步是以素质和能力的发展为落脚点来界定，主要取决于农民工的个体要素，它是农业转移人口市民化进程的后续发展部分。

总之，人口城镇化率从 2002 年的 30.09% 提升到 2017 年的 58.52%，年平均增长率高达 1.89%。相较之前的限制阶段和初步发展阶段，这一阶段的发展取得了非常大的突破。在这一阶段中，各项政策的出台加快了农业转移人口市民化的速度，使农业转移人口市民化发展进入更高层次。

第二节　农业转移人口市民化的现状

一　农业转移人口总量上升，户籍人口城镇化率增速明显加快

农业转移人口的总体趋势可以从农业转移人口数量、人口城镇化率、就业等几个方面展开分析。主要数据来源于国家统计局 2012—2017 年的《农民工监测调查报告》以及各种农业转移人口市民化的公告。通过分析数据得知，农业转移人口市民化呈现出新的特征。我国农业转移人口数量逐年上升，户籍人口城镇化率与常住人口城镇化率的差距缩小，农民工文化程度提高以及从事第三产业的人数增多，从宏观数据上来看我国农业转移人口市民化取得了显著的成效。

从图 2 - 1 可以看出，我国农业转移人口总量呈上升趋势。具体表现为：农业转移人口总量从 2012 年的 26261 万人增加到 2017 年的 28652 万人，比 2012 年增加了 2391 万人，年均增加 478 万人，年均增长率达到 1.76%，2012—2017 年农民工总量在一直增长，但人口增速在逐渐放缓。2017 年我国城镇常住人口占总人口的比重（常住人口城镇化率）为 58.52%，比上年末提高 1.17 个百分点。2012—2017 年我国常住人口城镇化率从 52.57% 增长到 58.52%，全国户籍人口城镇化率从 2012 年的 35.3% 增长到 2017 年的 42.35%，8000 多万农业转移人口成为城镇居民。户籍人口城镇化率的增长速度大于常住人口城镇化率的增长速度，两者之

间的差距正在逐步缩小，市民化的工作取得了显著进展，同时也为农业转移人口市民化提供了新的路径。

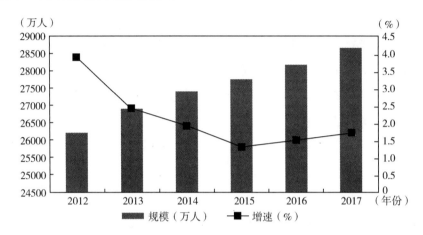

图 2 - 1　2012—2017 年农民工总量及增速

资料来源：国家统计局《2017 年农民工监测调查报告》。

二　农业转移人口流向地域特征明显

国家卫健委流动人口调查结果显示，我国农业转移人口主要流向浙江、广东、上海、北京、福建等经济发展水平较高地区。可见，农业转移人口的流向地主要为发达地区。通过对 1985—2015 年中国省际人口迁移网络分析，以上海、浙江、江苏为核心的长江三角洲地区，人口主要从河南、安徽迁入，累计迁移量达到 2693.24 万人，占全国总迁移量的 13.35%。以广东为核心的珠三角地区，人口主要从广西、海南、江西、湖北、湖南迁入，累计迁移量达到 4136.61 万人。以北京、天津为核心的京津冀地区，人口主要从东北、华北及山东省迁入，迁移人口数量达到 2279.28 万人。农业转移人口流向的地域特征表现为中西部地区流向沿海经济发达地区，尤其是大中型发达城市比重大。

三　农业转移人口市民化程度低

农业转移人口市民化的最大难点在于大城市不容易"化"。作为全国流动人口流入大省的广东，计划到 2020 年解决 1300 万人的城镇户籍问题，包括本省流动人口 600 万人，外省流动人口 700 万人。2014 年，广州市非户籍的常住人口超过 500 万，但每年积分入户的指标只有 6000 个左右。可见，解决非户籍人口入户问题形势十分严峻，越是大城市，困难越大。与此同时，即使县级和镇级的入户条件放开，但选择落户的人很少；地市级及以上城市的入户门槛高，却趋之若鹜。

农业转移人口参与社会保障水平较低。推进农业转移人口市民化的重要内容就是要逐步剥离与户籍制度相关的福利待遇，全面保障农业转移人口享受城市基本公共服务的权利。城镇就业人员在医疗保险、养老保险、失业保险、生育保险、住房公积金项目上的参保比例明显高于农业转移人口。特别是在养老保险方面，城镇就业人员与农业转移人口的参保率差距最大。① 另外，公共服务生活成本高、随迁子女教育问题还未很好地解决。很多农民工有留城定居的美好愿望，但是他们在面对较高的日常生活开支和高昂的房价时，只能是望洋兴叹，从而降低了农业转移人口市民化程度。

第三节　农业转移人口市民化的现实基础

2012 年，党的十八大正式提出农业转移人口的概念，农业转移人口市民化开启了新的历史篇章。经济社会不断发展，改革开放不断推进，为农业转移人口市民化提供了良好的现实基础。

---

① 范晓非：《我国农业转移人口市民化的现状、挑战与对策——基于农业转移人口流动特征视角》，《科技促进发展》2015 年第 9 期。

一　经济持续增长为农业转移人口市民化提供经济基础

经济发展水平是吸引农业转移人口市民化的重要因素。首先，经济发展水平越高，就能够提供越多的就业需求或岗位，从而为农业转移人口市民化提供更多的就业渠道和生存方式，激发农业转移人口市民化的积极性。其次，经济发展水平高会带来更多的财政收入，政府将有能力提供更多更好的公共设施服务，给农业转移人口的生活带来更多福利。最后，经济增长为企业创造更多利润，给政府带来更多税收收入，从而极大地提高了分担农业转移人口市民化成本的能力。

我国国内生产总值从 2012 年的 54 万亿元增加到了 2017 年的 82.7 万亿元，年均增长率为 7.1%，财政收入从 11.7 万亿元增加到 17.3 万亿元。城镇新增就业 6600 万人以上，实现了比较充分的就业。2017 年年末城镇新增就业 1351 万人，比上年增加 37 万人。年末城镇登记失业率为 3.9%，比上年末下降 0.12 个百分点（见图 2-2）。根据中国统计年鉴数据分析得出，2013—2017 年我国城镇新增就业人数每年保持在 1300 万人，我国的经济增长率也平稳保持在 7% 左右，经济的发展给农业转移人口提供了更多的就业机会，调动了农业转移人口进入城市的积极性。

中国经济的高速增长得益于工业化和城镇化两大动力，农业劳动力进城务工，从低劳动生产率领域进入高生产率领域，在增加自己收入的同时促进了经济增长。1996 年中国城镇化率超过 30%，之后的近 20 年，城镇化以每年增加 1—1.5 个百分点的速度推动了中国经济以 7%—14% 的速度增长。2017 年我国户籍人口城镇化率为 42.35%，比上年末提高了 1.15 个百分点，人口城镇化率为 58.52%，国内生产总值增长率为 6.9%。按照城镇化发展到 70%—80% 后进入稳定发展阶段判断，城镇化对经济增长的驱动力仍存 15—20 个百分点的释放空间。

与此同时，农业转移人口市民化有力地促进了经济发展，形成了良性

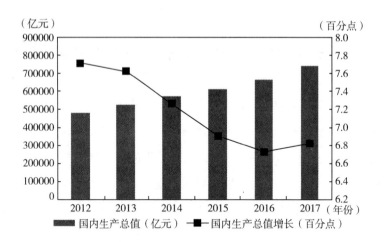

图2-2　2012—2017年国内生产总值及年增长率

资料来源：中华人民共和国国家统计局编：《中国统计年鉴　2018》，中国统计出版社2018年版。

循环。尤其是进入新常态，消费成为经济增长的主要驱动力。农业转移人口市民化将提高农业转移人口在城镇的消费，有利于增加消费支出，改善消费结构，增强消费对经济增长的拉动作用。农业转移人口的市民化将提高政府、企业及劳动力自身对教育、培训的投入激励，进一步提高劳动力素质。农业转移人口市民化将提高农民工在城市的消费，增加农民工对城市住房、高质量产品、高质量服务的需求，为经济转型升级提供市场需求。党的十八届三中全会提出推进农业转移人口市民化，并开始有针对性地采取改革措施。市民化的政策红利逐渐显现，为经济发展提供持续的动力。

二　政策改革为农业转移人口市民化提供制度保障

近年来国家出台了一系列推进农业转移人口市民化的政策，为推进农业转移人口市民化提供了重要保障。

（一）户籍制度改革是农业转移人口市民化的身份保障

2016 年国务院出台了《关于实施支持农业转移人口市民化若干财政政策的通知》《关于深入推进新型城镇化建设的若干意见》《推动 1 亿非户籍人口在城市落户方案》。在农业转移人口户籍制度方面，国家鼓励各地区进一步放宽落户条件，除极少数超大城市外，允许农业转移人口在就业地落户，优先解决农村学生升学和参军进入城镇的人口、在城镇就业居住 5 年以上和举家迁徙的农业转移人口以及新生代农民工落户问题，全面放开对高校毕业生、技术工人、职业院校毕业生、留学归国人员的落户限制，加快制定公开透明的落户标准和切实可行的落户目标①，对于推动农业转移人口市民化作用明显。首先，消除了部分非城镇户口的不公平待遇。除超大城市和特大城市外，其他城市不得采取要求购买房屋、投资纳税、积分制等方式设置落户限制。超大城市和特大城市将区分主城区、郊区、新区等区域，分类制定落户政策，建立完善积分落户制度，重点解决符合条件的普通劳动者的落户问题。全面实行居住证制度，推进居住证制度覆盖全部未落户城镇常住人口，保障居住证持有人在居住地享有各项基本公共服务。同时，保障农民工随迁子女以流入地公办学校为主接受义务教育，以公办幼儿园和普惠性民办幼儿园为主接受学前教育。其次，放开农业转移人口的落户限制。允许在农村参加的养老保险和医疗保险规范接入城镇社保体系，加快建立基本医疗保险异地就医医疗费用结算制，降低常住户口登记门槛。② 例如，无户口人员，我国公民与外国人、无国籍人非婚生育的无户口人员，以及其他无户口人员，都可提出申请，经公安机关会同有关部门调查核实后，办理常住户口登记。最后，户籍制度改革的重点是通过消除户籍制度带来的不公平，重新分配各种社会资源，保障农业转移人口的权益，使城乡居民能享有平等的待遇。户籍制度是实行农业转移人

---

① 农业部产业政策与法规司：《2016 年惠农富民政策措施》，《农村工作通讯》2016 年 4 月 19 日。

② 晏澜菲：《促进农村户籍、试验区改革》，《新农村商报》2016 年 5 月 4 日。

口市民化的重要保障或前提基础，户籍制度会牵扯农业转移人口享有的公共服务、社会保障、随迁子女的教育问题以及他们自身的生活。

（二）社会保险政策为农业转移人口市民化提供风险保障

2014 年 9 月，国务院发布了《关于进一步做好为农民工服务工作的意见》，关于社会保障问题大体分为以下几个方面。第一，继续强调扩大农民工参加城镇社会保险的覆盖面。第二，强调进一步制定和完善农民工社会保险转移接续的政策。第三，《意见》对农民工的养老保险、医疗保险、失业保险等各项社会保险项目作出了具体规划。第四，依法追究侵害农民工社会保障权利的用人单位及劳务派遣单位的责任。第五，实施"全民参保登记计划"，整合社会保险经办管理资源，优化业务流程，增强服务能力。2016 年 1 月，国务院发布《关于整合城乡居民基本医疗保险制度的意见》，为各地区推进养老保险改革提供了指导，为农民工参加何种养老保险模式和医疗保险模式提供了自行选择的权利。政策首先鼓励有能力的农民工参加城镇职工基本养老保险和职工基本医疗保险，缴费确有困难的，也可自愿选择参加保险。此政策对于灵活就业的农民工提供了多种选择。创新城乡基本医疗保险管理制度，加快落实医疗保险关系转移接续办法和异地就医结算办法，整合城乡居民基本医疗保险制度，加快实施统一的城乡医疗救助制度。虽然农民工养老和医疗保险政策一直在健全过程中，但农民工的参保率并没有明显提升，并且还出现了退保率高的现象。工伤保险、失业保险政策逐渐优化，但还有待继续完善。目前，我国《工伤保险条例》虽然把农民工包含在保险范围内，但并未就农民工自身流动性强的特点提出具体操作办法。有相当数量的农民工就职于经济实力不足的私营中小企业，在当前非强制政策下，企业很可能不为农民工参保。因此，农民工在面临工伤事故时经常缺乏保障，孤立无援。关于失业保险，我国关于农民工的失业保险没有统一的政策。许多地方虽然出台了农民工失业保险相关政策，但其待遇也与城镇失业人员的待遇相差很大。《失业保险条例》只规定了保险待遇要高于城镇低保，并无具体标准。

（三）就业扶持政策为农业转移人口市民化提供生存保障

中央和省级财政部门在安排就业专项资金时，充分考虑了农业转移人口就业问题，加大对农业转移人口就业的支持力度，将城镇常住人口和城镇新增就业人数作为分配因素，并赋予适当权重。县级财政部门要统筹上级转移支付和自有财力，支持进城落户农业转移人口中的失业人员进行失业登记，并享受职业指导、介绍、培训及技能鉴定等公共就业服务和扶持政策。[1] 加大对农业转移人口市民化的财政支持力度，并建立动态调整机制。中央和地方各级财政部门要根据不同时期农业转移人口数量规模、不同地区和城乡之间农业转移人口流动变化、大中小城市农业转移人口市民化成本差异等，对转移支付规模和结构进行动态调整。落实东部发达地区和大型、特大型城市的主体责任，引导其加大支出结构调整力度，依靠自有财力为农业转移人口提供与当地户籍人口同等的基本公共服务，中央财政根据其吸纳农业转移人口进城落户人数等因素适当给予奖励，消除农业转移人口就业歧视，确保农民工同工同酬。[2]

（四）农民工子女教育政策为农业转移人口市民化提供持续发展保障

教育是民生之本，正基于此，每年全国两会上教育都备受关注。在教育问题上，历来有质量和公平两大维度。近年来随着工业化、城镇化的推进，与农村外出务工人员数量一起壮大的是农村留守儿童、留守妇女和留守老人"三留守"人员数量。截至 2016 年数据显示，我国农村留守儿童数量已经超过 6000 万，留守妇女约 4700 万，留守老人约 5000 万，庞大的"三留守"人员队伍引起了全社会的广泛关注。从个体层面看，影响农业转移人口市民化意愿的不仅是农民工自身，还包括家庭成员。子女教育问题得到妥善解决，致使农业转移人口市民化后更有成就感、获得感。

---

[1] 国务院：《关于实施支持农业转移人口市民化若干财政政策的通知》，《中华人民共和国国务院公报》2016 年 8 月 30 日。

[2] 国务院：《关于深入推进新型城镇化建设的若干意见》，央广网，http://country.cnr.cn/gundong/20160208/t20160208_521358937.shtml，2016 年 2 月 8 日。

　　根据国务院出台的《关于实施农业转移人口市民化若干财政政策的通知》，在义务教育方面，保障农业转移人口子女等享有平等的教育权利，实施逐步完善并落实中等职业教育免学杂费和普惠学前教育的政策。中央和省级财政部门将按在校学生人数及相关标准分配资金，实现"两免一补"① 资金和公用经费基准定额资金随学生流动可携带。凡是符合条件的农业转移人口子女，在办理正常入学手续后，建立健全学籍档案，与城镇户籍学生同等享受免费义务教育，不再另外收借读费，统一管理、统一编班、统一教学、统一安排活动，并根据农业转移人口子女的实际情况，完善教学管理办法，做好教育教学工作。

　　总之，解决好随迁子女的教育问题能够提高农业转移人口市民化的意愿，户籍制度的改革也有利于解决随迁子女的教育问题，这是农业转移人口实现市民化的关键一步。国家出台的降低城镇户籍门槛、保障农业转移人口子女的教育权利这一协同机制共同提高市民化的意愿，实现每个公民公平享有教育资源是解决好农民工子女教育问题的政策方向。

（五）社会文化融合使农业转移人口市民化增强归属感、认同感

　　农业转移人口初到城市，或多或少地受到城市社会文化的排斥，没有真正融入城市。秦海霞（2016）就居民身份认同问题对沈阳农民工进行问卷调查，结果表明，在问到"你到底是工人还是农民"时，有三分之一的人回答说"不清楚"，回答说"自己是农民"的有接近一半。② 一个人的自我观念是在与别人交往的过程中形成的。调查结果一方面反映了农民工认为自己处在弱势地位；另一方面也说明了城市文化对于农民工的一种排斥。他们获得了城镇居民的身份，但是生活方式和理念还没有完全从农村中转变过来，农民的烙印依然存在。他们正处在一种过渡性的角色类型中，所以也被形象地比喻为"半市民化"状态。因此，为了让这些农民工

---

　　① "两免一补"是指国家向农村义务教育阶段（小学和初中）的贫困家庭学生免费提供教科书、免除杂费，并给寄宿生补助一定生活费的一项资助政策，简称"两免一补"。

　　② 秦海霞：《城市化：新生代农民工的身份诉求》，《辽宁行政学院学报》2016 年第 1 期。

在获得城镇居民身份后真正过上城镇居民的生活，同样需要在政策上和制度上为他们创造一些条件，使其能够在城镇稳定发展。

农民工在获得城镇居民的身份后，融入城市生活，实现自身的稳定发展，最后实现由城镇居民向城市市民的角色转换，同时也是自身观念的升华。在这一阶段中主要是摆脱"半市民化"状态，实现真正的"市民化"，使自己能够承担起城市市民的义务，同时转变自己的生活方式和思维方式、丰富自己的生活内容，从而提升自己的生活价值。"居民"只是一种身份的界定，还属于物质层面的内容，而"市民"则更多地体现为一种观念的转变以及生活意义的转换。同时，农业转移人口角色的转换不仅仅是权利的享受，同时还要自觉地向城市人看齐，适应城市生活和工作，并努力提升自己的人生境界。有学者认为，农业转移人口市民化的最高阶段是指农业转移人口的价值观念、行为方式与城市居民一致，成为真正意义上的城市居民。[①] 我国目前处在社会主义初级阶段，新型城镇化的推进须经过有序地推进才能实现最终的目标，对于中国这样一个人口大国来说，农业转移人口市民化必然是一个涉及政治、经济、文化等多领域的综合性难题，"半市民化"的状态明显，需要政府和社会各方面做出努力，在制度规范、经济权衡和文化传播上同步推进农业转移人口市民化的进程。

---

① 董莉、董玉整：《农业转移人口市民化进程的层次跃进》，《学术研究》2017 年第 6 期。

第三章　农业转移人口市民化影响因素研究

随着我国新型城镇化以及现代化进程的不断深入，越来越多的农村剩余劳动力流出农村向城市聚集，逐渐形成了一支规模庞大的、独特的社会群体——农业转移人口。据国家统计局 2018 年 1 月公布的国民经济运行数据显示：截至 2017 年年底，我国农业转移人口总量已经达到 28652 万人，比上年增长 1.7%。其中，本地农民工 11467 万人，增长 2.0%；外出农民工 17185 万人，增长 1.5%。党的十八大报告明确提出"有序推动农业转移人口市民化，是促进工业化、信息化、城镇化和农业现代化相互协调共同发展的重要举措"。因此，农业转移人口市民化是实现"新四化"的关键步骤，也是衡量新型城镇化进程的核心指标。2018 年《政府工作报告》更是把加快农业转移人口市民化放到重要的战略位置。

改革开放前，我国长期形成的城乡二元制度使大量农村剩余劳动力滞留在农村，严重阻碍了人力资本的顺畅流通。在严格的户籍管理制度下，农民向城市转移的途径只有三条：一是通过联姻或者被没有小孩的直系亲属收养；二是被城市工厂招聘进城，然后获得城市户口；三是考大学或参军，大学毕业后分配到城市或做了军官以后转业被安置到城市工作。这三条道路对于庞大的农业人口来说不仅艰难，而且竞争异常激烈，一般的农民很难通过上述三条路径成为城市居民。由此可见，在传统的严格户籍管理制度下，农业转移人口市民化的进程十分缓慢而艰难。

改革开放后，随着经济的不断发展，人口的流动规模不断扩大，城乡二元制度的逐渐松动使得大量农村剩余劳动力向城市转移，形成规模庞大的农业转移人口。从 1992 年至 20 世纪末期，乡镇企业、民营企业得到较快发展，对劳动力的需求也迅速增加，国家开始鼓励和引导农村剩余劳动力向非农产业转移。但是，1997 年亚洲金融危机对我国经济发展产生了巨大的冲击，就业受到很大的影响，迟滞了农村剩余劳动力向城市转移的进程。另外，城市对农业转移人口从事行业及进城手续的种种限制，使农业转移人口市民化的路径仍显得较为混乱和模糊。

进入 21 世纪以来，随着城市化进程的加速，国家开始重视并支持农业转移人口市民化，并连续出台了一系列相关文件，尤其是从 2003 年开始，国家每年都发布有关"三农"问题的中央一号文件。农业转移人口市民化开始由自发、无序地流动逐渐转变为由政府有序推进、支持引导，农业转移人口市民化路径逐渐清晰，基本路径模型如图 3 - 1 所示。

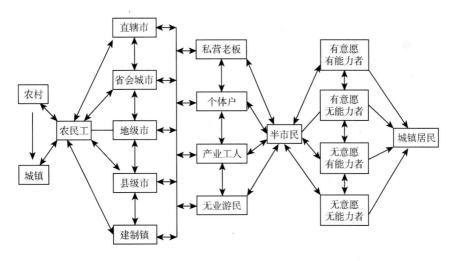

图 3 - 1　农业转移人口市民化基本路径模型

第一节　农业转移人口市民化影响因素的理论分析

一　农业转移人口迁移流动的理论解释

关于农业转移人口的内涵，潘家华、魏后凯主编的《中国城市发展报告》分别从广义和狭义的角度对农业转移人口的内涵进行了界定。简单来说，广义的农业转移人口是指从农村转移到城镇的人口（如进城务工经商人员、随迁家属、失地农民等）以及从农业转移到非农业的人口（如进城务工经商及进入城镇就业的人员）；而狭义的"农业转移人口"仅是对"农民工"概念的替代。

20 世纪 50 年代末，唐纳德·博格（D. J. Bogue）系统地提出人口迁移"推—拉理论"，认为人口迁移是农村存在的消极因素形成的推力和城镇存在的积极因素形成的拉力相互作用的结果（农村地区并非只有促进人口迁出的推力因素，迁入地区存在一些不利于人口迁入的推力因素）。后来，埃弗雷特·李（Everett. S. Lee）完善了人口迁移理论，认为迁移行为的发生是迁出地和迁入地推力和拉力共同作用的结果，影响迁移的因素包括：迁出地因素、迁入地因素、中间障碍因素和个体因素四个方面。之所以存在大量的流动人口，主要原因是存在两种不同方向的作用力。一种是促使人口流动的积极力量：人口的流动对流入地来说，主要是因为其有吸引人口流入的拉力，这种拉力主要体现在迁入地较多的就业机会、较高的教育水平、较为完善的公共服务以及户籍制度的放松等；对流出地来说，主要是因为其存在促使人口向外流出的推力，这种推力主要是迁出地农村劳动力生产过剩、农产品价值低廉以及农村较低的经济收入水平等。另一种是阻碍人口流动的负面力量，如迁入地公共服务水平、制度供给情况不佳，会在一定程度上阻碍农业转移人口市民化进程。根据"推—拉理论"，结合我国的实际情况，我们从城乡发展、产业发展水平、制度供给以及基础公共服务四个方面研究对农业转移人口市民化的影响因素（见图3－2）。

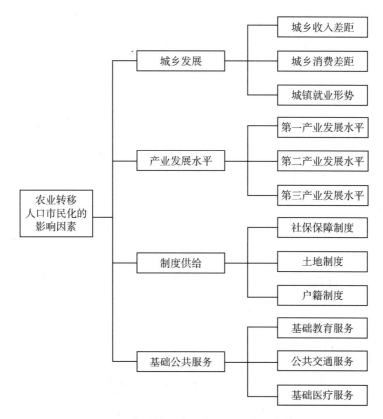

图3－2　农业转移人口市民化影响因素框架

二　农业转移人口市民化的影响因素分析

（一）城乡发展

经济发展是影响农业转移人口市民化极其重要的因素，各国城市发展的经验表明，一个国家的城市化水平同经济发展水平呈正相关关系，即一个国家的经济发展水平提高了，其城市化水平也会相应提高。改革开放后，我国的经济发展取得了巨大的成就，伴随着经济持续快速发展，中国的城市化水平不断提高，1978 年至今，平均每年约提高 0.9 个百分点，是同期世界平均水平的 2 倍以上。目前，我国东部地区城市的城镇化水平基本在 60% 以上（其中北京、天津、上海等地区的城镇化水平更是达到了 70% 以上），中西部地区平均城镇化水平已经超过 50%。总体来说，我国城镇化已经步入了高速发展阶段，相应地，市民化水平也在不断提高。然而在复杂的经济系统中，影响经济发展水平的因素同样也会影响市民化水平，例如城镇非农产业的发展与地区劳动力市场结构之间存在互动影响关系、金融服务业的发展与效率的提升在促进产业结构升级的过程中相应地带动了人口的流动。鉴于人口流动与经济发展之间复杂的影响机制，我们更侧重于城乡发展因素对农业人口市民化的影响。根据库兹涅兹的倒 U 形理论假设，从传统农业经济向工业经济的发展过程中，在经济发展初期，部分有迁移能力的劳动力转移到城市，收入的差距会逐渐扩大。在经济发展后期，更多的人口进入工业部门，农业劳动力稀缺，收入差距会逐渐缩小。城市化的进程也是经济发展的过程，在这个过程中收入差距会发生趋势性的变化。基于倒 U 形理论以及我国当前的城乡发展状况，可以认为由经济可持续发展带来的城乡之间收入的差异以及消费需求的变化是导致劳动力转移的动力机制，城乡收入差距越大，越能吸引更多的劳动力转移到收入较高的城镇，提高市民化水平，且这种影响机制在中西部地区尤为明显。

城乡发展因素中，除了考虑城乡之间发展水平以及消费需求之间的差距对市民化水平的影响，还要考虑城镇就业形势对市民化水平的影响。国外经济学者主要是从人口迁移的角度探讨人口市民化与城镇就业之间的关系，其中具有代表性的是哈里斯－托达罗（Harris-Todaro）的城乡劳动力与城市失业模型理论，托达罗（1969）从发展中国家农村人口大规模地流向城市和城市增长这一矛盾现象出发，研究发展中国家就业不足和城市失业并存的问题，试图用城镇工作的可获得性和城乡收入差距来解释这一矛盾现象，并主张以限制人口流动的规模和速度来解决这一矛盾。而国内的经济学者从二元结构出发来探讨人口市民化与就业的问题。周天勇（2001）、何景熙（2002）都认为托达罗的主张不符合中国的实际情况，通过限制人口流动不仅不会解决城市化和就业之间的矛盾，反而会阻碍中国的城市化进程，进而阻碍市民化的进程。从理论上分析，城镇的就业形势在一定程度上会影响农业转移人口向城镇流动的速度和规模，进而影响市民化的水平。良好的就业形势会吸引大规模的农业转移人口快速迁入，进而融入城市。

（二）产业发展水平

经济学家威廉·配第（William Petty）在《政治算术》中阐述了劳动力流动原因。商业比制造业、制造业比农业能够得到更多的收入，而收入上的差异最直接的影响是使劳动力由低收入部门流向高收入部门。20 世纪 50 年代，科林·克拉克（Colin G. Clark）进一步研究指出，劳动力在产业间的分布，第一产业将会逐渐减少，第二产业、第三产业将会逐渐增加，这就是所谓的"配第—克拉克定理"。[①] 在农业转移人口市民化过程中，首先是农村非农产业的发展为农业劳动力转移提供了机会，农业技术的进步意味着农产品供给大幅度增加，而人们对农产品的需求是有限的。因此逐渐产生了大量的农村剩余劳动力；其次是城市经济体制改革、外向型经济的发展、民营经济的蓬勃发展为更多的农业转移人口带来就业机会。然而，有一部分农业转移人口虽然实现了非农化转移，但并未实现空间上的转移，他们主要采用"离土不离乡，进厂不进城"的模式，一般是以小城镇为依托、以乡镇企业为载体，在本地域的非农产业中选择就业。

农业是国民经济发展的基础，在一定程度上也是农业转移人口市民化的基础。在传统农业发展过程中，农民以家庭为生产的基本单位，生产经营规模小，生产条件简陋，技术难以革新，劳动生产率低下，缺乏必要的资本积累和储备条件。因此，在传统农业下，农村劳动力被束缚在土地

---

① 参见傅上伦、胡国华《告别饥饿》，人民出版社 1999 年版，第 154—212 页。

上，便不会产生剩余劳动力。农业现代化的实质是传统农业向现代农业转变的一种生产方式的变革，农业的资本结构发生变化，伴随生产技术、生产结构与组织方式都会发生变化，进而会带来农业劳动生产率的提高，改变人口与农业资源的配置比例，从而导致农业中出现剩余劳动力。农业发展水平的提高满足农业转移人口市民化的需求。具体来说，农业发展水平的提高逐渐使农业生产规模化和集约化，从而产生大量农村剩余劳动力；农村剩余劳动力由于城乡各种推拉力会大量地转移到城镇，成为农业转移人口，进而市民化。因此，农业发展水平的不断提高可以加快农业转移人口市民化的进程。

新型工业化推动第二产业不断发展，第三产业尤其是新型服务业的蓬勃发展，为农业转移人口提供了大量的就业机会。改革开放以来，我国不断加大对非农产业的投资力度，极大地促进了第二、第三产业的发展，逐渐发展了包括工业、建筑业、制造业、餐饮业、服务业、通信业等非农产业的经济部门，不仅大大改善了我国经济结构不平衡的问题，而且还使农业剩余劳动力从第一产业转移到第二、第三产业上来。党的十八大以来，农业转移人口的就业结构重心进一步上移，虽然第二产业仍是吸纳农业转移人口就业的不竭动力，但服务业逐渐成为吸纳农业转移人口就业的主要力量。因此，第二、第三产业发展水平的不断提高，为农业转移人口创造了大量就业岗位，为农业转移人口更好地融入城市提供了物质基础，成为农业转移人口市民化的直接拉动力。

（三）基础公共服务

公共服务的思想兴起于西方发达国家，其最早体现在福利经济学中，以庇古（Arthur Cecil Pigou）为首的福利学经济学家认为分配越平均，社会福利水平越高。而公共服务的思想在我国兴起得比较晚，自 2004 年罗伯特·B. 登哈特（Robert B. Denhardt）著《新公共服务理论》一书译成中文版后，国内才慢慢兴起对公共服务的探讨和研究。1998 年在《关于国务院机构改革方案的说明》中提出"要把政府职能切实转变到宏观调控、社会管理和公共服务方面来"，这是政府第一次提出政府公共服务职能，而第一次提出"公共服务均等化"这一改革命题是在党的十六届五中全会上，会议提出"健全扶持机制，按照公共服务均等化原则，加大对欠发达地区的支持力度"；2006年，党的十六届六中全会进一步提出了"基本公共服务体系更加完备，政府管理和服务水平有较大提高"；可以看出我国对公共服务思想的认识在不断的深化。《国家基本公共服务体系"十二五"规划》将基本公共服务的范围界定为保障基本民生需求的教育、就业、医疗卫生、基础设施、文化体育以及社会保障等领域的公共服务。随着农业转移人口规模的不断扩大，基础公共服务均等化逐渐成为农业转移人口市民化进程中面临的最主要问题之一。因为基础公共服务均等化可以改善社会福利，提升新型城镇化质量，提高市民化水平。基础公共服务的质量会影响微观层次上的个人在城市的居留意愿，进而会影响市民化水平。比如我国西部有些城市经济发展速度较快，但是贫困人口数量依然较大，农业人口数量较多，基础设施和公共服务都没有跟上经济发展的速度，制约着农业转移人口市民化的顺利实施。国内学者关于基础公共服务对农业转移人口市民化的影响作了一定的研究。杨晓军利用面板数据研究表明，城市基础公共服务质量有利于促进人口向城市的流动，提高医疗服务质量能够有效地促进流动人口进入城市，而且这种影响机制存在明显的区域差异。[①]通过论证对人口流动的影响说明了基础公共服务水平对市民化水平的影响。所以，从理论上讲，基础公共服务质量越高，相应地，地区固定资产投入越多，较为容易带动产业的发展，吸引人口集聚，提高市民化水平。我们将从基础教育服务、基础医疗服务以及公共交通服务三个方面来研究基础公共服务对农业转移人口市民化的影响因素。

（四）制度供给

当前我国正处于经济转型期，这个时期也是我国城乡二元结构向一元

[①]　杨晓军：《中国户籍制度改革对大城市人口迁入的影响——基于2000—2014年城市面板数据的实证分析》，《人口研究》2017年第1期。

结构经济转变的关键时期。我国长期存在的二元结构最重要的原因是二元户籍制度、土地制度等因素导致城乡之间、城市内部之间分化成两类不同的利益群体,户籍制度和土地制度已成为影响农业人口市民化最重要的制度因素。同时,城市不断完善的社会保障制度也吸引着农业转移人口向城镇聚集,逐渐成为农业转移人口市民化重要的制度供给之一。但我国区域经济发展水平的差异,导致户籍制度在区域上具有差异性,经济发达的地区城市化水平高,相对人口压力较大,所以落户门槛较高,而经济落后的地区,落户的门槛相对较低。

从户籍制度来说,我国农业转移人口市民化进程与户籍制度改革保持着高度的一致性。如1958—1978年是我国二元户籍制度的形成阶段,主要实行"户口登记制度",这一阶段是我国农业转移人口市民化停滞阶段;1978—1991年是我国二元户籍制度的调整阶段,主要实行"城市暂住证制度",这一阶段是我国农业转移人口"离土不离乡"的阶段;1991—2001年是我国二元户籍制度的突破阶段,这一阶段全面放宽小城镇户籍管理制度,这一阶段我国农业转移人口实现了"离土又离乡";全面放宽户口登记制度是2002年以后,这一阶段是城乡一体化户籍制度的构建时期,对应着我国市民化进程的全面推进阶段。

我国长期实行的是城乡有别的二元户籍制度,从微观上,附着在二元户籍制度下的就业、教育、医疗、社会保障等因素影响农业转移人口的市民化意愿;从宏观上,由于经济体制等原因,农业转移人口市民化经历离开土地、进入城市、融入城市三个阶段,使农业转移人口市民化进程大致被划分为非农、农民工和市民三个层次。因此,户籍制度对农业转移人口市民化的影响可以从宏观和微观两个层面加以分析(见图3-3)。

从宏观层面来看,市民化进程可以分为市民化水平和市民化质量两个维度。市民化水平表示农业转移人口进入城市的程度,而市民化质量表示农业转移人口融入城市的程度。其中市民化质量主要体现在农业转移人口与城镇居民一样可以享受到同等的就业机会、基础医疗、基础教育、养老

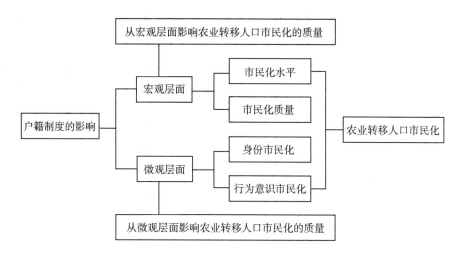

图3-3　户籍制度对农业转移人口市民化的影响机理

保险服务、基础公共服务以及拥有相同的市民意识等。目前我国市民化质量不高主要是因为二元户籍制度使城乡之间经济、教育、文化、社会福利水平产生分化。从微观层面来看，市民化程度主要体现在身份市民化和行为意识市民化两个方面。而这两个方面的市民化分别对应着宏观层面的市民化水平和市民化质量，即要提高市民化水平就必须促进农业转移人口实现身份权利的市民化；而提高市民化质量就要促进农业转移人口实现行为意识上的市民化。

从土地制度方面来看，由于我国特殊的国情形成了土地城乡二元分割的状态，这种二元性特征主要体现在农村集体土地所有权、处置权和使用权的二元性。其中最主要的就是农村集体土地所有权的不完整性，农民没有买卖其土地的权利，宅基地使用权只能在集体成员内部转让、不能向外转让，同时农村土地的承包权不能用于抵押。因此，二元土地制度严重阻碍了农业转移人口市民化进程。一方面，农地的承包经营权虽然属于农民，但他们在承包经营的博弈中往往处于弱势地位，这种弱势地位主要来自集体组织对其承包土地的回收、调整，对承包土地的强行占有。农村土地流转问题弱化了农业转移人口市民化的意愿和能力，农业转移人口在现有条件下，要想取得城市居民身份，转化为非农业户口，就一定要放弃赖以生存的土地及预期收益，在一定程度上会增加农业转移人口市民化的机会成本，从而降低其市民化的意愿。土地制度中最主要的内容之一是土地流转制度，土地流转制度与农业转移人口市民化进程关系密切，土地流转制度的改革，一定是贯穿着农业转移人口市民化的进程。我国农业转移人口市民化的问题主要是由于我国人地关系长期处理不当所导致的，而土地流转不畅更加凸显这一问题。所以在市民化进程中，必须要解决好土地流转的问题；如何解决人地两大生产要素之间的矛盾，如何有效配置土地资源，如何转移农业剩余劳动力让他们迅速融入城市，这些都是土地制度改革需要关注的重点。党的十八大以来，政府加快了对农村土地制度的改革；自2012年起，关于土地制度变革的文件总会出现在中央一号文件中。对于耕地制度，从2013年起一直围绕着农村耕地土地承包经营权确权问题进行改革，直到2017年10月31日，所有权、承包权、经营权三权分置正式写进了中国土地承包法，标志着农村土地制度改革取得阶段性的成果；而对于宅基地制度的改革，从2013年中央一号文件提出依法保障农村宅基地使用权到2016年中央一号文件提出要进一步加快推进农村宅基地使用权确权登记颁证工作，可以看出，紧紧围绕着农村宅基地使用权确权进行改革。党的十八大以来，我国更加重视农村宅基地制度改革，这有利于农业转移人口摆脱土地的束缚，促进他们快速地向城镇流动，逐渐融入城市，进而推动市民化的进程。

从社会保障制度方面来看，农业转移人口进城务工要面临生存、疾病、失业等风险，非常需要社会保障制度的保护。但是，二元户籍制度从管理制度上区分城市农业人口与非农业人口，这实质上分配了城市社会保障福利，即这种分配使社会保障随着户籍制度的划分而产生了分化，这种分化直接导致的结果就是农业转移人口无法享受到城镇社会保障制度的保护。随着农业转移人口代际分化的出现，新生代农业转移人口逐渐成为这一群体的主流。他们的素质不断提高，社会参与度高，但是社会保障问题也越来越突出。社会保障制度建设的滞后，致使农业转移人口在年老和失业、生病暂时无法在城市生活时，只能回流返乡寻求"土地"所带来的保障，因而阻滞了实质性的市民化进程。[①] 为了完善社会保障制度，党的十九大报告中明确提出要永远把人民对美好生活的向往作为奋斗目标，提高保障和改善民生水平，加强社会保障体系的建设。所以，建立健全社会保障制度也是影响农业转移人口市民化的重要内容。

第二节　农业转移人口市民化影响因素实证分析

一　变量选取

（一）市民化率（citizen）

目前已有学者从不同的角度对市民化程度和水平做了相关的测算，但大多数学者所采用的方法与国家统计部门2013年对市民化程度测算的方法大同小异，即构建市民化程度的评价体系并赋予不同指标一定的权重，然后通过问卷调查的方式来测算出当年的市民化程度。但是这种测算方式存在一定的不足：一是调查地区样本有限，对样本的标准没有统一，缺乏代表性；二是只能测算出当年的市民化程度，无法测算以前年度的市民化程度；三是指标体系和权重赋值各不统一。另外，也有学者指出对市民化程度最理想的测量指标是用城镇非农业人口和常住人口的比值，但是鉴于各地区对人口指标统计的标准和口径不同，利用现有的数据难以计算理想的市民化指标。基于此，我们采用农业转移人口的狭义内涵，借鉴杨英强（2011）、李抗（2015）的测算方法，利用农业转移人口市民化率来衡量农业转移人口市民化的进程。

---

① 赵继颖、曹玉昆：《有序推进农业转移人口市民化的制度安排》，《科学社会主义》2014年第2期。

（二）城乡发展（economics）

反映城乡收入差距的指标有两个，其一是城乡相对收入比；其二是城乡绝对收入差。过度地关注城乡收入比的影响会忽略城乡收入差距所隐藏的不确定性，对于市民化进程而言，更多的是收入的绝对差的比较，而不是相对收入比，据此我们选择了城乡收入差（income）；同样对于反映城乡消费差距的指标，我们选取了城乡消费差（consume）；利用城镇登记失业率（unemployed）来衡量城镇就业形势。

（三）产业发展水平（industry）

在避免多重共线性的前提下，为了反映农业生产率的提高对市民化水平的影响，我们采用农业机械总动力/农作物总播种面积来衡量第一产业发展水平（primary）；利用第二产业的人均增加值（second）来衡量第二产业的发展水平；利用第三产业占总产值的比例（third）来衡量第三产业的发展水平。

（四）制度供给（system）

借鉴路春艳等（2018）对社会保障综合水平的评价体系，我们用城镇基本养老保险支出、失业保险支出、生育保险支出、工伤保险支出以及城镇基本医疗保险支出的总和与总人口的比值来反映社会保障制度（social）的变化；对于土地制度，特别是涉及产权制度合理的数据难以获取，所以我们把土地制度设置成虚拟变量。如前面的理论分析所述，自党的十八大以来，土地制度才逐渐涉及农村土地产权制度的改革，2016年12月26日公布的《中共中央国务院关于稳步推进农村集体产权制度改革的意见》共十九条，标志着"农村土地制度改革"到"农村土地产权制度改革"转换的完成。所以我们把土地制度（land）设置成虚拟变量，若年份在2012年以前，土地制度为0，若年份在2012以后，土地制度为1；对于户籍制度，我们没有将其纳入实证的范围，主要原因有三点：一是难以找到直接衡量户籍制度的指标，并且户籍本身是影响市民化推进的政策因素之一；二是户籍制度与市民化水平之间是双向影响的，二元户籍制度限制了农业人口进城，从而影响市民化水平，市民化水平也会影响户籍制度的变迁，因此也许会存在内生性的问题；三是我们已经在影响因素的理论分析中从宏观和微观两个方面说明了其对农业转移人口市民化水平的重要程度。

（五）基础公共服务（public service）

我国的基础教育包括幼儿教育、小学教育、普通中等教育。由于幼儿教育并没有被纳入义务教育之中，故我们把基础教育主要界定为中小学教育。基于此，我们以每10万人中小学、初中、高中在校学生数来衡量基础教育服务（eddo）；为了反映城市医疗水平对农业转移人口的吸引力，我们用每万人中城市卫生人员数来衡量基础医疗服务（medical）；由于地铁一般只在省会城市开通，所以我们用城市公路运营里数来衡量城市的公共交通服务（transport）。所有变量类型、名称与定义见表3–1。

表3–1　　　影响因素分析的各个变量（被解释变量：市民化率）

变量类型	变量名	定义
城乡发展	城乡收入差距（income）	城乡收入绝对差额
	城乡消费差距（consume）	城乡消费绝对差额
	城镇就业形势（unemployed）	城镇失业登记率
产业发展水平	第一产业发展水平（primary）	农业机械总动力/农作物总播种面积
	第二产业发展水平（second）	第二产业人均增加值
	第三产业发展水平（third）	第三产业生产总值/GDP
制度供给	土地制度（land）	虚拟变量（2012年以前取0，2012年以后取1）
	社会保障制度（social）	社会保障总支出/总人口
基础公共服务	基础教育服务（eddo）	每10万人中在校小学生人数
	基础医疗服务（medical）	每万人中城市卫生人员数
	公共交通服务（transport）	城市公路运营里数

二　模型构建与指标描述性统计

按照《中国统计年鉴》对经济区域的划分，把全国分为四大经济区，东北、东部、中部及西部地区。其中东部地区指京、津、冀、沪、鲁、浙、苏、闽、粤、海 10 省（市）；中部地区包括鄂、湘、晋、皖、豫、赣 6 省；西部地区包括藏、新、青、川、贵、云、桂、陕、甘、内、宁、渝 12 省（区、市）；东北地区是指辽宁、吉林、黑龙江 3 省。我们在搜集数据过程中发现，东北地区社会保障支出这一部分数据缺失 5—6 年。由于数据不完整，将其剔除，选取除东北地区以外的 28 个省（市、区）2006—2016 年面板数据作为研究对象。我们所选取的影响因素各个变量的数据来源于《中国统计年鉴》《中国卫生数据库》《中国三农数据库》及《中国交通数据库》。

根据理论分析，我们将模型设置成模型（1）和模型（2），其中模型（1）用城乡收入差距来衡量城乡发展的差距；模型（2）用城乡消费差距来衡量城乡发展的差距。

$$citizen^{it} = \beta_0 + \beta_1 unemploy^{it} + \beta_2 income^{it} + \beta_3 primary^{it} + \beta_4 second^{it} + \beta_5 third^{it} +$$
$$\beta_6 social^{it} + \beta_7 medical^{it} + \beta_8 edu^{it} + \beta_9 transport^{it} + \beta_{10} land^{it} + \delta_t \quad (1)$$

$$citizen^{it} = \beta_0 + \beta_1 unemploy^{it} + \beta_2 consume^{it} + \beta_3 primary^{it} + \beta_4 second^{it} +$$
$$\beta_5 third^{it} + \beta_6 social^{it} + \beta_7 medical^{it} + \beta_8 edu^{it} + \beta_9 transport^{it} + \beta_{10} land^{it} + \delta_t \quad (2)$$

模型中 i 表示 28 个省份，t 表示时间 2006—2016 年，被解释变量 $citizen^{it}$ 表示市民化水平，β_1—β_{10} 代表各个因素变量对市民化水平的系数。当影响因素变量变动 1 个单位时，市民化水平增加 β_i 个单位。

各变量的统计描述如表 3－2 所示。

表 3－2　　　　　　　　　变量的描述性统计

变量名	样本量	均值	标准差	最小值	均值计算
城乡收入差	308	13578.79	4784.22	6091.59	34965.81
城乡消费差	308	11146.99	3944.30	2053	29580
城镇登记失业率	308	3.45	0.07	1.21	4.57
农业生产效率	308	6.51	3.53	2.35	24.63

续表

变量名	样本量	均值	标准差	最小值	均值计算
工业人均增加值	308	17233.31	9953.69	2657.94	50968.03
第三产业比重	308	42.46	9.39	28.3	80.23
社会保障支出	308	1725.23	1758.69	183.02	12155.09
土地制度	308	0.36	0.48	0	1
每万人基本医疗服务	308	14.18	10.18	0.26	57.8
每10万人中在校学生数	308	15388.08	3738.38	6101.52	23646
城市公路运营里数	308	1.34	1.10	0.04	6.37
市民化水平	308	9.67	2.85	3.99	16.93

三　数据处理与回归实证

要分析影响农业转移人口市民化进程的关键因素，需要进行数据处理，剔除对回归结果不显著的变量。采用逐步回归法中的向后剔除法剔除不显著的解释变量直到通过显著性检验，得到最终的结果。由于数据并没有对数化处理，所以为了保证解释变量系数的稳健性，我们在回归前，先检验数据的多重共线性。检验结果见表3-3。

表3-3　　　　　　　　　　多重共线性检验结果

变量	VIF	1/VIF
Income	8.86	0.1129
consume	6.84	0.1462
social	5.50	0.1818
second	4.33	0.2312
third	3.84	0.2607
transport	3.64	0.2750
eddo	3.48	2.2877
medical	2.61	0.3828
land	2.14	0.4682

续表

变量	VIF	1/VIF
unemployed	1.78	0.5623
primary	1.34	0.7442
Mean VIF	4.03	

由检验结果可知，最大的 VIF 为 8.86，小于 10。因此不必担心由于数据多重共线性而对解释变量回归系数的有效性产生影响。另外，对模型进行共线性检验确保模型不存在共线性问题；在每次回归之后，为消除异方差对模型的影响，我们没有用 FGLS 对回归模型进行修正，而是采取更加一般的做法，在每次回归后面加入稳健标准差。

本书的面板数据分析采用 Stata15.0 来实现。对面板数据的估计常用方法有最小二乘回归、固定效应及随机效应。在混合效应模型与固定效应模型的选择上，我们利用 F 检验来判断。在固定效应和随机效应的选择上，我们利用 Hausman 检验来判断。我们先用城乡收入差距来衡量城乡发展的差距，F 检验的值为 166.93，prob 值为 0，在 1% 显著水平上拒绝原假设，故我们弃用混合效应模型。采用 Hausman 检验来判断选择随机效应模型还是固定效应模型。$chi^2 = 76.72$，prob 值为 0，在 5% 的置信水平上拒绝原假设，故我们舍弃随机效应模型，选择固定效应模型。加入稳健标准差后的结果见表 3-4（1），经过后向剔除法后的结果见 3-4（2）。之后我们用城乡消费差距来衡量城乡发展差距，F 检验的值为 140.14，prob 值为 0，在 1% 显著水平上拒绝原假设，故我们弃用混合效应模型；通过 Hausman 检验得到 $chi^2 = 73.62$，prob 值为 0，在 5% 的置信水平上拒绝原假设，故我们舍弃随机效应模型，选择固定效应模型。加入稳健标准差后的结果见表 3-4（3），经过后向剔除法后的结果见 3-4（4）。

表 3 - 4　　　　　　　　　全体样本的回归结果（被解释变量 citizen）

变量	（1）	（2）	（3）	（4）
unemployed	- 0. 2322 *	- 0. 2723 ***	- 0. 2810 **	- 0. 3028 ***
	（ - 1. 68）	（ - 2. 18）	（ - 1. 82）	（ - 2. 35）
consume			0. 0000718 ***	0. 0000711 ***
			（2. 50）	（2. 51）
income	0. 0001243 ***	0. 0001199 ***		
	（3. 89）	（3. 82）		
primary	- 0. 0425 **	- 0. 0427 **	- 0. 0035	
	（ - 1. 74）	（ - 1. 81）	（ - 0. 11）	
second	0. 0000721 ***	0. 0000685 ***	0. 00008	0. 0000789 ***
	（4. 14）	（4. 62）	（4. 29）	（5. 36）
third	0. 0373 ***	0. 0348 ***	0. 0406 ***	0. 0402 ***
	（3. 16）	（3. 04）	（3. 68）	（3. 65）
social	- 0. 0003697 ***	- 0. 000368 ***	- 0. 0002393 ***	- 0. 0002385 ***
	（ - 5. 47）	（ - 5. 48）	（ - 3. 55）	（ - 3. 71）
medical	- 0. 0029		0. 0006	
	（ - 0. 22）		（0. 04）	
eddo	- 0. 000008		- 0. 0000166	
	（ - 0. 21）		（ - 0. 33）	
transport	- 0. 0444		- 0. 0204	
	（ - 0. 96）		（ - 0. 38）	
land	0. 2645 ***	0. 2776 ***	0. 3775 ***	0. 3888 ***
	（4. 18）	（4. 64）	（4. 35）	（4. 73）
c	7. 0114 ***	7. 1352 ***	7. 3078 ***	7. 1237 ***
	（8. 15）	（9. 41）	（9. 98）	（8. 98）
F Statis -	88. 64	91. 89	59. 96	75. 63
R - sq	0. 8968	0. 8948	0. 8752	0. 8745
样本量	308	308	308	308

注：***、**、*分别表示1%、5%和10%的水平上显著。括号内为 t 值。

从表 3 - 4 （1） 我们得到全体样本的最初回归结果，通过后向剔除法对不显著的解释变量进行逐个剔除，以至得到最优结果和最关键的影响因素。从表3-4（1）中我们看出最不显著变量为基础教育服务变量（ed-do）。剔除基础教育服务因素后，剔除显著性水平不高的基础医疗服务（medical），更换基础教育服务核算指标后发现基础教育服务变量仍为最不显著，则去掉基础教育服务变量和基础医疗服务变量，以此类推，直到得到最优回归方程表3-4（2）。在用城乡消费差距替代城乡收入变量之后，经过后向剔除法之后得到表3-4（4）。由表3-4（2）、表3-4（4）的回归结果我们可以看出，对农业转移人口市民化进程有显著作用的变量有就业形势、城乡发展差距、第二产业发展水平、第三产业发展水平、社会保障制度以及土地制度；另外，第一产业对农业转移人口市民化进程有一定的影响，但是不稳定。

在模型中，无论我们使用城乡收入差距还是城乡消费差距来衡量城乡发展差距，结果都表明，城乡发展差距越大，越能推动更多的农业人口向城市转移，越能促进农业转移人口市民化的进程。具体来说，城乡收入差距变动1个单位，市民化水平变动0.0001199个单位，按城乡收入差距的均值计算即城乡收入差距变动1%，市民化率变动0.0163%，按城乡消费差距的均值计算即城乡消费差距变动1%，市民化率变动0.0079%；对就业形势来说，就业形势的恶化会阻碍市民化的进程，城镇失业率变动1%，市民化率变动-0.2723%（-0.3028%）；对第二、第三产业来说，第二、第三产业的不断发展可以促进市民化的进程，第二产业发展水平变动1个单位，市民化率增加0.0000685（0.0000789）个单位，按均值计算即第二产业发展水平变动1%，市民化率变动0.0118%（0.0136%），同样第三产业发展水平变动1%，市民化率变动0.0348%（0.0402%）；对社会保障制度来说，社会保障制度对市民化率起到一定的阻碍作用，社会保障制度变动1个单位，市民化率变动-0.000368（-0.0002385）个单位，按均值计算即社会保障制度变动1%，市民化率变动-0.00635%（-0.00411%）；对土地制度来说，土地制度的改革可以显著促进农业转移人口市民化的进程。

根据总体样本的回归分析，我们得出对农业转移人口市民化有促进作用的有城乡发展差距拉大和第二、第三产业发展水平的提高，其中第三产业发展水平对市民化的进程贡献最大，其次是第二产业发展水平、城乡发展差距和土地制度；对农业转移人口市民化进程有阻碍作用的主要是就业形势、社会保障制度。

为了减小数据本身对回归结果的影响。我们首先剔除了西藏自治区，原因一是在西藏的农业生产率的测算中，由于西藏独特的地形和气候，农作物耕地面积较少，农业生产率测算的值远远高于其他省份，第二产业的发展水平较低；二是西藏自治区的农业转移人口市民化率较其他中西部省份来说较低，且其他衡量基础公共服务水平的指标较其他省份来说较低，所以我们剔除西藏异常数据。其次，基于冯虹、李升的研究，在特大城市外来人口聚集区，农民工携带家人一起进入，形成"家庭式入住"人口流动模式[①]，子女跟随父母迁移，且大多数子女亟须接受的是初等教育。因此在研究基础教育服务对农业人口市民化的影响时，我们在基础教育服务中剔除了中等教育在校学生数量，来检测其是否显著。与前面的做法一样，我们先后引入城乡收入差距和城乡消费差距进行回归，回归结果见表3 – 5。首先引入城乡收入差距，通过 F 检验和 hausman 检验得到 F 值为115.21，拒绝原假设；$chi^2 = 79.12$，prob 值为0，拒绝原假设选择固定效用模型，加入稳健标准差后回归结果见3 – 5（1），经后向剔除法后得到的结果见表3 – 5（2）；然后引入城乡消费差距，通过 F 检验和 hausman 检验得到 F 值为101.81，$chi^2 = 70.89$，prob 值为0，所以我们最终依然选择固定效用模型，加入稳健标准差后的回归结果见表3 – 5（3），经后向剔除法后得到的结果见表3 – 5（4）。

通过表3 – 5（2）和表3 – 5（4）的回归结果可以知道，经过数据的调整，基本医疗服务和公共交通服务依然不显著，而基础教育服务经调整

---

① 冯虹、李升：《特大城市外来人口聚集区中的农民工群体研究》，《国家行政学院学报》2016 年第 1 期。

后在引入城乡消费差距时变得显著，但是仅在 10% 的置信水平上显著，通过回归系数得出基础教育服务对市民化的进程起一定的阻碍作用，即基础教育服务变动 1 个单位，市民化率变动 − 0.0001143 个单位，按照前面的做法，即基础教育服务变动 1%，市民化率变动 − 0.0176%。其他的因素比如城乡发展差距，第二、第三产业的发展水平、就业形势、社会保障制度以及土地制度都和总体样本一样，对农业转移人口市民化进程有着显著的影响，且符号与前面一致。从整体回归结果来看，除了基础教务服务变得显著，其他变量的显著性、符号以及回归系数与总体回归基本一致。

表 3 − 5　　　　　　　数据调整后回归结果（被解释变量 citizen）

变量	（1）	（2）	（3）	（4）
unemployed	− 0.2190 **	− 0.3102 ***	− 0.2565 **	− 0.2936 **
	（− 1.65）	（− 2.32）	（− 1.87）	（− 1.83）
consume			0.0000519 ***	0.0000572 **
			（2.01）	（2.01）
income	0.0001043 ***	0.0001093 ***		
	（3.25）	（3.78）		
primary	− 0.0105		0.0379	
	（− 0.31）		（0.78）	
second	0.0000719 ***	0.0000676 ***	0.0000787 ***	0.0000766 ***
	（4.15）	（4.81）	（4.23）	（5.26）
third	0.0368 ***	0.0350 ***	0.0393 ***	0.0366 ***
	（3.36）	（3.09）	（3.58）	（3.66）
social	− 0.0003272 ***	− 0.0003582 ***	− 0.0002041 ***	− 0.0002137 ***
	（− 4.67）	（− 5.35）	（− 3.19）	（− 3.69）
medical	− 0.0030		− 0.0003	
	（− 0.22）		（− 0.02）	
eddo	− 0.0000834		− 0.0001135 **	− 0.0001143 *
	（− 1.43）		（− 1.87）	（− 1.71）

续表

变量	(1)	(2)	(3)	(4)
transport	- 0.0438		- 0.0252	
	(- 0.81)		(- 0.41)	
land	0.2691 ***	0.2936 ***	0.3623 ***	0.3718 ***
	(4.34)	(4.81)	(4.29)	(4.49)
c	7.6716 ***	7.2979	8.0344 ***	8.4597 ***
	(9.89)	(9.81)	(11.83)	(11.46)
F Statis –	112.64	113.68	113.37	94.97
R - sq	0.9039	0.8983	0.8890	0.8877
样本量	297	297	297	297

注：***、**、*分别表示1%、5%和10%的水平上显著。括号内为 t 值。

表3-6对东、中、西部28个省份分地区进行回归，因为2016年东部地区的平均市民化率为13.12%，而中、西部的平均市民化率只有9.81%，低于10%。因此，我们把中西部地区划为一档，东部地区划为一档做回归。经过前面的回归分析，我们发现引入城乡收入差距和城市消费差距来衡量城乡发展差距具有同样的效果，因为在这里我们只引用城乡收入差距来衡量城乡发展的差距；对于中西部地区我们剔除了西藏自治区，对所有的样本我们都剔除了中等教育在校学生人数。对于中西部地区，通过 F 检验和 hausman 检验得到 F 值为170.22，拒绝原假设；$chi^2 = 8.01$，prob 值为0.3319，接受原假设，所以我们最终选择随机效用模型。加入稳健性方差后的回归结果见表3-6(1)，经后向剔除法后的回归结果见表3-6(2)。同样对于东部地区，通过 F 检验和 hausman 检验得到 F 值为159.07，拒绝原假设；$chi^2 = 58.05$，prob 值为0，接受原假设，所以我们最终选择随机效用模型。加入稳健性方差后的回归结果见表3-6(3)，经后向剔除法后的回归结果见表3-6(4)。

从表3-6(2)和表3-6(4)的回归结果可以看出，无论是对于中西部地区还是东部地区，就业形势、城乡发展差距、第二产业发展水平以及土地制度对农业转移人口市民化进程依然具有显著性，这与全国样本回归的结果是一致的；基础教育服务经过调整后，虽对市民化率也呈现显著性，但就符号来说具有不稳定性。具体来说，对于中西部地区，城镇失业率每变动1%，市民化率变动 -0.1603%；城乡收入差距每变动1个单位，市民化率变动0.0001339个单位，即每变动1%，市民化率变动0.0182%；第二产业发展水平每变动1个单位，市民化率变动0.0000229个单位，即每变动1%，市民化率变动0.005%；土地制度对市民化率影响的系数为0.0782。相较于中西部地区，东部地区城镇失业率每变动1%，市民化率变动 -0.2198%；城乡收入差距每变动1个单位，市民化率变动0.0000762个单位，即每变动1%，市民化率变动0.0103%；第二产业发展水平每变动1个单位，市民化率变动0.0000625个单位，即每变动1%，市民化率变动0.0108%；土地制度对市民化率影响的系数为0.1770。

表 3 - 6　　　　　　　　分地区回归结果 （被解释变量 citizen）

变量	中西部地区		东部地区	
	(1)	(2)	(3)	(4)
unemployed	- 0.1752 ***	- 0.1603 ***	- 0.2472 **	- 0.2198 ***
	(- 2.62)	(- 2.43)	(- 2.13)	(- 2.30)
income	0.000129 ***	0.0001339 ***	0.0000787 ***	0.0000762 ***
	(5.86)	(7.43)	(2.47)	(2.77)
primary	- 0.0247 *	- 0.0247 **	- 0.0391	
	(- 1.58)	(- 1.93)	(- 1.06)	
second	0.0000279 **	0.0000229 **	0.0000548 ***	0.0000625 ***
	(1.65)	(1.68)	(4.77)	(5.09)
third	0.0072		0.0673 ***	0.0735 ***
	(0.81)		(3.56)	(4.48)
social	- 0.000028		- 0.000359 ***	- 0.0003651 ***
	(- 0.47)		(- 3.73)	(- 4.26)

续表

变量	中西部地区		东部地区	
	(1)	(2)	(3)	(4)
medical	0.0293 **	0.0298 ***	− 0.0132	
	0 (1.95)	(2.02)	(− 1.13)	
eddo	− 0.000094 ***	− 0.0000885 ***	0.0001701 **	0.0001579 **
	(− 3.37)	(− 2.86)	(2.06)	(2.20)
transport	0.3099 ***	0.3218 ***	0.05	
	(3.32)	(3.36)	(1.32)	
land	0.0641 **	0.0782 ***	0.2278 ***	0.1770 *
	(1.84)	(2.11)	(2.40)	(1.60)
c	7.1701 ***	7.2979 ***	7.4948 ***	6.6295 ***
	(10.49)	(12.39)	(8.20)	(6.57)
F Statis −	243.00	270.73	136.22	159.16
R − sq	0.9719	0.9717	0.9109	0.9022
样本量	187	187	110	110

注：括号内为 t 值，*、**、***分别表示1%、5%和10%的置信水平上显著。

从上述比较可以知道，东部地区的第二产业发展水平、土地制度、就业形势对市民化进程的影响程度比中西部地区大，而城乡收入差距对市民化进程的影响程度比中西部地区小。另外，东部地区第三产业发展水平、社会保障制度相比中西部地区呈现显著性，其中第三产业发展水平每变动1%，市民化率变动0.0735%，影响程度相对较大，社会保障制度每变动1%，市民化率变动−0.0063%；而中西部地区第一产业的发展水平、基础医疗服务、公共交通服务对市民化进程的影响较东部地区呈现显著性，其中第一产业的发展水平与市民化率之间呈负相关关系，基础医疗服务和公共交通服务与市民化进程呈正相关关系。

四　稳健性检验

根据前面的回归结果，城乡收入差距的拉大会推动农业人口由农村向城镇转移。但是，随着市民化进程的推进，城乡收入的差距也会受到市民化进程的影响，即两者可能互为因果关系，存在内生性的问题。如果存在内生解释变量，我们就引入工具变量。首先检验上述模型是否存在内生解释变量，我们引入城乡收入差距滞后一期和滞后二期作为工具变量，通过 hausman 检验得出 $chi^2 = 18.89$，prob 值为 0.0085，拒绝原假设，即认为存在内生解释变量，应该使用工具变量法。因此，为了验证上述结果的稳健性，我们借鉴了冉光和、汤芳桦（2012）等对城乡收入的做法，引入城乡收入滞后一期和滞后二期作为工具变量。引入的工具变量需要同时满足相关性和外生性，即与内生解释变量相关，与扰动项无关。

很显然，城乡收入差距的滞后期与城乡收入差距相关，但我们还是需要检验这一结果的真实性。为了满足与扰动项不相关的条件，需要进行过度识别检验。针对相关性与外生性，我们分别进行了有限信息最大似然估计法（LIML）与过度识别检验，通过 LIML 我们得到 F 统计量为 603.563，远大于 10，prob 值为 0，拒绝原假设，说明引入的工具变量与解释变量具有相关性；通过过度识别检验，得到 $chi^2 = 0.005496$，prob 值为 0.9409，接受原假设，即认为引入的工具变量具有外生性，与扰动项无关。我们在剔除西藏自治区与中等教育在校学生数量后的样本中引入工具变量，回归结果见表 3 - 7（1），经过后向剔除法后的回归结果见表 3 - 7（2）。

表 3 - 7 　　　　　　　　模型回归结果（被解释变量 citizen）

变量	全样本	非全样本	中西部地区	东部地区
unemployed	- 0. 2489 ***	- 0. 2356 ***	- 0. 0942	- 0. 3006 ***
	（ - 3. 24）	（ - 3. 10）	（ - 1. 36）	（ - 3. 54）
income	0. 0000431 **	0. 0000351 **	0. 0001326 ***	0. 0000543 ***
	（2. 05）	（1. 66）	（6. 48）	（2. 13）
primary	- 0. 0166	- 0. 0189	- 0. 0313 *	- 0. 0665 **
	（ - 0. 80）	（ - 0. 72）	（ - 1. 49）	（ - 1. 82）

续表

变量	全样本	非全样本	中西部地区	东部地区
second	0. 0000826 ***	0. 000083 ***	0. 0000344 ***	0. 000042 ***
	(11. 43)	(11. 94)	(4. 32)	(5. 71)
third	0. 0533 ***	0. 0521 ***	0. 0079	0. 0704 ***
	(7. 63)	(7. 80)	(1. 27)	(6. 75)
social	− 0. 0002147 ***	− 0. 0001923 ***	− 0. 0000113	− 0. 0002744 ***
	(− 4. 94)	(− 4. 31)	(− 0. 26)	(− 4. 91)
medical	− 0. 0042	− 0. 001214	0. 0266441 ***	− 0. 0127788 ***
	(− 0. 61)	(− 0. 18)	(3. 50)	(− 2. 17)
eddo	− 0. 0000273	− 0. 0001362 ***	− 0. 000114 ***	0. 0002913 ***
	(− 1. 18)	(− 3. 94)	(− 3. 78)	(6. 15)
transport	− 0. 0128673	− 0. 0074866	0. 2376 ***	0. 0955735 ***
	(− 0. 53)	(− 0. 32)	(3. 90)	(4. 20)
land	0. 2400 ***	0. 2102 ***	0. 0273	0. 1826 ***
	(3. 68)	(3. 31)	(0. 51)	(2. 56)
c	7. 1691 ***	8. 0055 ***	7. 0014 ***	7. 3592 ***
	(11. 72)	(14. 85)	(13. 00)	(10. 49)
R − sq	0. 8808	0. 8915	0. 9640	0. 9275
样本量	252	243	153	90

注：括号内为 t 值，*、**、***分别表示1%、5%和10%的置信水平上显著。

从最终的回归结果可以看出，对农业转移人口市民化具有显著性的有就业形势，城乡发展差距，第二、第三产业发展水平，社会保障制度，土地制度以及经调整后的基础教育服务因素，其符号和显著性基本与调整数据后的全国样本回归的结果基本一致，因此模型的回归结果具有稳健性。

五 实证结论

我们采用2006—2016年东中西部28个省份面板数据，分别从城乡发展、产业发展水平、制度供给及基础公共服务四个方面对农业转移人口市民化的关键影响因素进行研究。经回归和稳健性分析得到以下判断：从总体样本来看，城乡发展差距，第二、第三产业的发展水平，社会保障制度以及土地制度对农业转移人口市民化产生不同程度的影响。城乡发展差距，第二、第三产业的发展水平及土地制度改革对农业转移人口市民化具有显著的促进作用，其中第三产业发展水平对市民化的进程贡献最大；就业形势对农业转移人口市民化进程具有阻碍作用。从区域样本来看，无论是东部地区还是中西部地区，第二产业发展水平、土地制度、就业形势及城乡收入差距对农业转移人口市民化进程具有显著性的影响；东部地区的第三产业发展水平、社会保障制度对农业转移人口市民化进程具有显著影响，而中西部地区的第一产业发展水平、基础医疗服务以及公共交通服务对市民化进程具有显著影响。具体的结论如下。

（一）城乡收入差距和城乡消费差距与农业转移人口市民化之间存在显著的正相关关系。随着我国城乡收入和消费绝对差距的不断拉大，农业转移人口市民化水平也在不断提高。改革开放以来，城乡收入差距对农业转移人口从农村向城市的迁移流动起着正向作用，而且这种作用在短期内不会有根本性的变化。

（二）城镇登记失业率与农业转移人口市民化之间存在显著的负相关关系。即城镇失业率越高，市民化水平越低。在我国经济快速发展的过程中，"就业不足和失业"的问题长期存在，且我国的失业呈现结构性失业的特征。特别是随着我国进入经济新常态，加快了产业结构升级，对劳动者的素质要求不断提高，结构性失业的特征更加凸显。我国农业转移人口受教育水平相对较低，一部分人已经无法适应产业升级的要求，城镇的就业形势更加严峻。所以，城镇登记失业率的升高在一定程度上阻碍了农业转移人口市民化的进程。

（三）第二、第三产业的发展水平与农业转移人口市民化之间存在显著的正相关关系。随着第二产业的不断发展，新型工业化进程的不断推进，可以吸纳农村剩余劳动力，逐步实现农业转移人口市民化；随着产业结构不断调整升级，第三产业的比重上升，新型服务业发展迅速，对就业的吸收能力也在不断加强，为农业转移人口提供了工作岗位，从长期趋势看，第三产业对就业的影响程度最大，吸纳就业能力最强。

（四）土地制度改革对农业转移人口市民化进程具有显著的推动作用。自 2012 年以来，政府关于农村土地制度特别是土地流转制度的改革，加快了土地流转速度，提高了流转效率，有利于土地资源的配置，对市民化进程起到了一定的推动作用。过去严格的城乡二元关系以及不顺畅的土地流转制度制约着农业转移人口在城市的稳定就业，阻碍了他们职业的转化，进而削弱了他们在城市生活的物质基础，不利于他们更好地融入城市。通过改革，顺畅的土地流转制度不仅可以促进农业规模经营和农业生产效益的提高，促进农业剩余劳动力的转移，而且还可以促进农业转移人口转变生活方式，更好地融入城市。

（五）基础教育服务在总体样本数据调整前是不显著的。当剔除了中等教育学生数量之后，在引入城乡消费差距时，基础教育服务对农业转移人口市民化呈现显著的负相关。究其原因主要有两点：一是受前期计划生育政策的影响，城镇初等教育在校学生数却在减少；二是大城市由于基础公共服务的资源较为紧张，农业转移人口子女的入学门槛逐渐提高。例如上海市外来人口的入学门槛"五证"缺一不可，其中"五证"中要求农业转移人口子女家庭在上海有稳定的工作及住处，但实际农业转移人口很难在上海买房或是得到收入比较稳定的理想工作，以务工为主的进城人口家庭在城市内部具有较大的流动性。由于这些严格的条件限制，三分之一的农业转移人口子女未能随迁，所以，城镇的基础教育服务在一定程度上阻碍了农业转移人口市民化。[①]

（六）户籍制度对市民化水平有着重要的影响。虽然我们在实证分析中没有列入户籍制度因素，但是在我国户籍制度对市民化水平有着重要的

影响，我国城乡二元户籍制度的存在，严重阻碍了农业转移人口市民化进程和社会融入的进程，户籍制度会严重影响农业转移人口是否能顺利实现身份上的市民化。虽然我国的户籍制度改革正处于进行时，但是改革的进度和力度还远远不够。另外，还有一些影响因素并不具有显著性或者显著性不稳定，例如第一产业的发展水平，理论上第一产业的发展会使农业生产效率提高释放农业剩余劳动生产力，推动市民化的进程。但从现实来看，中西部地区的农业现代化发展并没有充分发挥应有的基础作用，农业生产效率依然较低，农业机械化程度不高，大部分地区还没有实现农业的规模化经营。农业劳动力不足且老龄化严重，不利于农业生产的发展，农业发展不足会影响农业生产的现代化与机械化，不利于现代农业的升级，农村剩余劳动力无法转化，从而影响市民化的进程与质量。基础医疗和公共交通服务不具有显著性，可能是因为现阶段医疗和交通对农业转移人口的影响程度较小，他们关注的更多是就业机会和收入高低。

（七）东部地区第三产业发展水平、社会保障制度较中西部地区更具显著性。就第三产业而言，东部地区的第三产业对市民化进程推动作用较大，第三产业发展水平每变动1%，市民化水平变动0.0735%，而第二产业对市民化进程的影响仅为0.0108%，第三产业影响程度相对第二产业来说较大。主要原因是东部地区的第三产业较为发达，新型服务业发展速度较快，东部地区平均第三产业占国内生产总值的比例已达到了54.48%，其中北京和上海两地的第三产业所占比例达到70%以上，所以东部地区第三产业对农业剩余劳动力的吸收能力要强于第二产业，对市民化进程的推动也较为明显；而中西部大部分地区依然主要是通过传统工业来吸收农业转移人口，第三产业不够发达，所以对农业转移人口就业的吸收能力不强，另外其第二产业的吸收能力也没有东部地区新型工业对就业的吸收能力强；对于社会保障制度，东部地区的社会保障制度对农业转移人口市民化进程起到了一定的阻碍作用，正如前文所说，东部地区较中西部地区城市规模更大，城市人口更多，城市资源也显得更为紧张，对农业转移人口落户门槛也更高，所以农业转移人口很难享受到其社会保障制度变化所带来的福利，在一定程度上阻碍了市民化的进程。

（八）中西部地区在第一产业发展水平、基础医疗服务以及公共交通服务对市民化进程的影响较东部地区来说是显著的。对第一产业发展水平来说，中西部地区的第一产业发展水平对市民化进程产生一定的阻碍作用，其主要原因在前面已经讨论过；而东部地区，第二、第三产业较为发达，第一产业发展水平对其市民化进程影响不大。对于基础医疗服务和公共交通服务来说，中西部地区的医疗和交通对市民化进程具有推动作用，而东部地区基础医疗服务和公共交通服务并不显著，其主要原因是中西部地区的城市化正处在快速发展阶段，农业转移人口落户的成本相对东部地区城市来说较低，其落户门槛也没有东部地区城市高，所以基础医疗服务和公共交通服务在一定程度上会吸引农业转移人口的迁入，会推动农业转移人口市民化的进程。

第四章　农业转移人口市民化动力
系统及其传导机制

农业转移人口市民化是新型城镇化的重要内容，反映着社会变迁进程。推进这一进程的动力，既有来自新型城镇化、新型工业化、农业现代化的外生动力，又有来自作为城镇化主体的农业转移人口自身的内生动力，这种内生动力取决于农业转移人口的市民主体意识。新型城镇化、新型工业化、农业现代化是农村剩余劳动力转移以及市民化的宏观动力，比较利益的改变构成转移主体的直接经济动因，公共服务均等、要素自由流动等制度环境为市民化推进提供制度动力。包括政府在内的社会外力和城镇化主体的内在动力共同作用，携手实现农业转移人口的市民化。

第一节　农业转移人口市民化与新型城镇化互动关系

新型城镇化与农业转移人口市民化之间存在各种内在互动关系。推进农业转移人口市民化是党的十八大以来做出的重要部署，2016 年国务院发布的《关于实施支持农业转移人口市民化若干财政政策的通知》指出："加快农业转移人口市民化，是推进以人为核心的新型城镇化的首要任务，是破解城乡二元结构的根本途径，是扩内需、调结构的重要抓手。"加快推动农业转移人口市民化进程不仅是实现新型城镇化的关键步骤，也是我国经济实现持续健康稳定增长的重要保证。① 新型城镇化带动了产业的发展、促使产业结构升级，进一步活跃市场经济、完善城镇建设，这些都对农村人口有着巨大的吸引力，对农业转移人口市民化的进程有着显著的推动作用。

　　传统城镇化是以传统工业化为主要驱动力，主要强调的是土地的城镇化。而且显著地存在地区性差异，造成了城乡对立、城乡发展不平衡的局面，使得农业转移人口大部分只是在职业上发生了改变，在身份上并没有同步转换。即农业转移人口市民化滞留在职业转换阶段，无法进入市民化实质阶段。新型城镇化以人为核心，不但注重城镇化的量，更加注重城镇化的质，要求不断推进农业转移人口实现实质的市民化转变。农业转移人口市民化由职业转换进入身份转换，进而带来生活方式的转换，新型城镇化方面的表现是由城镇化量的提升发展为质的提升。新型城镇化与农业转移人口市民化的互动互促关系见图4－1。

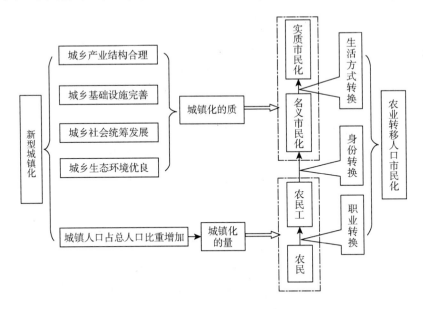

图4－1　新型城镇化与农业转移人口市民化互动关系

---

　　① 吴桂英：《开远市加快推进农业转移人口市民化进程的实践与思考》，《创造》2018年第12期。

一　新型城镇化加快农业转移人口市民化步伐

改革开放以来，伴随着经济的快速增长，我国的城镇化步伐也在加速推进。随着新型城镇化的不断发展，土地城镇化对我国经济增长的贡献率也在持续提升，而人口城镇化对我国经济增长的贡献却在不断地下降。[①] 2016 年，中西部的平均城镇化率已超过了 50%，正处于城镇化的快速发展阶段；而东部的城镇化率更是接近 70%，步入稳步发展阶段。因此，如何实现农业转移人口市民化成为实现新型城镇化不可回避的一个问题。在传统城镇化过程中，我国农业人口虽然实现了由农村向城镇的转移，但他们缺乏实现市民化的充分条件。首先，农业转移人口受到制度因素的约束，无法实现市民身份转换。农村土地流转制度问题弱化了农业转移人口市民化的意愿和能力。城镇较高的落户门槛阻碍了他们实现市民化的道路。其次，农业转移人口缺乏稳定的和可持续的收入，缺乏市民化所需的坚实物质基础。大部分在城市务工的农业转移人口都是从事一些基础性的、低收入的脏活、累活，由于很少或从来没有接受过正式的工作或技术培训，他们在就业选择上范围窄、层次低。没有过硬的技术支撑，这些农业转移人口只能从事最基础的工作，容易在工作中被淘汰。大部分的农业转移人口虽然已经转移到城镇，但是依旧没有稳定的工作，也就没有可持续性的收入支持他们市民化。最后，农业转移人口的整体素质较低，阻碍了市民化进程。由于农村教育资源有限，大部分农业转移人口的受教育程度普遍较低，难以融入城市人群生活。并且农业转移人口在生活习惯上与城镇居民有所不同，部分农业转移人口还保留着较多的农村特征，在沟通方式、为人处世等方面与城市市民存在很大差异，所以缺乏融入城市的能力。在处理人际关系上思维也有偏颇，即使在身份转换后，他们的公民权利意识和

---

① 郑鑫：《城镇化对中国经济增长的贡献及其实现途径》，《中国农村经济》2014 年第 6 期。

主人翁意识也有所欠缺，这些对进一步融入城市有着很大的负面影响。在此背景下，我国农业转移人口市民化发展速度缓慢，明显滞后于城镇化进程，市民化的进程没有与城镇化同步发展。从总体上看，市民化程度较低，支撑其持续健康发展的动力不足。我国学者在市民化程度估算方面的实证研究也证实了这一现象（见表4–1）。

表4–1　　　　　　我国学者对农业转移人口市民化程度的测算

作者	调查年份	调查地区	样本数	市民化程度	城镇化率（%）
刘传江、程建林（2008）	2005	武汉市	304	31.3%	62.78
王桂新等（2008）	2006	上海市	1026	54%	88.6
周密等（2012）	2011	沈阳市	287	新生代农民：54%	64.47
魏后凯、苏宏建（2013）	2011	全国	相关调查报告	39.56%	51.27
钱静（2015）	2013	湖南省	728	43%	47.96
上官卉彦（2015）	2015	福州市	169	市民化意愿47.8%	67.7

资料来源：根据相关文献整理所得。

从表4–1可知，无论对市民化程度采用何种测算方式，都得出我国市民化进程明显滞后于城镇化进程，市民化水平低于城镇化率。根据《2017年中国农民工监测调查报告》，2017年我国农民工总量达到28652万人，相对2016年增加了481万人，增幅1.7%；外出农民工17185万人，比2016年增加251万人，增长1.5%；外出进城农民工为13710万人，相对2016年增加了125万人，增长0.9%。[①] 我国农业人口数量庞大，农业人口有效地转化为城镇居民是新型城镇化的重要内容，促进农业转移人口更好地融入城市成为真正的市民也是新型城镇发展的主线。为了解决在传统城镇化发展过程中所出现的经济、社会、文化等方面的诸多问题，更好推进新型城镇化建设，《国家新型城镇化规划（2014—2020年）》提出"以

---

① 资料来源：国家统计局官网，http://www.stats.gov.cn/。

人为本，公平共享""四化同步，统筹城乡""文化传承，彰显特色"等基本原则，对农业转移人口市民化过程提出更高要求。

（一）新型城镇化促进农民地域转移、职业转换与身份转换

新型城镇化过程是伴随着农业转移人口身份的一系列经济、社会权利的实现以及生产方式的改变过程。而农业转移人口市民化的内涵在于，市民化首先需要实现"经济市民化"，完成由"农民"向"农业转移人口"职业的转变，这是实现完整市民化的前提。在此基础上实现身份转变进而实现生活方式转换，实现"人的市民化"，最终成为真正意义上的市民。[①]其次，实现农业转移人口地域转移，就是农业人口由原本生活的农村居住地转移到城市居住地。实现地域转移需要一定的前提条件：一是稳定的收入，二是固定的住所，三是融入城市生活方式。只有在一定程度上摆脱农村思维，主动融入城市生活，才能真正融入城市的主流社会，共享城镇化带来的公共服务以及现代文明成果。再次，实现农业转移人口职业转化。由从事农业生产活动转换为从事非农业生产活动，同时由非正规的劳动力市场上的农民工转化成正规的非农业劳动力，提高进城劳动力职业转换的能力和社会地位，进而为其融入城市奠定坚实的基础。最后，实现农业转移人口身份转变。身份转换要求农业转移人口在户籍上发生彻底的改变，即由原本的农村户籍转变为城市户籍。只有实现了户籍转换，农业转移人口才真正成为城市居民的一分子，才能享受到城镇居民相同的权利，获得平等的地位和身份认可，市民化才算真正意义上落到实处。

（二）新型城镇化建设的核心目标是实质市民化

实质市民化是新型城镇化建设的核心目标。所谓实质市民化，是指农业转移人口在进入城市之后，最终实现在主体意识上、生活方式上和行为方式上的转变。市民化的分类标准不同，如果以市民化主体分类，则包括两种市民化，一是郊区农业人口的市民化，二是移民人口的市民化。随着

---

① 齐红倩、席旭文：《分类市民化：破解农业转移人口市民化困境的关键》，《经济学家》2016 年第 6 期。

新型城镇化的推进，城市的经济产业不断发展，越来越多的农业人口开始向城市集聚，原有的城镇面积不足以容纳这些转移人口，这就会影响经济活动的发展，导致市场活跃程度降低。所以，在满足产业发展的需求下，城市的空间范围也随之不断扩张。城市为了获得更大的发展空间，就会就近向周边郊区扩张土地，郊区土地在被征收为国有土地之后，可以通过商业买卖、工业建筑用地、住宅建造等形式得以开发，从而直接获得更大的城市发展空间，收获更大的经济效益。失去土地的郊区人口则会在接受政府部分补偿后选择就地市民化，故城市扩张促进了郊区农业转移人口逐渐实现市民化。移民的市民化是指不能以失地市民化的方式直接进行市民化的农业人口。这部分农业转移人口多数是偏远地区的农村居民，在受到城镇化建设的吸引后向城市聚集。他们大多是以投靠亲戚或者打工的方式进入城镇，在有一定的物质基础后，主动参与实现市民化。

为了迅速实现工业化和现代化，我国在经济发展的过程中长期实行重工轻农的政策，再加上我国城乡二元结构的阻滞，致使现阶段城镇化的发展质量与工业化发展呈现不协调的现象。这种现象使我国农业人口市民化一般要经历两个阶段：初始阶段是农民工转变成农业转移人口，第二阶段是从农业转移人口到市民身份的转变（即实质上的市民化）（见图4-2）。我国的农业转移人口市民化的进程大多停留在第一阶段，只是实现了农业人口由农村向城市的转移，而并没有成为实质上的市民。因此，实现农业转移人口实质市民化是新型城镇化的核心目标。

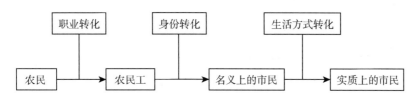

图4-2 农业转移人口市民化的路径

二　农业转移人口市民化为新型城镇化提供动力

（一）农业转移人口市民化是新型城镇化的必经之路

2013 年 12 月中央召开了城镇化工作会议，会议指出，"要以人为本，推进以人为核心的城镇化，提高城镇人口素质和居民生活质量，把促进有能力在城镇稳定就业和生活的常住人口有序实现市民化作为首要任务"[①]。国家对市民化的重视程度不断加强，2014 年发布的《国家新型城镇化规划（2014—2020 年）》提出有序推进农业转移人口市民化、优化城镇化布局和形态、提高城市可持续发展能力、推动城乡发展一体化四大战略任务，并把推进农业转移人口市民化放在了第一位。[②]

过去传统的城镇化模式过于强调土地的城镇化，而忽略了人的城镇化。虽然我国在城镇化发展上实现了量的飞跃，由改革开放初的 18% 到 2017 年的 58.52%，但是我国城镇化发展的质量依然较低。部分农业人口虽由农村转移到城镇，但我国长期存在的二元户籍制度造成了城乡二元结构，大量农业转移人口由于没有达到落户门槛而无法成为城镇居民，无法公平共享到和城市居民相同的服务，城镇内出现新的结构矛盾，真实的城镇化率远不及 58.52%。推进农业转移人口市民化进程是实现新型城镇化的必经之路，是新型城镇化的首要任务。农业转移人口是推进城镇化的中坚力量，一方面，他们致力于城镇现代化的建设，另一方面，他们拥有巨大的消费潜力，是经济增长的新动力。但是在农业转移人口没有充分实现市民化的情况下，他们难以真正融入城市，无法稳定地在城市里生活，例如子女的教育问题得不到有效的解决，无法享受到城镇居民基本医疗服务

---

① 《2013 中央城镇化工作会议公报》，中华人民共和国财政部官网，http://zgb.mof.gov.cn/zhuantilanmu/xcjssd/bf/201401/t20140121_ 1037854.html。

② 《国家新型城镇化规划（2014—2020 年）》，中华人民共和国发展和改革委员会官网，http://ghs.ndrc.gov.cn/zttp/xxczhjs/ghzc/201605/t20160505_ 800839.html。

等，这些都会影响他们市民化的意愿和能力，从而直接影响新型城镇化的进程。如果不能稳步有效地推进农业转移人口市民化，新型城镇化就不可能得到持续健康的发展。而农业转移人口长期频繁地在城镇、城乡之间流动，还会影响产业发展、城市现代化建设，也引发了农村空心化、留守儿童等一系列社会问题。

（二）农业转移人口市民化能有效缓解城市劳动人口不足，提升新型城镇化建设水平

农业转移人口市民化为新型城镇化建设提供了大量劳动力。新型城镇化的建设是一个复杂的系统性大工程，它不仅要求建设过程中有较高的速度和质量，还要求农业转移人口市民化与新型城镇化发展规模相匹配。随着农业转移人口市民化进程不断加快，农村剩余劳动力不断向城市集聚，为新型城镇化的建设提供了充足的劳动人口。劳动力供给充足有力地促进了新型城镇化的建设，不仅为城市的产业发展提供人力资源保障，还提高了整个城市的综合能力，包括经济实力和财政实力。综合能力的提升使政府有强大的实力去完善公共服务体系和各种基础设施建设，从而提升新型城镇化建设的水平，提高了城镇综合承载能力，为进一步的农业转移人口市民化创造新的发展空间。

（三）农业转移人口市民化为未来城镇化提供动力

随着新型城镇化进程的不断推进，城镇化率已经达到很高水平，农村富余劳动力不会那么多了。城镇化的重点是对已有农业转移人口实现有内涵的实质性市民化，因此，城镇化动力来自农业转移人口市民化。现在2.7亿农民工外出打工，很多人不能带着家属随行，有大量农村留守儿童、留守老人和留守妇女。这些人承受家庭分割甚至妻离子散的压力，对家庭健康发展、子女健康成长都是不利的。这是城镇化过程中不可承受之痛，未来城镇化必须解决农业转移人口市民化的问题，让他们的家属特别是子女、配偶能够一起在城市就业、居住，未来要花更多精力解决农民工落户问题，解决享受城市基本权利问题，重点解决农业转移人口市民化的质量提升问题。这一系列问题的解决，能极大地推动城镇化发展，这个动力是非常大的。

第二节　农业转移人口市民化的动力机制分析

农业转移人口市民化既是一项社会性、经济性的历史进程和变革，也是一个包含多种动力的复杂的系统工程。因此，农业转移人口市民化作为一个系统，与一般系统一样具备动力要素、制度环境和目标。其目标是加速推动农业转移人口市民化，动力机制包括外生动力、内生动力两个方面，制度环境即为正式与非正式制度供给。它们共同构成农业转移人口市民化的动力系统框架。

一　外生动力机制

农业转移人口市民化动力系统的外生动力机制，是指在农业转移人口市民化过程中，通过影响农业转移人口的意愿，促进农业转移人口被动市民化或者主动市民化，从而推动农业转移人口市民化进程的一种外在性动力机制，主要包括新型城镇化、新型工业化、农业现代化三个方面的驱动力。

（一）新型城镇化驱动

新型城镇化为农业转移人口市民化发展提供强大支撑力，为市民化发展提供了动力和保障。城镇化建设是一个国家或地区经济社会发展水平的标志，也是这一国家或地区实现现代化的必经之路。当下我国正处于新型城镇化加速发展的阶段，在这一过程中有越来越多的农村人口不断迁移到城镇，加入农业转移人口市民化进程之中。从图 4－3 中可以看出，近年来，全国农民工规模在不断扩大，从 2009 年的 22978 万人到 2017 年的 28652 万人，增加了 5674 万人，增长 24.7%。2017 年我国农民工数量已经超过 28652 万人，相比 2016 年增加 481 万人，增速提高 0.2 个百分点。[①]
其中外出农民工 17185 万人，比上年增加 251 万人，增速较 2016 年提高 1.2
个百分点；本地农民工 11467 万人，比上年增加 230 万人，增长 2.0%。虽然
近些年增速有所放缓，但绝对数量依旧是增加的，并且近三年有逐渐上升的
趋势，说明未来农业转移人口会稳定增加，市民化依旧会稳步发展。

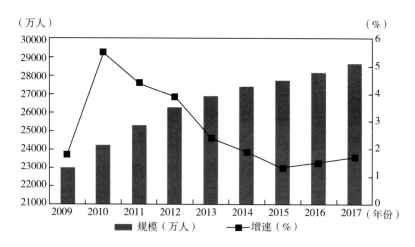

图 4-3 全国农民工规模

资料来源：中华人民共和国国家统计局编：《中国统计年鉴 2018》，中国统计出版社 2018 年版。

第一，随着新型城镇化的发展，城市建成区面积不断扩大，对农业转
移人口具有较强的容纳力。因为城市建成区一般具有比较完善的市政公用
设施和公共设施，生活条件比农村好。对于长期向往改善农村生活条件的
农民来说，能到城镇里居住无疑是一大心愿，他们既可以享受到良好的绿
化环境，又能共享建成区内的公共设施，享受公共服务。所以在有条件的
情况下，部分农业转移人口会更加坚定市民化的信心，强化市民化的意愿
和意志。由图 4-4 可以看出，随着城区建设面积的不断扩大，城区人口数
量也在不断上升。据统计分析可知，建成区面积每增加 1%，城区人口就

[①] 任文慧：《认同理论视角下农民工偏差行为的社会学分析——以太原市 FN 饭店为例》，
《文化创新比较研究》2018 年第 11 期。

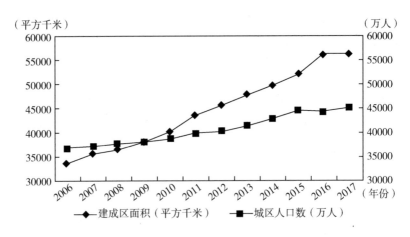

图 4 - 4　我国城区人口与建成区面积

资料来源：中华人民共和国国家统计局编：《中国统计年鉴　2018》，中国统计出版社 2018 年版。

增加 0.41%，并且二者的相关系数达到了 98.93%，这说明城市空间区域的扩张对农业转移人口市民化存在正向影响。

第二，新型城镇化能够有效地吸纳农村剩余劳动力。新型城镇化的有序推进能够优化产业结构，促进产业结构升级。进而带动产业增长、促进城市发展与扩张。产业发展不仅仅使城市增强劳动力吸纳能力，还能带来超过新增劳动力的就业需求。农业转移人口恰好能为产业结构升级提供人力资源，加快向城市转移，促进市民化发展。根据 2002—2017 年统计年鉴相关数据，整理得到表 4 - 2 和图 4 - 5、图 4 - 6。由图 4 - 5 可以看出，第一、第二、第三产业的增加值都是不断上升的，其中，第一产业增加值相较于第二、第三产业增加值增速较慢。由图 4 - 6 可以看出，第一产业就业人员数量明显呈逐年递减趋势，由 2002 年的 36640 万人降低到 2017 年的 20944 万人，减少 15696 万人，降低 42.84%；第二产业就业人员数量则呈逐年递增趋势，由 2002 年的 15682 万人到 2017 年的 21824 万人，增加 6142 万人，增长 39.17%；第三产业就业人员数明显呈递增趋势，由 2002 年的 20958 万人到 2017 年的 34872 万人，增加 13914 万人，增长 66.39%。并且减少的第一产业就业人员数与增加的第二、第三产业的就业人员数大致相当，说明农业转移人口在三个产业中进行了再分配，第二、第三产业对农业转移人口进行了有效的吸纳。

表4-2　　　2002—2017年第一、第二、第三产业GDP及就业人数

年份	第一产业GDP（亿元）	第二产业GDP（亿元）	第三产业GDP（亿元）	第一产业就业人数（万人）	第二产业就业人数（万人）	第三产业就业人数（万人）
2002	16190.2	54105.5	51421.7	36640	15682	20958
2003	16970.2	62697.4	57754.4	36204	15927	21605
2004	20904.3	74286.9	66648.9	34830	16709	22725
2005	21806.7	88084.4	77427.8	33442	17766	23439
2006	23317	104361.8	91759.7	31941	18894	24143
2007	27788	126633.6	115810.7	30731	20186	24404
2008	32753.2	149956.6	136805.8	29923	20553	25087
2009	34161.8	160171.7	154747.9	28890	21080	25857
2010	39362.6	191629.8	182038	27931	21842	26332
2011	46163.1	227038.8	216098.6	26594	22544	27282
2012	50902.3	244643.3	244821.9	25773	23241	27690
2013	55329.1	261956.1	277959.3	24171	23170	29636
2014	58343.5	277571.8	308058.6	22790	23099	31364
2015	60862.1	282040.3	346149.7	21919	22693	32839
2016	63670.7	296236	384220.5	21496	22350	33757
2017	65467.6	334622.6	427031.5	20944	21824	34872

资料来源：中华人民共和国国家统计局编：《中国统计年鉴　2018》，中国统计出版社2018年版。

应用Eviews7.2的相关系数矩阵分析，第一、第二、第三产业与吸纳劳动力能力的相关关系，得到表4-3的系数矩阵。从表4-3可以看出，第一、第二、第三产业的产业增加值与农业转移人口就业的相关性显著。第一产业增加值与农业转移人口就业负相关，第二产业能带动农业转移人口就业，但相较第三产业的吸收程度要低，第三产业能较强地吸收农业转移人口就业。目前我国农业转移人口就业主要分布在第二、第三产业。因

此，三大产业和各产业内部结构的合理化能推动农业转移人口市民化的持续发展，特别是第三产业的发展是产业结构优化升级的方向，也是解决农民工就业问题以及促进农业转移人口市民化的主要行业。

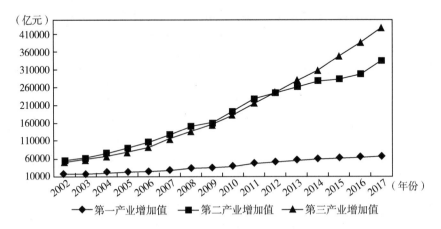

图 4 - 5　第一、第二、第三产业增加值

资料来源：中华人民共和国国家统计局编：《中国统计年鉴 2018》，中国统计出版社 2018 年版。

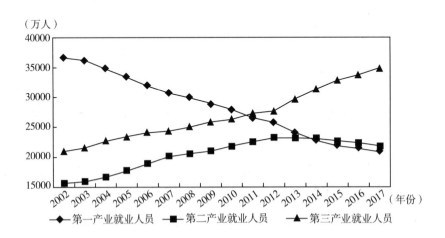

图 4 - 6　第一、第二、第三产业就业人数

资料来源：中华人民共和国国家统计局编：《中国统计年鉴 2018》，中国统计出版社 2018 年版。

表 4 − 3　　　　　第一、第二、第三产业 GDP 与就业人数相关关系

	第一产业就业 人数（万人）	第二产业就业 人数（万人）	第三产业就业 人数（万人）
第一产业 GDP（亿元）	− 0.988742		
第二产业 GDP（亿元）		0.896457	
第三产业 GDP（亿元）			0.992299

（二）新型工业化驱动

新型工业化极大地推动社会生产力发展，逐步形成规模经济、聚集经济，吸纳劳动力集聚，推动市民化进程。工业发展除了吸纳劳动力，还能促进资金、技术等要素的高度聚集。工业化发展使企业大量聚集，工业聚集促使城市基础设施和公共服务不断完善，也能促进城市规模的扩大，增强区域经济的实力，促进区域协调发展，从而为市民化的发展提供动力。同时，工业化发展为政府增加税收收入，为基础设施的建设提供资金保障，也为工业的发展提供较好的经济环境，促进工业发展与市民化推进良性发展。新型工业化推动了技术革命，农业机械化和自动化使农业劳动生产率大大提高，大量农民得以从农业生产中脱离出来，这部分农民相较于传统农民，更愿意接受市民化。新型工业化的发展带来了大量就业机会，给农业剩余劳动力提供了充足的岗位。改革开放以来，我国对非农产业的投资不断加大，工业、建筑、交通、文化、服务业等部门快速发展，新型工业化为市民化发展提供了不竭动力。与此同时，乡镇企业异军突起，大批民营企业做强做大，国有经济与私营经济共同发力，推动了我国经济的飞速发展，同时也加快了市民化进程。随着各类高新技术开发区、工业园区不断涌现，经济不断发展，劳动力需求增加。新型工业园区与高新技术开发区主要分布在城市周边并且不断地向郊区及乡镇扩散，特别是农业加工产业园区与农村产销一体化，促进乡镇企业发展，带动以园区为核心向农村辐射扩散的经济发展圈，促进农村走向现代化工业化道路，城市生活方式也不断地向农村渗透，加速了农业转移人口市民化的发展，优化了农

业转移人口的就业结构和农村经济结构。农业剩余劳动力在新型工业化过程中不断被吸收。从图4－7可以看出，随着我国新型工业化的不断发展，工业增加值不断增长，城市第二产业从业人口数量也在不断增加，说明新型工业化的发展对农业转移人口就业有吸纳作用。新型工业化的不断发展有助于提高他们的收入，缓解他们市民化的压力，促进其快速地实现身份的转变，帮助他们更快地融入城市。

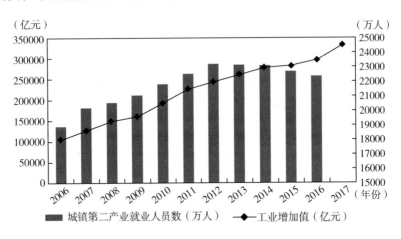

图4－7　工业增加值与城镇第二产业的从业人数

资料来源：中华人民共和国国家统计局编：《中国统计年鉴　2018》，中国统计出版社2018年版。

新型工业化带动了非农产业的不断发展，产生了包括建筑业、交通运输业、金融业、服务业等在内的非农经济部门，一方面缓解了我国经济结构发展的不平衡，另一方面吸纳了大量的农业转移人口的就业，特别是新型工业化的发展和新型服务业的发展在吸纳就业方面起到了不可替代的作用。这使农业转移人口拥有更好融入城市的物质基础，从而更好地推动农业转移人口市民化进程。

（三）农业现代化驱动

农业现代化可以释放出大量的农村剩余劳动力。农业的现代化提高了农业生产的效率，降低了对农民数量的要求，使农村释放出大量的剩余劳动力。

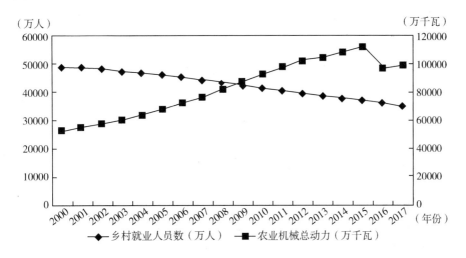

图4-8　农业机械总动力与农村就业人数

资料来源：中华人民共和国国家统计局编：《中国统计年鉴　2018》，中国统计出版社2018年版。

农业现代化对农业从业人员存在挤出效应，主要表现在以下三个方面。第一，农业机械化对农业从业人员有挤出效应。农业现代化的发展不可避免地会促进农业机械化进程的加快，农业机械的普及率也会越来越高，这就预示着农业生产对农业从业人员的需求将会逐步降低，从而使部分农村劳动力从农业生产中分离出来，可以释放农村剩余劳动力。由图4-8可知，总体上我国的农业机械化程度在不断提高，而农村就业人数在不断减少，二者上升和下降的趋势都十分明显，农业机械总动力从2000年至2017年共增加46443.48万千瓦，增长88.34%，农村就业人员数从2000年至2017年共减少13756万人，降低28.11%。以农业机械总动力为自变量 X，以农村就业人员数为因变量 Y，对其进行对数化处理，选取2000—2017年的数据运用Eviews7.2对其进行回归分析，得到表4-4，农业机械总动力与农村就业人员数具有显著的负相关关系。具体为农业机械总动力变动1%，农村就业人员数变动-0.4033%，现代农业发展明显释放了农村剩余劳动力。第二,农业规模化对农业从业人员也有挤出效应。我国传统农业大多以小农经济为主,较为分散,对农业从业人员的需求较多。而现代农业与传统农业不同,主张农业的规模化生产,随着土地流转制度的不断完善,农业规模化经营越来越普遍,对农业从业人员的需求大大降低。因而产生大量农村剩余劳动力。第三,农业技术化对农业从业人员产生挤出效应。随着农业生产技术的不断发展和普及,农业劳动生产率不断提高,单位面积生产所需的农业从业人员也逐渐减少,置换出一大批的农村剩余劳动力,对农村剩余劳动力的流动具有一定的"推力"作用。此外,随着农业现代化的快速发展,农民的视野也逐渐变得开阔,开始重视对农业部门就业与非农部门就业所获收益进行比较,逐渐放弃比较利益较低的农业部门,转而进入比较利益较高的非农部门,这在一定程度上有利于市民化的发展。

表4-4　　　　　　　农业机械总动力与乡村就业人员数回归结果

变量名	系数	标准误	T 统计量	P 值
ln$x$	-0.403253	0.038997	-10.34056	0.0000
c	15.21156	0.440592	34.52525	0.0000
拟合度	0.869842	均值相关变量		10.65665
调整的拟合度	0.861707	S. D. 因变量		0.108431
S. E. 回归	0.040323	赤池信息准则		-3.479351
残差平方和	0.026015	Schwarz 准则		-3.380421
对数似然	33.31416	施瓦茨准则		-3.46571
F 统计	106.9272	DW 统计量		0.301803
P 值(F 统计)	0.0000			

二　内生动力机制

农业转移人口市民化的内生动力是指农业转移人口作为城镇化的主体

和城市的主体，他们所具有的城市市民主体意识、未来生活预期等会对农业转移人口市民化产生很强的内生作用。但这种城市主体意识不是与生俱来的，而是需要进行培育。随着大规模农业转移人口的进城，城乡环境的巨大差异使他们很难实现思想意识与地域身份的同步转换，他们往往会把一些相对落后的农村生活方式和传统行为习惯带进城市，这不仅与现代城市生活方式和行为规范格格不入，而且在一定程度上会对周边的人群产生负面影响，从而导致城市文明的倒退。这是因为农业转移人口突然离开土生土长的村庄来到全新的城市，很难立刻树立起城市主体意识。因此，农业转移人口必须努力提升自身综合素质，形成市民价值观念，改变传统的生活方式与行为习惯，牢固树立城市主体意识，也唯有这样，才能尽快全面融入城市，成为真正的市民。农业转移人口这种融入城市的过程本身也是市民化过程。

虽然我国农村的基础设施和基本公共服务相比以前得到了很大的提高，但与城镇相比差距还是很大，具体差距可见图4-9，城市市政公用设施建设投入比村镇市政公用设施建设投入显然要大，并有逐年上升的趋势。近些年村镇市政公用设施建设投入虽也有所上升，但无论是在总量上还是增速上都小于城市市政公用设施建设投入。资金的大幅投入使城市的生活设施在质量、种类、舒适程度上都显著优于农村，对农业人口有着较强的吸引力。在收入来源上，城市居民既有稳定的工资收入，也有其他诸如经营净收入、财产性收入、转移性收入等，而农村居民基本上只能依靠务农收入来保障生存条件。在收入来源如此单一的情况下，农民大部分是以家庭保障为主，而城市居民则以社会保障为主。同样，收入来源的巨大差距使城市居民和农民在消费观念上也有着巨大的差别，农民主要以购买支撑生活的基础食物为主，保障基本的生活条件，而城市居民则享受多样型的消费物品，包括购买奢侈品、耐用品、移动设备等。农村生活已经无法满足农民的需要，尤其是对于长期在城镇就业的农业转移人口来说，他们会向往并逐渐适应城市的生活方式。

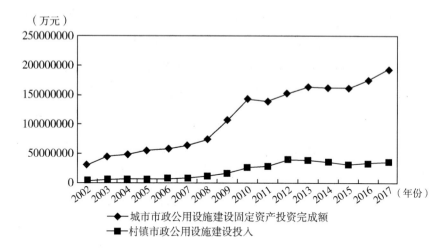

图 4-9　城市市政公用设施建设投入与村镇市政公用设施建设投入

资料来源：中华人民共和国国家统计局编：《中国统计年鉴　2018》，中国统计出版社 2018 年版。

　　根据表 4-5 可以看出，农村居民与城市市民之间存在明显的差距。通过比较城市居民与农村居民的生活可以看出，无论是在收入来源、居住环境还是生活方式等方面，当前的农村居民与城市市民还存在着较大的差距，对于农业转移人口来说，如果能够在转化为城市市民身份后享受与城市市民相同的待遇，那么农业转移人口的市民化意愿将会加强，有利于市民化进程。

表 4-5　　　　　　　　　　农民与市民的生活类型比较

项目类型	农民	市民
生活目的	保障生存	有意义的生活
生活设施	单一、简单	舒适、多样
经济收入	务农收入为主	工资收入为主
生活保障	家庭保障为主	社会保障为主
消费观念	生存型食物支出为主	享受型多样支出为主

改革开放以来，随着经济快速发展，我国农村居民与城市市民之间的收入差距也在不断拉大，并且城乡收入差距对农业转移人口的吸引力在短期内不会产生根本性的改变。从图 4 - 10 可知，我国城乡居民之间可支配收入存在明显差距，而且这种差距呈不断拉大的趋势。城市居民除了稳定的收入，还有财产性收入、转移性收入等收入来源，生活在城市社区有着稳定的收入和固定的生活住所，另外，城市市民的收入几乎可以全部转化为可支配收入，而农村居民只有基本的农业收入，农业收入还具有季节性效应。收入的巨大差距使农村居民自身愿意从农业生产转向非农业生产，构成农业转移人口市民化的一大推力。这种收入差距越明显，农民市民化的意愿也就越强烈，就会有更多的农业人口向城市聚集，而先转换为城市市民的农业转移人口还能享受教育、医疗、卫生等公共服务，对有市民化意愿的农村居民增强了吸引力，这种作用机制在中西部地区相对明显。

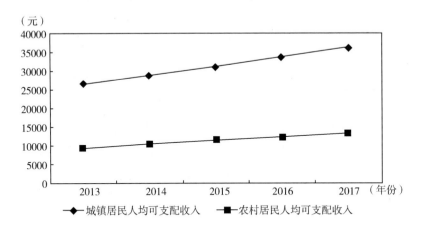

图 4 - 10　城乡居民可支配收入差距

资料来源：中华人民共和国国家统计局编：《中国统计年鉴　2018》，中国统计出版社 2018 年版。

对未来生活预期的好坏是农业人口是否愿意向市民转化的最基本动机。具体来说包括显性的经济预期和隐性的非经济预期。

经济预期，主要是指农业转移人口市民化将会产生的私人成本及收益。农业转移人口市民化的收益是指农业转移人口转化为市民之后所能得到的经济补偿，主要有农业转移人口市民化之后能够得到的工资收入和非直接得到的经济补偿，比如在城市生活所能得到的福利。农业转移人口在市民化的过程中也需要承担成本，主要包括生存成本、参加就业培训的成本、住房成本、社会保障部分成本等。

市民化所获得的收益与成本之差越大，说明农业转移人口市民化对转移人口本身来说是越有益的，那么农业人口想转化为市民身份的意愿就越强烈，市民化进程也就得到了积极的推动（见图4－11）。非经济预期就是农业转移人口市民化的隐性收益，即农民在转化为市民之后能够享受的或者能直接得到的福利。这部分隐性的收益主要包括子女良好的受教育机会、平等的市民待遇、文明有序的社会环境等。

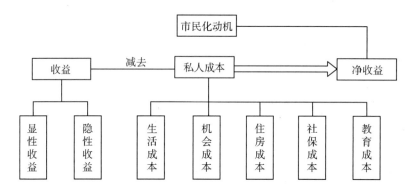

图4－11　经济预期与市民化动机关系

三　农业转移人口市民化动力系统分析

（一）外生动力之间及其与系统目标的关系

新型工业化的发展促进新型城镇化的发展。改革开放以来，虽然我国的工业化得到了充分的发展，城市化水平也有很大提高。但是，目前我国新型城镇化的发展明显低于新型工业化的发展，相应地，农业转移人口市民化的问题也较为突出，因此如何加快推进新型城镇化进程，使其适应新型工业化的发展速度是解决农业转移人口市民化所需要面临的问题之一。同样，新型工业化的不断发展可以扩大城市规模，促进城市经济的发展，吸引更多的农业转移人口迁入，有利于推进新型城镇化。

农业现代化的发展对新型工业化的发展有积极作用。农业发展为工业发展提供一定的物质基础。此外，农业生产率的提高可以释放农村剩余劳动力，为新型工业化的发展提供充足的人力资本。新型工业化的发展为农业现代化提供保障，可以为农业现代化提供技术和资金支持，进一步促进农业现代化，促进农业的规模化和集约化生产，释放更多的农村剩余劳动力。

发展现代农业是新型城镇化发展的重要内容之一。新型城镇化的实现关键是要实现人的城镇化，如何使更多的农业转移人口转化为市民，进而提高新型城镇化的质量。农业现代化为农业转移人口提供了一定的自有资本，可以更好地促进其市民化。

综上所述，在推进农业转移人口市民化的进程中，新型城镇化、新型工业化与农业现代化之间是相互促进、相互推动的，对农业转移人口市民化进程的推进起到了显著的拉动作用（见图4－12）。

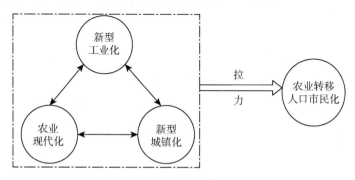

图4－12　农业转移人口市民化外生动力机制

（二）　内部动力之间及其与系统目标的关系

农民生活条件的改善与城乡收入差距的存在，促使农业转移人口进城就业，加速了农业转移人口市民化进程，增强了农业转移人口特别是失地农业转移人口市民化的进城意愿。同时，农村生活已经不能满足这部分农业转移人口的需要，失地农业人口在农村失去了生产需要的土地，转移到城镇已不可避免。

第一，农民的生活条件改善会对未来生活的预期产生较大的影响。根据马斯洛（Abraham H. Maslow）需求层次理论，当农村居民的生活改善之后，农业转移人口不再仅仅满足于生存需求，而是对未来的生活充满了美好的预期，也开始追求更舒适、更文明、更有意义的生活，去实现精神追求和自我价值。在这样的需求之下，农业转移人口的市民化意愿自然会提升。

第二，城乡收入差距的存在，倒逼农民改善农村生活条件，从而推动农村居民对未来生活的预期。城乡收入差距逐渐扩大的同时，也使农业人口的收入有所提高、生活条件有所改善，但是城乡收入差距的存在，对农业人口产生了巨大的吸引力，农业人口也期望拥有高收入，因而会加速向城市集聚，农业转移人口向市民转化的意愿也就更为强烈。

第三，对未来生活预期包括渴望生活条件改善和增加收入或者收入差距缩小。因此，这三者之间是相互促进的且共同对农业转移人口市民化提供推动作用（见图4-13）。

（三）　制度环境与系统目标之间的关系

农业转移人口市民化过程是一个系统过程，系统需要制度环境支撑。在动力系统运作过程中，不仅是外生动力机制与内生动力机制发力，制度环境也十分重要，制度环境包括正式制度供给与非正式制度供给（见图4-14）。

正式制度供给主要是指农业转移人口市民化过程中，政府所能够提供的土地管理制度、社会保障制度、户籍制度等相关的制度性安排，对农业

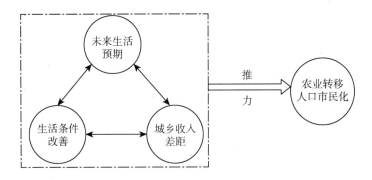

图 4 - 13　农业转移人口市民化内生动力机制

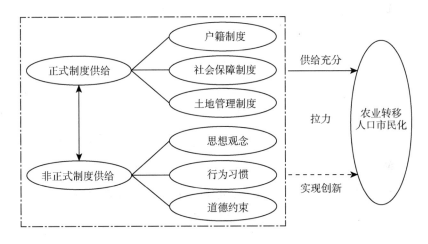

图 4 - 14　制度环境与系统目标的关系

转移人口市民化过程起到加速或者延缓的作用。如果正式制度存在供给不足的情况，对农业转移人口市民化的健康发展会产生很大的负面影响。在土地制度上，如果政府在征收土地后对于失地农民的征用补偿制度不完善，或者对于失地农民的社会保障不充分都会严重影响农业转移人口参与市民化的意愿，降低农业转移人口市民化的积极性。在户籍制度上，如果农业人口已经在地域上发生转移，从农村来到了城市，也有了比较稳定的工作和收入，完全能够支撑其在城市的生活成本，却在户籍上因不能成功落户而不能共享某些社会福利，那么落户制度就会成为市民化道路上的障碍。在社会保障制度上，如果区别对待农业转移人口市民身份与城市居民身份享有的社会保障服务，使得二者不能公平享受权利或履行义务，则会重挫农业转移人口的市民化决心，阻碍市民化发展。因此，正式制度的供给如果不充分就会严重阻碍农业转移人口市民化的进程，反之，如果积极地进行制度创新，加大正式制度供给的力度，不断完善土地管理制度、户籍制度以及社会保障制度等相关制度，逐渐向着市民化需求的制度靠近，则会加速农业转移人口市民化的步伐。

非正式制度主要是指人们在长期的生活过程中形成的行为习惯、思想观念、道德约束等，在较短的时间内很难发生改变。非正式制度的制约会严重阻碍市民化进程。非正式制度在农业转移人口中主要就是自身的思想观念、价值观、道德观、为人处世的习惯等，如果没有对非正式制度加以引导，那么农业转移人口就会与城市居民产生思想观念和行为方式上的矛盾，不利于市民化发展。反之，如果对非正式制度加以优化与完善，使农业转移人口与城市居民在沟通交流上实现良好发展，二者相互理解、相互适应就会促进农业转移人口融入城市生活，进而促进市民化发展。

（四）外生动力机制、内生动力机制以及制度环境之间的关系

动力系统的内部要素之间、外部要素之间以及制度环境之间是相互促进、相互推动的关系（见图4-15）。

外生动力机制与系统目标之间存在拉力作用，内生动力机制与系统目标之间存在推力作用，并且外生动力机制可以与内生动力机制同时发挥作用，同时拉动或推动与系统目标之间的距离，也就是说外生动力机制与内生动力机制的共同作用能够不断推动农业转移人口市民化进程。由农业转移人口市民化动力系统框架图可以看出，作为制度环境的正式制度供给与非正式制度供给的作用是十分重要的，因为它贯穿于外生动力机制与内生动力机制之中，对外生动力机制和内生动力机制都有十分明显的影响作用。正式制度的供给不充分以及非正式制度的限制都会直接作用于整个动力系统，会影响外生动力机制和内生动力机制的作用力和作用效果，将会

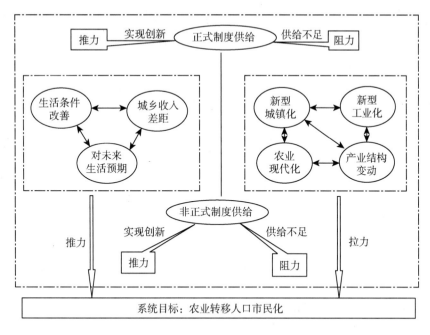

图 4 – 15　农业转移人口市民化动力系统框架

直接阻碍农业转移人口市民化进程。如果能够对正式制度和非正式制度都加以引导进而实现创新，则会有充足的正式制度和有效的非正式制度作为保障，重新对动力系统发挥正向效应，促进农业转移人口市民化的发展。因此，要加强作为制度环境的正式与非正式制度供给，并对其进行创新，从而更好地为市民化提供坚实的保障。

第三节　农业转移人口市民化的传导机制

一　目标导向机制

农业转移人口向城镇居民转化的有序实现，需要先设定目标，再把目标变为现实，这就是目标导向机制的作用。新型城镇化、新型工业化和农业现代化是实现中国现代化建设的三大方略，是政府工作的主要内容，要以新型城镇化、新型工业化、农业现代化为政策工具，建立从政策工具到中间目标再到最终目标的传导机制（具体导向机制见图4-16）。

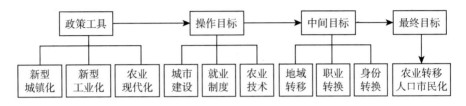

图4-16　目标导向机制框架

根据前文论述可知，随着新型城镇化、新型工业化以及农业现代化的不断发展，通过不同的路径，逐渐释放和吸收农村剩余劳动力，使得越来越多的农业转移人口向城市聚集，并实现市民化。其路径有三。

路径一：新型城镇化—城市建设—地域转移—职业转换—身份转换—农业转移人口市民化。新型城镇化促进城镇建设，吸引了大量农业转移人口向城市集聚，实现了地域上的转移和职业上的转换，在政策制度的引导下进一步实现身份转换，从而促进了农业转移人口市民化进程。新型城镇化进程中存在失地农民就地市民化的现象，近郊农业人口因土地被征用或者减少，在政府给予部分补偿后去城市或城镇购房或是分配住房补贴直接转变成了市民。新型城镇化的发展能促使城市扩大，将郊区及乡镇纳入城市经济圈，城市与乡镇的扩张为农业转移人口提供了大量的就业岗位，充分吸收农村剩余劳动力。农业人口向城镇集聚，在地域上转移，进入城市主动参与市民化。在新型城镇化进程中，由于城市规模不断扩大，缩小了城乡之间的空间距离，带动了乡镇企业的发展，从而创造出了更多的就业机会，农业转移人口通过职业转换进入城市，进而加速市民化进程。

路径二：新型工业化—就业制度—地域转移—职业转换—身份转换—农业转移人口市民化。新型工业化对农业转移人口市民化进程的主要作用是对农业转移人口就业的吸收。大批农业剩余劳动力从农村涌入城市，实现了地域上的转移，城市对劳动力的需求为农业转移人口实现职业转换提供了条件，同时为农业转移人口提供稳定的收入和物质保障，让其更好地融入城市，为实现市民化提供基础条件。新型工业化对农业转移人口就业的吸收主要体现在以下方面。第一，以科技进步带动就业。从长期来看，工业的不断升级，科技的不断进步，可以促进就业需求的增加，科学技术的运用提高了生产力，使越来越多的农业转移人口进入非生产性劳动领域。第二，可持续发展扩大就业。实现可持续发展，人与自然和谐发展是新型工业化发展的重要内容之一，可持续发展能为转移人口长期提供就业岗位，促进他们收入的稳定。第三，信息化带动就业。一方面由于信息技术的发展，吸纳一部分有专业水平的就业人员；另一方面，信息技术的不断发展，拉长了产业链，促进了新兴产业、培训业和咨询业等现代服务业的快速发展，并提供了大量的就业岗位。总之，新型工业化的发展为加快农业转移人口市民化进程提供了稳固的经济基础。

路径三：农业现代化—农业技术—地域转移—职业转换—身份转换—农业转移人口市民化。伴随着农业机械化的推进、农业规模化的发展、农业科技化的推广、农村土地的耕种率以及农业大力发展，农村不再需要大量的农民进行操作，推动一部分农村剩余劳动力向城市聚集。另外，农业技术的发展需要一些具有专业水平的操作人员，对这部分人员提出较高的学历要求或者专业技术要求，在一定程度上会发生挤出效应，即一方面挤出部分不具有在高水平作业下负责土地耕种的农民，另一方面由于机械化发展、农业技术化推动，农业发展存在规模化效应，从而节约了大量的劳动力，这两个方面都会使农业劳动力产生大量剩余。农业现代化的发展促使一部分农业人口转移到城市，发生了地域性的转移，进城务工又使农业人口从务农到从事非农业生产的职业转换，最后在有利条件下实现从农民到市民的转换，加快市民化进程。

总之，在合理建立目标传导机制的条件下，如果能够按部就班地引导新型城镇化、新型工业化以及农业现代化的健康发展，对操作目标加以控制，就可以使中间目标逐渐实现，最终实现农业转移人口市民化。

二 劳动力供给传导机制

劳动力供给传导机制如图 4 - 17 所示。

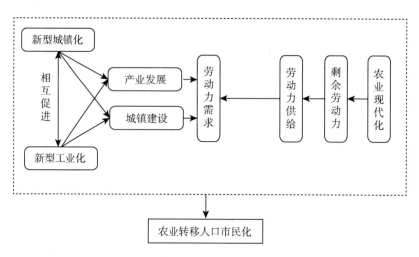

图 4 - 17　劳动力供给传导机制

农业现代化的发展为新型城镇化和新型工业化提供了劳动力保障。在农业现代化的不断推进下，农业得到规模化发展，在一定程度上实现了规模效应，减少了对农业劳动力的需求，即使是需要相关技术操作人员，但这相对于减少的农村劳动力来说还是相当少的一部分，这就使原本从事农业耕种的农业人口转变为农村剩余劳动力，形成劳动力向城镇输送的基础，为城镇与工业建设提供了充足的人力保障。

新型城镇化的不断发展促进了劳动力的需求增加。新型城镇化的发展完善了基础设施，带动城镇产业的发展，使大量产业开始向城市集聚。产业的不断发展主要有两个方面的影响。一方面，产业的快速发展创造出了更多的工作岗位，需要有新增劳动力进行填补；另一方面，产业的发展使市场产品更加多样化，但产品的销售则需要更多的消费者。如果没有消费者购买消费品，那么产业的发展就面临着巨大的阻碍，恰好进城务工的农业转移人口在城镇找到一份工作之后，也需要购买相应的生活用品、食品、服饰等，这样就拉动了市场的发展。因此，新型城镇化的发展是以吸收更多劳动力来持续进行的，不断吸收农业转移人口形成城市就业人口，就业结构的持续优化使产业得到进一步的发展，产业的进一步发展又会产生更多新的企业，生产更多的产品或劳务，形成更多的岗位，需要更多的劳动力。新型城镇化的发展离不开劳动力的助推力，农村剩余劳动力的合理安排依赖于城镇化不断发展提供更多的岗位，二者协调共生，循环发展。

新型工业化的发展也需要大量的劳动力支撑。以信息技术为主导的高新技术产业创造了很多的就业机会，对劳动力的质量有更高的要求。在当前传统行业饱和的情况下，高新技术产业具有竞争优势，经济效益良好，为经济的发展起到积极的推动作用。高新技术行业能带动传统行业进行改造升级，实现机械化或现代化，从而提升生产效率，获得更高的经济效益，并提升自身的竞争力。从广义来讲，各个经济部门进行现代化改造就能进一步扩大工业化发展的深度和广度。传统行业改造升级之后又反过来吸收劳动力，提高工人收入，吸引农业人口进入城市，为最终实现新型工业化提供力量。刘易斯（W. Arthur Lewis）认为，经济发展过程是现代工业部门相对传统农业部门的扩张过程，这一扩张过程将一直持续到把沉积在传统农业部门中的剩余劳动力全部转移干净，直至出现一个城乡一体化的劳动力市场时为止，即刘易斯第二拐点。现代工业部门创造的收入远远高于传统的农业部门创造的收入，在高收入的诱惑下，农业部门劳动力会向城市劳动部门流入，劳动力无限供给，满足了工业化与城镇化对劳动力的大量需求，从而推动工业化与城镇化的发展，促进农业向现代化转变。市民化的过程就是新型工业化、新型城镇化、农业现代化同步推进的过程。以上在分析了劳动力的供需机制后可以得出，新型城镇化和新型工业化对劳动力需求的不断提高，特别是对劳动力质量的要求更高，同时农业现代化发展又产生了许多剩余劳动力，使供需皆有源头，优化了劳动力分布不均衡的局面。农业现代化的发展产生的剩余劳动力，在新型城镇化和新型工业化创造的劳动力需求的吸引下，纷纷从农村向城市聚集，加速农业转移人口市民化进程。

三　社区融合传导机制

农业转移人口能否获得与城市居民同样的待遇、在城市生活的融入程度关系到农业转移人口是否能真正地转变成市民并且获得应有的保障，还影响城镇化的发展质量。农业转移人口要真正实现市民化，不仅需要实现与城镇居民在身份上的融合，还要实现与社区的政治融合、社会融合、文化和心理融合等，使农业转移人口不仅成为城市经济的劳动者，同时也成为政治上的合法公民、社会文化上的一分子，具有明显的社区归属感。

（一）政治融合

从政治与经济、文化的角度来看，政治融合既是经济、文化融合的前提和基础，同时又是经济、文化融合的表现和结果。所以，要想改善农业转移人口的社会经济地位，就要赋予农业转移人口政治权利，提升其政治参与度。[①]

在城市及社区生活中，有各种组织，包括工会、妇联、共青团、社区居委会等，却没有专门针对农业转移人口的维权组织。虽然部分转移人口可能已经参与了这些组织，但是由于工作不稳定以及户籍的限制，这些组织的领导大多是城市人口，导致农业转移人口在组织内部无法正常发表意见，或者发表的意见被有意无意地忽视，选举和被选举似乎只是一个形式，不能具体落实，使得农业转移人口在心灵上遭受创伤，进而导致社会地位日益边缘化，无法正常融入城市生活。农业转移人口的社区生活需要

---

① 杨聪敏：《新生代农民工的"六个融合"与市民化发展》，《浙江社会科学》2014 年第 2 期。

社区的认同，而且社区群体的意识会影响到城市对农业转移人口的接纳程度。市民化之后的农业人口与原社区居民应该有大致相同的行为意识，只有公平地看待农业转移人口，并充分尊重转移进来的人员实现其参与社区管理的各项权利，这样才有利于农业转移人口更好地融入社区生活。

（二）社会融合

良好的社会融合条件有助于农业转移人口更好地融入城市，社会融合包括社会认同、社会交往、社会距离、社群关系等。也就是通过不断的社会交往，缩短社会距离，增进社群关系，从而获得社会认同，并且在社会活动中加深交往，更好地增强社群关系。

社会认同是市民化之后农业转移人口融入社会的前提，从转移人口个体来看，个体不断地将所在群体的综合特征加诸自身，使自己能更加快速地融入所在群体；从所在群体来看，农业转移人口需要和异质性群体或个人相处，通过获得群体的尊重和认同得以共同发展。社会认同既是农业转移人口不断强化城市居民素质的要求，更是实现农业转移人口市民化的重要环节。社会交往则是转移人口融入社会必经的阶段。农业转移人口不仅要与同质群体交往，还需要与异质性的城市居民群体交往，当前的状况是，农业转移人口与同质性群体的交往比异质性群体交往得更多，因此加强与异质性群体的交往有助于增强总体的社会交往能力，提升社区融入的幸福感。社会距离是衡量农业转移人口融入程度的一个重要指标。农业转移人口通过健康的社会交往，提升了沟通能力，带来的幸福感促使人与人之间、群体与群体之间的社会距离不断缩小。

（三）文化与心理融合

文化与心理融合是社会融合的重要条件，文化融合包括的内容很广，主要体现在生活方式和意识行为上，比如在观念、思维、道德、语言、风俗、教育等方面的融合。不少农业转移人口会出现跨省、省内跨市以及省内跨县的状况，异地流动过程中不可避免的就是文化差异。农业转移人口在文化适应的过程中会不断脱离本体文化，在脱离过程中产生的不适应主要是文化冲突，这种由于文化差异导致的文化冲突会使农业转移人口的心理有挫败感，产生孤独、抑郁的情感。

在不同的文化环境中成长，使农业转移人口的行为意识与城市居民有一定的不同，农业转移人口必须能够正确对待这些差异，在不断地适应过程中，树立现代市民的理念。在文化融合中，农业转移人口也逐渐在心理和情感上不断寻求支撑的平衡点，努力使本体文化与当地文化相协调。比如积极主动地学习当地语言，以便解决交流、沟通方面的问题，避免沟通不良所产生的冲突；尊重当地的风俗习惯等。在经过一段时间的适应后，个体便会将适应情况通过对待事物的新态度以及新的行为方式表达出来，在不断的再社会化过程中，改变原有的价值观念、思维方式，重塑道德情操与心理素质，进而改变自我，调节自身的行为模式，更好地与城市居民的文化相融合。

（四）制度融合

制度融合即保障身份市民化后的农业转移人口能享有均等的公共服务和相关社会福利的制度机制。制度融合主要从三个方面展开，一是要深化户籍制度改革。在严格贯彻"全面放开建制镇和小城市落户限制、有序开放中等城市落户限制、合理确定大城市落户限制、严格控制特大城市人口规模"的总体部署，各地区要根据自身的实际情况，因地制宜，制定合乎自身发展的落户政策。二是制定公平的劳动就业制度。改变重视城镇居民就业和再就业、轻视农业转移人口就业的局面，政府为农业转移人口建立了一系列的就业平台，提供包括就业信息、职业介绍、政策咨询以及就业培训等在内的就业服务，并不断提高就业环境水平，引导市民化朝着健康持续的方向发展。要取消"户籍、地区、性别"等方面的歧视，消除限制吸收农业转移人口就业的不合理的规定，政府要合理引导农业转移人口就业，创建农业转移人口就业信息共享平台，为农业转移人口创造良好的就业环境。此外，完善相关的法制体系，切实保障农业转移人口在就业中享有应有的权益。三是完善社会保障制度。农业转移人口往往从事的是劳动强度高、危险系数大的工作，患病率比城镇居民要高，要保障其与城镇居民一样获得相同的医疗服务与补偿，完善对农业转移人口的社会保障可以实质推动市民化的进程。但是农业转移人口数量庞大，仅仅依靠政府无法承担巨大的社会保障成本，所以应合理引导各方面的力量来共同推进。

第五章　农业转移人口市民化行为与意识研究

在城市化和工业化进程中，二元户籍制度成为制约地区农业转移人口的重要因素，各个地区的经济发展水平、政策等因素以及与户籍制度密切相关的一系列制度因素等方面都会带来市民化的障碍，并导致市民化水平的地区差异。对市民化效果的衡量除了市民化水平，还有一个重要的指标是市民化质量。市民化质量主要是用市民化行为、意识来衡量。与此同时，农业转移人口市民化行为意识也是市民化进程中的内生动力。随着经济的快速发展和农业转移人口大规模流动，资源配置偏城市化构成了城乡之间、城市内部的"双二元结构"，形成有差异的市民权利。而在这种偏城市的公共服务体系中，在户籍身份等因素的间接影响下，城市内部外来人口与本地城市户籍人口之间的意识、行为也会受到相应的影响，深入探讨户籍制度对于市民化行为与意识的影响，对于推进户籍制度改革、消除市民化进程中的障碍有着重要的意义。

第一节　市民化行为与意识分化的理论分析

前文已简单地分析了户籍制度与农业转移人口行为意识市民化的关系，认为户籍制度以及黏附制度对农业转移人口市民化的影响是持续性的、显著性的，即便户籍制度改革深化以后也是如此。我国作为世界典型的发展中国家，在城市化和工业化进程中，二元户籍制度及与其密切相关的社会保障制度、就业制度、教育制度、公共服务制度等因素形成了无形的市民化屏障，城市公共服务体系下居民享受公共服务和实现公共参与受到了个体户籍身份的直接影响，甚至可能导致城市内部外来人口与本地城市户籍人口之间的意识与行为出现分化。Salinger（1999）指出政府和市场资源配置两种力量并没有帮助外来常住人口获得城市的平等权利，二元户籍制度将会造成城市内部两个群体的市民权不平等，意味着进城的农业转移人口没有在城市获得平等的公民权。在我国整体发展战略中，加速城镇化和农业转移人口市民化多次被提到国家战略层面。在户籍制度改革过程中，越来越多的农业转移人口在城市获得城市户籍，面对农业转移人口市民化过程中可能遇到的阻力，中央政府在制度改革过程中注重推动打破地方利益，为地方劳动力自由流动提供较好的制度环境。尤其在2014年，新一轮户籍制度改革提出"统一登记为居民户口"，但是面对总量超过2亿的农业转移人口，居民户口对过去长期处于农业户籍身份的农业转移人口来说并无实质影响，因为这一变化并未从根本上消除户籍身份与外来人口在城市享有市民权之间的矛盾。可见通过户籍制度改革来赋予外来人口平等市民权的进程是十分缓慢的。虽然改革开放以来，国家一直在推进户籍制度改革而且也取得了显著的成效，使户籍制度对于地区市民化的影响不断减弱。但是，由于长期的二元户籍制度造成的就业权益的差异、社会保障权益的差异、人力资本的差异、思维方式的差异等，户籍制度对于农业转移人口的行为意识还存在深刻的影响。董延芳（2012）等人通过实证分析，指出中国农村的劳动力转移至今不顺利、难彻底、欠稳定，"隐性户籍墙"是其深层次原因。在长期存在的二元户籍制度下，居民社会属性的差异会引起居民主观态度和观点的分化，因此这种二元社会结构所引起的城乡分化有可能体现在市民化行为的维度上。陈钊、陆铭、徐铁青（2014）认为户籍制度对于移民的公共意识与公共参与有重要的影响。在长期的二元户籍制度背景下，形成了收入、教育、社会保障甚至是公共参与、消费等方面的城乡分化现象，这些分化现象都在一定程度上对农业转移人口的行为与意识产生深层次的影响。可见，农业转移人口与城市非农户籍人口（包括获得非农户籍的转移人口）的行为与意识差异不仅受到户籍制度、与户籍制度黏附关系密切的制度的影响，同时在各种分化现象的影响下这种行为与意识的差异可能进一步加强。不同类别居民的市民化行为与意识的差异或分化也是影响市民化进程的重要因素，尤其是户籍制度改革背景下，城市内部居民之间的市民化行为与意识差异的缩小或趋同也是平等市民权的一种体现。

目前关于城乡差异的研究主要集中在不平等的经济收入、教育机会、社会保障等经济关系和生育意愿、政府信任、幸福感、阶级认同、社会关系等社会性议题，这些城乡分化的结果也可能导致居民行为与意识的分化。在公共参与方面，何晓红（2009）认为农民由于离家远，城市系统又将其排除在政治参与的系统之外等客观因素，以及农民工的薄弱经济基础等主观原因使其在政治参与方面较为冷淡，从而导致城市居民的权利意识、政治参与意识等都会强于传统的农民。王亚新（2007）在其博士学位论文中也指出了二元户籍制度以及农民工狭窄的文化范围阻碍了农民工政治参与的倾向。王卓（2010）分析了公民意识的内涵、结构和特点，并分析了不同性别、不同居住地和受教育程度的差异对公民对于权利义务的认知度、公共事务的关心度、社会价值观取向以及公民参与的行为意识的影响，发现女性除对权利义务的认知程度高于男性之外，其他方面相对男性来说比较弱，受教育程度对公民的参与意识的影响比较复杂。在消费方面，周建、杨秀祯（2009）通过数据分析发现城镇居民的消费水平比农村居民消费水平高，农村消费行为中存在显著的城乡联动机制和重要的影响，即城镇的消费行为对农村的消费行为具有显著的示范性作用，作用于农村的预防性储蓄效应以及攀附效应。针对市民化过程中农业转移人口的研究主要集中在农民工的就业、工资待遇及流动对经济、社会的影响，从更加微观的角度研究农业转移人口市民化过程中的意识与行为研究非常少见。在生活质量方面，黄林秀、唐宁（2011）以重庆地区为例进行了研究，认为农村居民的生活质量与城市化发展总体上呈逐年上升的态势，现阶段的经济发展与城市化发展会促进农村居民生活质量的改善，但长期而言，城市化对生活质量的改善并不显著。在生活方式方面，陈斌开（2010）认为城镇居民与城镇移民在消费方式上存在较大的差异。现行的户籍制度对于人口分布状况的限制造成了社会屏障，发现留守儿童在学习、性格、行为等方面会与非留守儿童存在较大的差异。韦路、陈稳（2015）将研究关注点放在城市新移民使用社交媒体对其在新环境中的社会融合和幸福感知的影响方面，发现城市新移民的社交媒体使用确实能够影响其主观的幸福感，但使用的方式不同，所受影响的程度也会不一样。张明新、杨梅、周煜（2009）认为在媒体高度发达的现代社会环境对于传播城市文化和塑造市民的心理归属感有重要的作用，并通过研究发现不同层次的移民在经济、社会、心理、文化层面融进城市的程度并不相同，但城市化进程中改善移民所在区域的传播行为环境、提高移民对于媒体内容的关注，有助于提升新移民对城市的归属感。童曼丝（2009）以一个地区来研究城市化进程中农村对电视的使用情况，发现农村对于大众文化的认知与城市间的差异比较小。从以上学者的研究来看，城市化进程对于转移人口的生活方式、质量、行为、能力等各方面都会有不同程度的影响，说明在不考虑人口流动、户籍身份变化等因素而从静态视角去分析地区双重二元结构下居民市民化意识与行为的差异存在一定局限性。因为一方面户籍制度改革能促进地区农业转移人口的市民化，使城市常住人口可能出现由户籍身份变化而导致的居民生活环境的变化。此外，城乡分割意味着不同的制度、居住、职业和体验环境，以农民工、学生为主体的农业转移人口，与本地人口意识差异可能成为转移人口行为与意识的关键。居民市民化意识和参与会受到周围环境状况的影响，而这种影响表现出一种适应性行为，即生活在自身感受美好环境中的居民，在潜移默化之中会自觉产生与城市环境相匹配的意识与行为，这也是流动人口融入城市社会与经济环境的表现，而生活在习以为常的自然环境中或恶劣环境中的居民则正好相反。可见，农业转移人口受到了过去农村生活环境和当前城市生活环境的双重影响，使农业转移人口在市民化过程中既表现出融入城市环境的特点，同时也保留了农村生活的意识与行为特征。在现实生活中，仅有少部分农业转移人口完成了从农民向市民的转变，而且这个过程与漫长的户籍制度改革紧密相关。但大多数的农业转移人口并没有获得市民身份，而是长期处于候鸟式的迁移状态。在城乡二元结构与城市内部二元结构的双重分化现象中，户籍制度对城市人口的管理和对农业人口自由流动的限制成为阻碍城乡居民融合的关键。

农业转移人口的经济理性支持他们向城市流动，但是种种制度与现实的阻碍使他们的市民化过程充满艰难，作为城市外来人口主体的农业转移人口会遭遇就业、社会保障、教育等多方面的歧视，导致农业转移人口很少参加城市社会活动，难以融入城市文化体系。此外，由于农业转移人口在城市中不可避免地会表现出与农村生活、环境密切相关的意识与行为，使农业转移人口与城市非农户籍居民形成强烈反差。

通过理论研究可以发现，在长期二元户籍制度与双重二元经济结构中，人口流动使农业转移人口在城市中获得就业机会、城市环境、收入、教育等因素将逐渐改变农业转移人口的意识与行为，使得农业转移人口市民化过程中城市外来人口与本地人口的意识与行为出现趋同或差异缩小。本章针对长期二元户籍制度下，非市民、新居民、原市民意识与行为的差异进行分析，同时分析户籍制度改革促进城市内部居民意识与行为趋同的机制。

根据已有理论和自身研究框架构建如下模型：

$$Y_i = C + \beta_1 X_{1i} + \beta_2 X_{1i} I_i + \beta_3 X_{1i} E_i + \beta_4 X_{2i} + \beta_5 X_{2i} I_i + \beta_6 X_{2i} E_i + \beta_7 X_{3i} +$$
$$\beta_8 X_{3i} I_i + \beta_9 X_{3i} E_i + \beta_{10} I_i + \beta_{11} E_i + \beta_{12} H_i + \beta_{13} Control_i + \beta_{14} W_i + \beta_i$$

其中，Y_i 表示居民的市民化意识与行为的被解释变量，解释变量中 X_1、X_2 和 X_3 分别表示非市民、新居民（移民、户籍制度改革中从农业户口变为居民户口）以及原市民，I_i 表示高收入组，E_i 表示大学及大学以上学历，H_i 表示居住环境控制变量，$Control_i$ 表示个体特征控制变量（包括是否少数民族、是否党员、宗教信仰、年龄、性别及健康状况），W_i 表示直辖市、沿海发达省份的地理因素变量。

第二节 数据来源、变量测度与描述性统计

一 数据来源

中国综合社会调查（CGSS）从 2003 年开始系统收集中国人文、社会各个领域的数据，本章利用的是 CGSS2013 中的数据，在控制相同变量的前提下，对 2003 年 CGSS 调查中提出来的问题进行了重复调查，可以有效地反映出该领域在这 10 年的变化趋势。该数据中样本总量 11438 个，根据本研究设计，在样本中剔除蓝印户口、军籍和没有登记户口的样本，最终确定符合本研究需要的样本 9698 个。本章主要从居民的生活方式、政治参与和态度、个体认知能力三个角度来分析不同身份及在户籍制度改革下发生身份变化的居民在意识与行为方面的差异。

二 变量测度与描述性统计

本章的被解释变量分为三个部分，一是在居民生活方式上媒体的使用情况；二是居民生活中空闲时间进行的活动；三是居民政治参与行为、态度及个体语言认知能力。首先，在居民生活方式数据中包括以下五个方面的媒体使用情况——报纸、杂志、广播、互联网及手机定制信息，在 CGSS2013 数据中主要是对上述五种媒体使用频率的测度，分别采用从不、很少、有时、经常、非常频繁来表示使用频率的递增；其次，生活方式数据中关于居民空闲时间从事的活动主要包括看电影、逛街购物、参加文化活动、与朋友聚会、在家听音乐和参加体育锻炼六个方面，分别采用每天、一周数

次、一月数次、一年数次、从不来描述从事上述活动的频率。根据本研究的需要，本章继续沿用原始数据中采用1、2、3、4、5来分别代表频率变化的形式，分别表示生活方式中关于媒体使用频率的递增和空闲时间参与上述活动的频率递减。

关于居民政治参与、态度与认知能力的测度，本章主要选取 CGSS2013 数据中的以下五个问题，分别是是否参与居委会/村委会选举投票、政府不应该干涉公共场合发布批评政府的言论的行为、政府不应该干涉个人在哪里工作和生活的自由，其中政治参与采用 0—1 虚拟变量表示，即参加投票为 1，反之为 0。数据中关于言论自由和行为自由的回答采用的是完全不同意、比较不同意、无所谓同意不同意、比较同意、完全同意来表示被访者的态度，本章则采用 1、2、3、4、5 来表示，最后关于个体认知能力的测度，本章采用被访者听普通话和说普通话的能力来表示，同样采用1、2、3、4、5 来表示完全听不懂、完全不会说、比较差、一般、比较好、很好（见表 5 – 1）。

表 5 – 1　　市民化行为与意识（被解释变量）的描述性统计

变量分类	变量名	样本数量	均值	标准差	最小值	最大值
生活方式：媒体使用频率	报纸	9698	2.115	1.233	1	5
	杂志	9698	1.820	1.007	1	5
	广播	9698	1.875	1.137	1	5
	互联网（包括手机上网）	9698	2.176	1.547	1	5
	手机定制信息	9698	1.619	1.098	1	5
生活方式：空闲时间参与的活动	出去看电影	9698	4.616	0.678	1	5
	逛街购物	9698	3.384	1.028	1	5
	参加文化活动（音乐会、演出等）	9698	4.593	0.758	1	5
	与朋友聚会	9698	3.592	0.926	1	5
	在家听音乐	9698	3.596	1.423	1	5
	参加体育锻炼	9698	3.940	1.389	1	5

续表

变量分类	变量名	样木数量	均值	标准差	最小值	最大值
政治参与	是否参加了 居委会/村委会选举	9698	0.440	0.496	0	1
自由态度	政府不应干涉 个体的工作生活自由	9698	3.626	1.087	1	5
普通话 认知能力	普通话听力能力	9698	3.771	0.988	1	5
	普通话表达能力	9698	3.143	1.184	1	5

资料来源：中国社会综合调查数据库（CGSS2013）。

　　根据研究需要，对不同户籍身份的样本进行区分是研究的首要工作，根据 CGSS2013 样本中关于居民户籍登记状况和陈钊等（2014）的研究，将居民分为三类：原市民、新居民、非市民，其中所有农业户口的样本表示非市民，新居民则是在户籍制度改革下由以前的农业户口变为居民户口的样本（后面分析简称"居民"），原市民是非农业户口的样本。居民样本能在一定程度上反映户籍制度改革对居民环保意识和行为的影响。本研究以原市民为参照组，研究户籍身份、受教育程度、收入水平、居住环境及其他个体特征对居民环保意识和行为的影响。

　　根据被访者的学历信息进行分类，将专科、大学本科及研究生以上学历的样本定义为大学以上教育群体，即高教育水平指标，构建 0—1 虚拟变量，大学教育以上学历定义为 1，反之为 0；根据被访者收入信息将高于中位数的收入群体定义为高收入组，反之为低收入组，同样构建 0—1 虚拟变量，高收入样本定义为 1，反之为 0。受教育水平和收入水平越高的人群更有可能获得更好的生活环境，这部分人群更有可能定居城市和融入城市生活，对居民市民化意识产生积极影响。因此，对被访者的居住环境进行控制也是必要的，在 CGSS2013 数据中，被访者的居住信息可分为五类，即市/县的中心区域、市/县的边缘城区、市/县的城乡接合部、市/县以外的镇及农村，以居住在农村的样本为对照组，分别构建 4 个居住环境的虚拟变量。此外，社会保障会对居民的行为与意识产生直接的影响（加入已有研究），本章还将根据 CGSS2013 中关于被访者参加社会保障的信息进行分组，第一类是参加基本医疗保险/新型农村合作医疗保险/公费医疗，第二类是城市/农村基本养老保险，第三类是商业性医疗保险，第四类是商业性养老保险，这部分重点考察社会保障对居民行为与意识的影响。考虑到参加社会保障项目的人群不同，因此分别构建 4 个虚拟变量，即参加为 1，反之为 0。最后，为了更全面地了解个体特征对居民行为与意识的影响，模型中将对性别、是否汉族、健康状况、是否党员、宗教信仰等个体特征进行控制。

本章实证研究还控制了居民、非市民与教育和收入的交互项，以反映新居民、非市民与市民在意识、行为上的差异，并观察教育水平、收入水平对三类人群的作用，因此通过构建上述交互项可以考察受教育水平、收入水平对不同身份的人群市民化行为、意识的异质性影响。为了观察各种因素对被访者行为、意识的影响，本章选取的估计方法是稳健标准误差的最小二乘法，OLS 估计能够直接观察到各解释变量和交互项对被解释变量的边际效应，更加直观和简洁。关于上述三种不同身份的人群的变量描述性统计见表 5－2。

表 5－2　　　　　　　　　核心解释变量的描述性统计

变量	非市民	新居民	市民	全样本
平均收入（元）	15990.13	30355.34	34082.24	23968.94
高收入（%）	31.713	57.494	74.707	50.289
大学教育以上（%）	4.072	20.358	31.795	16.034
男性（%）	50.497	48.770	52.728	51.320
平均年龄（岁）	51.36498	52.98434	52.61346	51.94452
汉族（%）	89.473	94.631	94.110	91.586
有宗教信仰（%）	88.966	88.591	89.393	89.121
党员（%）	4.916	15.436	18.358	10.837
健康（%）	80.540	84.564	88.628	83.997

续表

变量	非市民	新居民	市民	全样本
中心区域（%）	13.699	41.611	67.695	36.822
边缘区域（%）	6.193	24.161	17.211	11.477
城乡接合部（%）	6.680	13.647	6.680	7.001
镇（%）	6.587	6.264	4.003	5.527
农村（%）	66.842	14.318	4.411	39.173
样本容量	5329	447	3922	9698

资料来源：中国社会综合调查数据库（CGSS2013）。

第三节　农业转移人口市民化行为与意识实证分析

本节实证分为三部分，第一部分是居民生活中媒体使用情况的分析，第二部分是居民在空闲时间从事活动的差异分析，第三部分是居民政治参与、言论自由、行为自由及认知能力的分析。

一　居民生活中媒体使用情况的分析

表5-3是关于居民生活中媒体使用情况的分析。被解释变量采用1—5表示对媒体使用频率的提高。如果系数为正，说明居民、非市民样本的媒体使用频率高于市民，反之则表示媒体使用频率低于市民。从表5-3可以发现，除了方程4的系数为正，其他居民的系数均不显著为负，除了方程5中非市民的系数不显著为负，其他方程中非市民的系数均显著为负，但是除了方程4中居民系数与非市民系数的符号出现不一致，其他方程中都为负，而且居民系数的绝对值都小于非市民系数的绝对值。这一方面说明居民、非市民在上述媒体使用频率上明显低于市民，另一方面从系数的差异来看，居民使用上述媒体的频率却又高于非市民。由此可见，随着户籍制度改革的推进，农村居民随着户籍身份的改变一定程度上提高了他们的

媒体使用频率，但是其中的作用机制仍然值得探究。从交互项系数来看，高收入居民系数发生较大变化，方程2的系数为正，说明高收入提高了居民对杂志的使用频率，其他系数虽然为负，但是有所增大，说明高收入提高了居民对上述媒体的使用频率；高收入组非市民系数发生较大变化，方程4和方程6中的系数均不显著为正，其他方程系数均显著为负，从系数绝对值的变化来看，高收入非市民提高了对杂志、电视、手机信息的使用频率，同时降低了对报纸、广播、互联网的使用频率。整体而言，高收入有助于提高居民的媒体使用频率，有助于居民媒体使用频率向市民趋同，但是对非市民的影响存在差异。大学教育组、非市民的系数除了方程4中为负，其他方程中都不显著为正，说明受教育水平越高的居民、非市民对上述6种媒体的使用频率越高，进一步促进上述两类居民在生活方式中媒体使用习惯向市民趋同。高收入组、大学教育组的系数基本上都是显著为正，再次说明户籍制度改革下教育水平、收入水平的提高使居民、非市民的生活中媒体使用向市民趋同。从居住环境系数来看，除了方程4，其他方程系数均为正，同时大部分系数显著，说明居住在城镇的居民比居住在农村的居民的媒体使用频率更高，但是电视使用频率上可能存在相反的情况。从社会保障来看，参加了四种社会保障项目的居民的媒体使用频率更高。从个人特征来看，男性居民在生活中媒体使用频率普遍高于女性，年龄越高的居民偏向于使用广播和电视两种媒体，民族、宗教信仰对生活中媒体使用的影响存在不确定性，但是党员身份和身体状况好的居民的媒体使用频率普遍较高。

表5-3　　　　　　　　　居民生活中媒体使用情况

变量	方程1	方程2	方程3	方程4	方程5	方程6
	报纸	杂志	广播	电视	互联网	手机定制信息
居民	-0.0596	-0.0605	-0.127	0.00633	-0.0325	-0.00718
	(-0.72)	(-0.99)	(-1.51)	(0.09)	(-0.39)	(-0.10)

续表

变量	方程 1	方程 2	方程 3	方程 4	方程 5	方程 6
	报纸	杂志	广播	电视	互联网	手机定制信息
高收入 * 居民	-0.0189	0.185	-0.0388	0.0525	-0.177	-0.00488
	(-0.15)	(1.92)	(-0.32)	(0.54)	(-1.53)	(-0.05)
大学教育 * 居民	0.287 *	0.0633	-0.0569	0.155	0.153	0.0182
	(2.01)	(0.49)	(-0.41)	(1.32)	(1.04)	(0.11)
非市民	-0.309 ***	-0.200 ***	-0.118 **	-0.103 **	-0.0741	-0.0852 *
	(-7.14)	(-5.60)	(-2.61)	(-2.62)	(-1.74)	(-2.25)
高收入 * 非市民	-0.333 ***	-0.126 **	-0.268 ***	0.0162	-0.214 ***	0.0572
	(-6.26)	(-2.87)	(-4.98)	(0.36)	(-4.01)	(1.15)
大学教育 * 非市民	0.418 ***	0.269 ***	0.319 ***	-0.000792	0.199 *	0.107
	(4.94)	(3.50)	(3.83)	(-0.01)	(2.54)	(1.02)
高收入	0.583 ***	0.248 ***	0.341 ***	0.0957 **	0.423 ***	0.0971 *
	(12.97)	(6.89)	(7.63)	(2.69)	(10.29)	(2.51)
大学教育以上	0.107 *	0.324 ***	0.101 *	-0.341 ***	0.956 ***	0.419 ***
	(2.41)	(8.34)	(2.27)	(-9.67)	(22.26)	(9.26)
市/县中心区域	0.460 ***	0.286 ***	0.309 ***	-0.0105	0.490 ***	0.162 ***
	(13.88)	(10.06)	(8.90)	(-0.35)	(13.88)	(5.11)
市/县边缘区域	0.358 ***	0.170 ***	0.161 ***	0.0104	0.424 ***	0.136 ***
	(8.55)	(4.72)	(3.80)	(0.28)	(9.65)	(3.52)
市/县城乡接合部	0.137 **	0.0705	0.0820	-0.00675	0.245 ***	0.191 ***
	(3.07)	(1.85)	(1.83)	(-0.16)	(5.16)	(4.30)
市/县以外的镇	0.0715	0.100 *	-0.142 **	-0.0400	0.176 ***	0.135 **
	(1.61)	(2.57)	(-3.19)	(-0.87)	(3.56)	(2.98)
性别	0.180 ***	0.0211	0.160 ***	-0.0347	0.0887 ***	0.0653 **
	(8.30)	(1.16)	(7.00)	(-1.73)	(4.03)	(3.19)
年龄	-0.000372	-0.0107 ***	0.00710 ***	0.00364 ***	-0.0483 ***	-0.0217 ***
	(-0.48)	(-16.31)	(8.57)	(4.78)	(-60.40)	(-30.41)
是否汉族	-0.00260	-0.0188	0.0620	-0.109 **	0.145 ***	0.0316
	(-0.07)	(-0.58)	(1.59)	(-2.94)	(3.71)	(0.87)
是否宗教信仰	0.0137	-0.0167	0.0192	0.122 ***	0.00794	0.0000473
	(0.40)	(-0.58)	(0.55)	(3.73)	(0.24)	(0.00)

续表

变量	方程1 报纸	方程2 杂志	方程3 广播	方程4 电视	方程5 互联网	方程6 手机定制信息
是否党员	0.551 ***	0.417 ***	0.175 ***	0.161 ***	0.135 ***	0.154 ***
	(12.96)	(11.00)	(3.98)	(5.19)	(3.51)	(3.91)
健康情况	0.199 ***	0.107 ***	0.0328	0.209 ***	0.0672 **	0.0587 *
	(7.03)	(4.66)	(1.02)	(6.84)	(2.67)	(2.88)
城市社保	0.0896 *	0.117 ***	0.0325	0.0664	0.0134	0.0725 *
	(2.43)	(3.72)	(0.84)	(1.80)	(0.34)	(1.99)
城市/农村 养老保险	0.0998 ***	0.00416	0.0126	0.0929 ***	0.0480	0.0403
	(4.21)	(0.21)	(0.51)	(3.99)	(1.91)	(1.72)
商业 医疗保险	0.254 ***	0.214 ***	0.155 **	−0.0693	0.336 ***	0.228 ***
	(4.48)	(4.36)	(2.75)	(−1.51)	(5.77)	(3.70)
商业 养老保险	0.151 *	0.0798	0.0830	0.104 *	0.154 *	0.214 *
	(2.28)	(1.44)	(1.27)	(2.01)	(2.34)	(3.14)
常数	1.311 ***	1.942 ***	1.042 ***	3.678 ***	3.805 ***	2.318 ***
	(15.99)	(27.89)	(12.01)	(46.91)	(44.16)	(30.35)
F 值	216.87	161.08	52.07	17.40	795.42	118.66
$R-sq$	0.3164	0.2504	0.1182	0.0368	0.5495	0.227
N	9698	9698	9698	9698	9698	9698

注：***、**、*分别代表在1%、5%和10%的水平上显著。括号内的数字为t值。

二　居民在空闲时间从事活动的差异分析

表5−4是关于不同类别人群在生活空闲时间从事活动的分析，主要包括在空闲时间出去看电影、逛街购物、参加文化活动、与朋友聚会、在家听音乐及参加体育锻炼六个方面，但是这里采用1—5表示从事某种活动的频率的降低，因此解释变量系数为正说明居民在空闲时间从事某种活动的频率越低。表5−4中方程9—10的居民系数为正，其他方程中均为负，其中方程8中居民系数显著为负，非市民系数除了方程7中为负，其他均为

正，方程 9—12 的系数还是显著为正。从上述系数差异可以发现，三种类别的居民在空闲时间从事的活动存在较大差异，其中非市民可能在空闲时间较多选择去看电影，较少参加其他活动，拥有居民户籍的样本比非市民可能在空闲时间更多倾向于逛街、听音乐和体育锻炼，还可以发现新居民与市民在空闲时间从事的活动相差较小，非市民与居民则存在较大差异。综上，三种类别的人群在空闲时间从事的活动体现出身份上的差异。从高收入的交互项来看，除了方程 10、方程 12 中高收入居民的系数为负，其他方程中系数不显著为正，方程 10 中高收入非市民系数为负，其中高收入非市民系数基本上显著为正，从系数的显著程度差异可以看出高收入非市民比高收入新居民可能更少地参加除"与朋友聚会"以外的活动，两种高收入的群体与市民相比在空闲时间更少地从事上述活动，收入的提高可能导致三种身份的群体在空闲时间从事活动的差异更大；从大学教育的交互项来看，在户籍制度改革下获得居民户籍的群体与非市民在空闲时间从事活动存在相似之处。大学教育程度的居民的系数基本上是不显著为负，大学教育程度的非市民系数大部分显著为负，受教育程度越高可能导致上述两种身份的群体在空闲时间从事的活动趋同。但是仍然存在频率上的差异，也说明大学教育程度以上的新居民、非市民比市民在空闲时间更多参加上述活动。高收入、大学教育以上的系数基本上是显著为负，仅有方程 8 中"大学教育以上"的系数显著为正，结合交互项的系数可以看出，收入、受教育水平可能导致三种身份的群体在空闲时间从事的活动存在差异。值得肯定的是在一定程度上提高了新居民、非市民的参与频率，大学教育水平以上居民比大学教育以下的居民更少地出去逛街。从居住环境来看，大部分居住环境的系数都显著为负，可见居住在城镇的居民比居住在农村的居民在空闲时间会更多参加上述活动。但是居住在市/县以外的镇上的居民很少在空闲时间选择去看电影，可能原因是市/县以外的镇的电影院较少。从居民参加社会保障项目来看，大部分系数都为负，尤其是参加城市基本医疗保险、新型农村合作医疗保险、公费医疗及商业医疗保险的居民将会更多地在空闲时间参加上述 6 种活动。个人特征变量的系数差异反映出各群体空闲时间参加活动的差异，其中男性群体比女性群体可能更多选择去看电影、聚会和体育锻炼，女性群体出去逛街、参加文化活动、在家听音乐的频率则高于男性群体，这种男性群体与女性群体在空闲时间参加活动的差异是符合现实的，也是可以理解的。年龄越大、有宗教信仰的群体更少地在空闲时间参加上述活动；党员身份、身体状况好的群体则会在空闲时间更多地参加上述活动。

表 5 - 4 居民在空闲时间从事活动的差异分析

变量	方程 7 出去看电影	方程 8 逛街购物	方程 9 参加文化活动	方程 10 与朋友聚会	方程 11 在家听音乐	方程 12 参加体育锻炼
居民	-0.00596	-0.178 *	0.0511	0.0611	-0.0125	-0.134
	(-0.12)	(-2.12)	(1.03)	(0.75)	(-0.12)	(-1.13)
高收入 * 居民	0.0356	0.0766	0.0225	-0.0519	0.0202	-0.0871
	(0.50)	(0.70)	(0.26)	(-0.51)	(0.14)	(-0.54)
大学教育 * 居民	-0.0759	0.0243	-0.0221	-0.113	-0.158	-0.00949
	(-0.75)	(0.21)	(-0.19)	(-1.06)	(-0.99)	(-0.06)
非市民	-0.00889	0.0560	0.0829 **	0.153 ***	0.234 ***	0.347 ***
	(-0.39)	(1.34)	(2.78)	(3.95)	(4.51)	(6.41)
高收入 * 非市民	0.109 ***	0.177 ***	0.0713	-0.105 *	0.190 **	0.202 *
	(3.64)	(3.71)	(1.95)	(-2.40)	(3.00)	(3.13)
大学教育 * 非市民	-0.112	-0.251 ***	-0.168 *	-0.141 *	-0.529 ***	-0.691 ***
	(-1.82)	(-4.04)	(-2.41)	(-2.40)	(-5.69)	(-6.74)
高收入	-0.140 ***	-0.216 ***	-0.128 ***	-0.0549	-0.309 ***	-0.336 ***
	(-5.91)	(-5.62)	(-4.27)	(-1.61)	(-6.22)	(-6.21)
大学教育 以上	-0.344 ***	0.136 ***	-0.226 ***	-0.117 ***	-0.205 ***	-0.205 ***
	(-12.89)	(3.81)	(-7.22)	(-3.95)	(-4.19)	(-4.00)
市/县 中心区域	-0.181 ***	-0.350 ***	-0.209 ***	-0.140 ***	-0.415 ***	-0.621 ***
	(-8.92)	(-11.01)	(-8.85)	(-4.69)	(-10.24)	(-15.36)
市/县 边缘区域	-0.0864 ***	-0.198 ***	-0.0745 **	-0.0697 *	-0.202 ***	-0.495 ***
	(-3.62)	(-5.20)	(-2.65)	(-1.96)	(-3.95)	(-9.43)

续表

变量	方程 7 出去看电影	方程 8 逛街购物	方程 9 参加文化活动	方程 10 与朋友聚会	方程 11 在家听音乐	方程 12 参加体育锻炼
市/县城乡接合部	- 0. 0684 **	- 0. 408 ***	- 0. 128 ***	- 0. 191 ***	- 0. 243 ***	- 0. 236 ***
	(- 2. 76)	(- 9. 14)	(- 4. 05)	(- 4. 77)	(- 4. 35)	(- 4. 25)
市/县以外的镇	0. 0684 **	- 0. 351 ***	- 0. 0725 *	- 0. 152 ***	- 0. 215 ***	- 0. 155 **
	(3. 15)	(- 7. 55)	(- 2. 14)	(- 3. 42)	(- 3. 71)	(- 2. 77)
性别	- 0. 00484	0. 341 ***	0. 0230	- 0. 0529 **	0. 0587 *	- 0. 0403
	(- 0. 38)	(16. 73)	(1. 50)	(- 2. 85)	(2. 23)	(- 1. 55)
年龄	0. 0117 ***	0. 0106 ***	0. 00549 ***	0. 0111 ***	0. 0263 ***	- 0. 00188 *
	(26. 90)	(13. 87)	(10. 11)	(15. 88)	(27. 60)	(- 1. 97)
是否汉族	- 0. 0843 ***	0. 181 ***	- 0. 0305	0. 0754 *	0. 401 ***	- 0. 0981 *
	(- 3. 79)	(4. 95)	(- 1. 28)	(2. 10)	(7. 82)	(- 2. 35)
是否宗教信仰	0. 0250	0. 0128	0. 0671 **	0. 0162	0. 116 **	0. 118 **
	(1. 18)	(0. 38)	(2. 72)	(0. 54)	(2. 75)	(2. 79)
是否党员	0. 000967	- 0. 126 ***	- 0. 0818 **	- 0. 0919 **	- 0. 126 **	- 0. 250 ***
	(0. 04)	(- 3. 54)	(- 2. 79)	(- 3. 10)	(- 2. 69)	(- 4. 99)
健康情况	- 0. 0200	- 0. 143 ***	- 0. 0274	- 0. 131 ***	- 0. 114 **	- 0. 214 ***
	(- 1. 35)	(- 4. 75)	(- 1. 48)	(- 4. 64)	(- 3. 20)	(- 6. 16)
城市社保	0. 0351	- 0. 143 ***	- 0. 0631 *	- 0. 0762 *	- 0. 217 ***	- 0. 159 ***
	(1. 50)	(- 4. 11)	(- 2. 43)	(- 2. 33)	(- 4. 89)	(- 3. 56)
城市/农村养老保险	- 0. 0121	- 0. 0396	0. 0132	- 0. 0615 **	0. 0486	0. 00169
	(- 0. 81)	(- 1. 67)	(0. 76)	(- 2. 85)	(1. 62)	(0. 06)
商业医疗保险	- 0. 151 ***	0. 00428	- 0. 169 ***	- 0. 132 ***	- 0. 327 ***	- 0. 334 ***
	(- 4. 03)	(0. 10)	(- 4. 03)	(- 3. 30)	(- 4. 99)	(- 5. 17)
商业养老保险	- 0. 0193	- 0. 0501	0. 0209	- 0. 0495	- 0. 0375	0. 122
	(- 0. 48)	(- 1. 03)	(0. 46)	(- 1. 07)	(- 0. 52)	(1. 67)
常数	4. 263 ***	3. 011 ***	4. 498 ***	3. 269 ***	2. 275 ***	4. 722 ***
	(89. 29)	(38. 29)	(78. 65)	(43. 82)	(22. 08)	(47. 40)
F 值	120. 34	68. 14	63. 15	55. 33	169. 74	130. 48
R - sq	0. 2410	0. 1227	0. 1238	0. 1087	0. 2307	0. 2105
N	9698	9698	9698	9698	9698	9698

注：***、**、*分别代表在1%、5%和10%的水平上显著。括号内的数字为 t 值。

三 居民政治参与、言论自由、行为自由及认知能力的分析

表5-5中方程13的被解释变量为是否参与居委会/村委会选举的0—1虚拟变量,在户籍制度改革下获得居民户口的新居民的系数显著为正,非市民系数不显著为正,说明户籍制度改革在改变居民户籍身份的同时也提高了居民的政治参与,户籍身份的转换在一定程度上促进了居民的政治参与,而且反映出居民、非市民比市民具有更高的政治参与意愿。交互项系数均不显著为负,说明高收入、受教育水平越高的居民或非市民的政治参与意愿较低,而且比市民有更低的政治参与意愿。与前面分析恰好相反,具有高收入和高教育水平并没有显著削弱户籍身份对于政治参与的负面影响。但是从全样本来看,高收入者具有更高的政治参与意愿,大学以上学历的个体则表现出消极的政治参与态度。从居住环境来看,四个虚拟变量系数均显著为负,说明居住在农村的居民具有更高的政治参与意愿;从社会保障来看,参加城市社会基本医疗保险/新型农村合作医疗保险/公费医疗、基本养老保险的个体更有可能参加居委会/村委会选举;从个体特征来看,男性群体、年龄大、党员身份及健康状况好的居民表现出更强的政治参与意愿。

方程14的被解释变量是对自由选择在哪里生活和工作的主观回答,分别采用1、2、3、4、5表示完全不同意、比较不同意、无所谓同不同意、比较同意、完全同意5个不同的回答,因此在实证结果中,系数为正说明居民越同意问卷中的观点。不同户籍身份群体和交互项系数均不显著,但是符号存在较大差异,其中非市民比新居民更加同意政府不应干预自由选择在哪里工作和生活,高收入新居民和非市民具有同样的态度,但是大学教育程度的新居民比大学以上学历的非市民更加同意上述观点,从上述系数的符号差异可以看出三种不同户籍身份的群体对问题("在哪里工作和生活是个人的自由,政府不应干涉。您同意吗?")的回答存在明显差异。

但是从全样本来看，大学教育程度以上和高收入群体可能倾向于持有同意的态度。从居住地来看，居住在市、县中心区域（变量系数显著为正）、边缘区域（变量系数显著为正）、周边城镇（变量系数不显著为正）的居民比居住在农村和城乡接合部的居民可能更加同意上述观点；从社会保障项目来看，除参加城市/农村基本养老保险外参与其他社会保障的群体更加同意上述观点；从个体特征来看，男性、汉族、有宗教信仰及健康状况好的个体可能更加同意上述观点，年龄大、党员身份的群体则持有相反的态度。

方程 15 和方程 16 是关于语言认知能力的分析，包括普通话听力和表达两个方面。新居民和非市民系数均显著为负，说明市民的语言认知能力普遍高于新居民和非市民，交互项系数发生明显变化，最大的变化是交互项为负值的绝对值明显小于一次项绝对值，说明高收入和受教育程度越高将进一步提高新居民和非市民的语言认知能力，户籍制度改革虽然改变了居民的户籍身份，教育和收入明显缩小了户籍身份上的语言认知能力差异。从全样本来看，高收入、大学教育程度以上虚拟变量系数均显著为正，说明高收入和大学教育程度以上的人群表现出更好的语言认知能力；从居住地来看，居住地在市/县的中心区域、边缘区域、城乡接合部的系数显著为正，居住地在市/县以外的镇的系数不显著为正，说明居住在非农村地区的居民具有更好的语言认知能力；从社会保障来看，参与四类社会保障的居民具有较好的普通话听力认知能力，参与商业性医疗保险、养老保险的居民语言表达能力更好，但是参加较为普遍的城市基本医疗保险/新型农村合作医疗保险/公费医疗、城市农村基本养老保险的居民并未表现出较好的普通话表达能力。从个体特征分析语言认知能力发现具有惊人的一致性，其中女性群体的普通话听力和表达能力高于男性群体；年龄越大的群体的普通话认知能力越差（系数高度显著为负）；少数民族的普通话认知能力较好，可能的原因是样本中少数民族的人口相对较少，同时普通话普及程度相对较高；有宗教信仰、党员身份、健康状况好的群体普通话语言认知能力更好。个体特征上反映出来的普通话认知能力差异完全符合现实情况。

表5-5　　居民政治参与、言论自由、行为自由及认知能力的分析

变量	方程13	方程14	方程15	方程16
	是否参与居委会/村委会选举	自由选择在哪里工作和生活	听普通话的能力	说普通话的能力
新居民	0.0941*	-0.100	-0.249***	-0.488***
	(2.51)	(-1.13)	(-3.41)	(-5.99)
高收入*居民	-0.0234	0.0459	-0.00702	0.0151
	(-0.46)	(0.37)	(-0.07)	(0.14)
大学教育*居民	-0.0536	0.192	0.213*	0.202
	(-0.91)	(1.30)	(2.03)	(1.81)
非市民	0.0133	0.0732	-0.313***	-0.426***
	(0.69)	(1.65)	(-8.61)	(-10.22)
高收入*非市民	-0.0421	0.0551	0.0495	-0.0522
	(-1.84)	(1.04)	(1.15)	(-1.05)
大学教育*非市民	-0.0399	-0.0632	0.231***	0.370***
	(-1.24)	(-0.73)	(4.09)	(5.15)
高收入	0.0419*	0.00955	0.135***	0.299***
	(2.33)	(0.23)	(4.13)	(7.82)
大学教育以上	-0.0664***	0.0439	0.162***	0.232***
	(-3.85)	(1.06)	(5.35)	(6.67)
市/县中心区域	-0.271***	0.153***	0.112***	0.304***
	(-18.12)	(4.44)	(3.93)	(9.42)
市/县边缘区域	-0.176***	0.213***	0.202***	0.376***
	(-9.34)	(5.12)	(5.84)	(9.62)
市/县城乡接合部	-0.225***	-0.00516	0.142***	0.245***
	(-10.83)	(-0.11)	(3.73)	(5.35)
市/县以外的镇	-0.118***	0.0958	0.0253	0.0154
	(-5.15)	(1.88)	(0.62)	(0.35)
性别	0.0264**	0.00773	-0.0124	-0.0199
	(2.65)	(0.34)	(-0.67)	(-0.96)

续表

变量	方程 13 是否参与 居委会/村委会选举	方程 14 自由选择 在哪里工作和生活	方程 15 听普通话的能力	方程 16 说普通话的能力
年龄	0.00460 ***	− 0.00574 ***	− 0.0160 ***	− 0.0194 ***
	(13.07)	(− 7.12)	(− 23.93)	(− 26.24)
是否汉族	− 0.0113	0.121 **	− 0.0388	− 0.0920 *
	(− 0.64)	(2.71)	(− 1.11)	(− 2.49)
是否 宗教信仰	0.0234	0.0400	0.118 ***	0.176 ***
	(1.44)	(1.08)	(3.82)	(5.35)
是否党员	0.129 ***	− 0.0797 *	0.147 ***	0.102 *
	(7.87)	(− 1.97)	(5.19)	(3.10)
健康情况	0.0561 ***	0.0792 *	0.205 ***	0.267 ***
	(3.91)	(2.39)	(7.22)	(8.89)
城市社保	0.0997 ***	0.0908 *	0.0235	− 0.00270
	(6.23)	(2.30)	(0.71)	(− 0.07)
城市/农村 养老保险	0.0278 *	− 0.0262	0.0768 ***	− 0.00682
	(2.44)	(− 1.00)	(3.50)	(− 0.28)
商业 医疗保险	− 0.0124	0.172 ***	0.0259	0.144 *
	(− 0.54)	(3.33)	(0.63)	(3.19)
商业 养老保险	0.0280	0.0513	0.170 ***	0.0828
	(1.06)	(0.88)	(3.65)	(1.60)
常数	0.135 ***	3.491 ***	4.265 ***	3.738 ***
	(3.59)	(37.99)	(58.65)	(46.27)
F 值	63.50	11.37	122.35	212.34
R − sq	0.1068	0.0249	0.2071	0.3032
N	9698	9698	9698	9698

注：***、**、*分别代表在1%、5%和10%的水平上显著。括号内的数字为 t 值。

四　结论

　　本章对长期二元户籍制度下农业转移人口市民化行为与意识的差异进

行了分析，同时分析了户籍制度改革促进城市内部居民意识与行为变化的机制。本研究对市民化行为与意识分为居民生活中媒体使用情况，居民在空闲时间从事的活动，居民政治参与、言论自由、行为自由及认知能力等方面进行了深入考察。研究发现，市民相对其他户籍身份的居民对媒体的使用频率普遍要高，户籍制度改革过程中，获得非农户口或居民户口的新居民的媒体使用频率也提高了，其中收入水平和教育水平发挥了重要作用。收入、教育有助于提高居民的媒体使用频率，有助于居民在媒体使用频率向市民趋同，但是对非市民的影响存在差异。从居民生活中空闲时间从事的活动来看，三种身份的群体存在较大差异，同时城市新居民户口的样本与市民样本的差异较小，农村居民与市民则存在较大差异。收入的提高可能导致三种身份的群体在生活中空闲时间从事活动的差异更大。但是受教育程度的提高可能缩小这种差异，并在一定程度上提高居民户口样本与农业户口样本的参与频率。就政治参与行为来看，户籍制度改革后改变居民户籍身份的同时也提高了居民的政治参与，户籍身份的转换在一定程度上促进了居民的政治参与，而且反映出新居民、非市民比市民具有更高的政治参与意愿。高收入、受教育水平越高的新居民或非市民的政治参与意愿较低，市民表现出更高的政治参与意愿。高收入和高教育水平并没有显著削弱户籍身份对于政治参与的影响，但是从全样本来看，高收入者具有更高的政治参与意愿，大学以上学历的个体则表现出消极的政治参与态度。从语言认知能力来看，居住在非农村地区的居民具有更好的语言认知能力，市民的语言认知能力普遍高于新居民和非市民，高收入和受教育程度越高将进一步提高新居民和非市民的语言认知能力，户籍制度改革使居民户籍身份发生变化，在此过程中教育和收入明显缩小了不同户籍身份上的语言认知能力差异。

城乡居民的行为意识的确表现出户籍身份上的差异，户籍制度改革对市民化行为意识有直接影响，获得"非农"或"居民"身份后长期在城市生活的市民，其行为意识逐渐向市民趋同，但不同户籍身份的群体行为意识差距还十分明显。新居民在媒体使用情况，空闲时间从事的活动，居民政治参与、言论自由、行为自由及认知能力等行为、意识方面与市民呈现差距缩小和趋同的趋势。同时，不同户籍身份居民所处环境、生活经历、教育、收入的差异对居民的行为产生不同的影响。

第六章　农业转移人口市民化协同推进机制

新型城镇化进程中，农业转移人口市民化受到多种因素的影响和制约，同时也面临一些突出矛盾和问题，诸如人的城镇化与土地城镇化不协调、农业现代化与新型工业化不协调，城镇内部出现新的二元矛盾，在教育、就业、医疗、养老等方面的待遇差异，农业转移人口难以融入城市社会等突出问题。要高效、平稳、有序地推进农业转移人口市民化，系统解决这些问题，需要多方联动，构建农业转移人口市民化协同推进机制。应积极贯彻落实新发展理念，着力解决人的城镇化与土地城镇化不协调、农业现代化与新型工业化不协调等问题，着力补齐新型城镇化发展短板，使新型城镇化供给能力更加适应转移人口市民化的需求变化，构建起供需互促、协同均衡、有机统一的农业转移人口市民化新机制。应充分发挥市场在资源配置中的决定性作用和更好地发挥政府作用，抓住户籍人口城镇化率这一关键指标，综合运用政府、社会、企业等各方力量，通过提升转移人口素质和就业能力，更好地适应新型城镇化建设和乡村振兴的需要。

第一节　农业转移人口市民化协同推进机制的基本框架

通过前文研究我们发现，推进农业转移人口市民化进程受到多种因素的影响，动力机制也较为复杂。要想加快农业转移人口市民化进程，必须构建协同推进机制，其基本框架如图 6-1 所示。总体上分为四大板块：主体板块、动力板块、保障板块、空间板块，即四个协同推进。

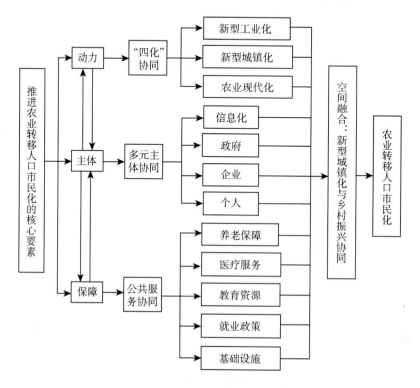

图 6-1 农业转移人口市民化协同推进机制框架

主体板块：政府、企业、个人多元主体协同推进。农业转移人口市民化的进程主要依靠政府的支持和引导。中央政府的政策是市民化发展的方向，地方政府是市民化的执行者和推导者。市民化所需的配套设施建设成本，政府除了在政策上给予支持，还需要承担市民化的部分成本。企业的发展增加了就业岗位，为农业转移人口市民化提供源源不断的动力。个人是市民化最重要的因素，具有转移意愿和能力，农业转移人口才会变成市民而选择在城市生活，为此需要承担一定的成本。三者之间协调配合，同步推进。

动力板块：新型工业化、新型城镇化、信息化、农业现代化协同推进。伴随着我国新型工业化、信息化、城镇化和农业现代化的深度融合发展，农业转移人口市民化的发展进程和发展质量越来越凸显我国高质量发展的总体水平。新型工业化与新型城镇化互推共进作用十分明显，农业现代化为新型工业化、新型城镇化提供充裕的劳动力和农产品保障，释放农业转移人口市民化潜力，"四化"交相辉映，同步推进。

保障板块：公共服务协同推进。进入城市生活的农业转移人口面临着较大的城市生活压力及不同的福利待遇。只有当农业转移人口在城市里能享受和市民同样的待遇时农业人口才愿意转移为城镇居民。因此，政府提供健全的公共服务是市民化增速提质的保障。需要从社会保障、医疗、教育、就业等各个方面得到和城市居民相同的待遇，农业转移人口才会向往城市，才会从心理上愿意变成城市人。农村人口进城生活最好的保障是提高收入水平和增强就业能力。优良的就业环境与宏观环境，大力推进工业化和发展第三产业，能够为进城的农业转移人口提供更多的就业岗位，解决农业转移人口就业问题。同步推进公共服务均等化，是农业转移人口真正融入城市社会、成为城市居民的重要前提和基础。

空间板块：新型城镇化与乡村振兴协同推进。乡村振兴战略与新型城镇化相互补充、相互促进。二者都是区域协调发展战略的重要组成部分，有着促进城乡融合发展的共同目标，联动发展才能更有效地推进农业转移人口市民化进程。

四大板块中，主体板块主要解决农业转移人口市民化主体问题，即由谁来推动市民化。动力板块主要解决动力问题，即如何推动市民化。保障板块主要解决保障问题，即如何保障稳步推进市民化。空间板块主要解决空间落地问题，即如何实现市民化的空间融合。四大板块之间分工明确，又紧密关联，既有板块内部协同推进，又有板块之间的协同推进，共同构筑起协同推进农业转移人口市民化的机制框架。

第二节　政府、企业、居民多元主体协同推进机制

农业转移人口市民化，核心要义是享有与市民同等的权利保障和公共服务，为此需要承担更高的社会成本。如何建立农业转移人口市民化过程中社会成本的协同分担机制，是推进农业转移人口市民化进程的关键一环。在市民化过程中，农业转移人口承担市民化成本的能力是非常有限的。因此，解决农业转移人口市民化的社会成本问题，必须构建政府、企业、居民多元主体协同机制。

一　农业转移人口市民化的经济成本

农村人口转移为城市人口导致城市规模扩大，城市人口数量增加，人口城市化带来的城市建设最低资金需求量增加。农业转移人口市民化的经济成本主要体现在城市人口增加导致各项设施的建设成本增加。人口城镇化的成本可以划分为微观成本与宏观成本。从微观角度来讲，人口城镇化所需要的成本是在一定时期内对农村人口转移为城镇人口所需要花费的各项基础设施投资总量，主要是针对服务农业转移人口市民化对象的花费。从宏观角度来讲，经济成本指的是一定区域内城镇化水平每提高一个单位需要的投资总费用，包含市民化对城市原有人口带来的经济成本。

农业人口转移到城市来，导致城市人口增加，如果城市的承载能力不足就不能更好地吸收外来人口。微观成本分为对农村方面和对城市方面。市民化在农村方面需要花费的成本主要体现在土地征收方面。有一部分人因为土地征收流转等原因失去了农村的土地被动进入城市，也有部分农业人口想要进入城市生活而流转原有土地。在农业转移人口市民化过程中，原来单纯的农业用地转变为城市郊区用地，或原来的郊区用地转换成城市基础设施和工业用地等类型。土地是一种经济资源，在使用过程中需要付

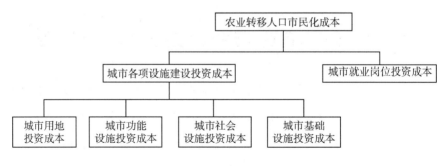

图6-2   农业转移人口市民化的成本结构

出成本。我国城镇土地属于国家，农村土地属于集体所有，因此土地使用的经济成本主要体现在城镇土地使用权的转让费用、农村土地非农化的征收费用。城市扩张依托工业扩张来吸引人口与资本的聚集，实现土地利用上的转换。伴随着农业转移人口市民化，农村土地的使用方式转换为非农化使用方式，大量的剩余农村劳动力向城市的非农产业方向流动，城市为接纳外来人口也需要成本。城市方面为接收农业转移人口的投资费用主要体现在社会保障、教育、就业等方面的支出。农业转移人口进入城市工作生活，政府为扩大就业也需要花费成本。农业转移人口进入城市后对工业设施、物流基地、建筑设施、公共服务设施等城市功能的需求也相应增加。

农业转移人口的宏观成本是在一定时期内人口城市化每提高一个单位所需要的投资总量，包括解决新增人口所需要的成本、市民化对原有城市居民所花费的成本，还包括改善城市人口生活环境所需要的投资。城镇化是一个区域经济、文化、社会综合起来的系统工程，所以宏观成本涉及面广。随着城市规模的扩大，城镇化进一步发展，城市服务的对象不再区分是城市人口还是农业转移人口。农业转移人口共享城市资源，降低城市原有居民的福利。如果没有扩大投资建设，农业转移人口享受到的资源可能是对原有居民的资源占有，城市原有居民就会对农业转移人口产生排斥，不利于市民化。城市原有的行政管理机构要根据城市总体规划来扩大，文化娱乐、医疗服务、学校教育、宗教艺术等社会服务性设施也要增加。相应地，城市能源动力系统、城市水资源、供排水系统、城市道路交通、生态环境保护、防灾减灾系统都应增加。当然，不同地区的经济发展水平有差异，市民化程度也不一样，城市为吸纳农业转移人口，同时又要满足城镇全体居民对现代城市生活高品质的追求，需要投入大量的建设资金，尤其是公共基础设施要得到同步建设，因此推高了农业转移人口市民化的宏观成本。

二　农业转移人口市民化成本分担主体

学界对农业转移人口市民化成本的分担主体及其责任已有较为明确的认识，分担主体主要包括政府、企业及个人三个方面。政府是农业转移人口市民化成本的主要承担者，不仅要处理好同企业等其他经济主体的关系，同时也需明确中央政府与地方政府——农业转移人口流出地政府与流入地政府的权责义务划分。

（一）政府

农业转移人口市民化的核心内容就是基本公共服务均等化，而政府是提供基本公共服务的责任主体。因此，在推进农业转移人口市民化的进程中，政府应该承担主要支出，同时协调好中央与地方、农业转移人口流出地与流入地以及各级政府部门之间负担成本支出的比例，做好资金保障工作。从中央政府与地方政府来看，在农业转移人口市民化的进程中，中央政府和地方政府的成本分摊各有侧重。具体而言，中央政府在随迁子女教育成本、养老保险、医疗保险等方面应当承担较大比重，以减轻地方政府财政压力，使地方政府将财政投入的重心集中在地方性公共事项，如保障性住房、城市基础设施建设、城市公共管理、就业培训等方面的投入，从而使农业转移人口能够享受到应有的基本公共服务。除此之外，中央政府对地方政府在解决农业转移人口市民化公共服务成本的分摊问题上，还负有监督的责任与义务。中央政府应发挥调节作用，协调好中央财政与地方财政的关系，推动农业转移人口市民化能够有序进行。从流出地与流入地政府来看，东部是外出农业转移人口净流入地区，中西部则是净流出地区。由于东部地区经济发达，地方财政实力相对较强，并且享受到了农业转移人口输入的人口红利，因此，东部地区应当负担一定比例的农业转移人口市民化公共服务成本。但是，由于东部地区作为农业转移人口主要流入地，承担了其他地区的市民化公共服务成本，因此，政府应协调好财政支出在农业转移人口流入地政府与流出地政府之间的分配，确保农业转移人口市民化在各地区顺利进行。

（二）企业

企业作为市场经济的重要组成部分，是解决农业转移人口就业的主要途径，在分担农业转移人口市民化公共服务成本上也需承担相应的责任。对企业而言，主要是解决社保部分，需按期足额缴纳雇用农业转移人口社会保险配套资金中企业应承担的部分。企业需完善雇用民工社保问题，承担起工伤、失业、生育、养老、医疗等社会保险缴费责任。为了使企业能够积极参与农业转移人口市民化公共服务成本的分摊，政府可以给吸收较多农业转移人口的企业一定的税收优惠政策。企业为农业转移人口创造了很多就业机会，为农业转移人口市民化创造了条件。我国农民工为企业提供了劳动力，因此企业理应承担农民工的医疗、失业、养老、工伤等社会保障支出。农业转移人口的工资相对较低且保障不到位，部分人员甚至面临长期被拖欠工资的情况。这些情况的出现，不利于农业转移人口市民化。企业要实现可持续发展，需要改变使用农业转移人口的观念，在农业转移人口市民化的过程中承担相应的责任。

（三）个人

农业转移人口作为市民化的受益主体，其自身应当承担一定比例的市民化公共服务成本，以减轻由企业、政府承担市民化公共服务成本的压力，促使农业转移人口市民化顺利进行。因此，农业转移人口主要承担市民化后的生活成本，包括衣、食、住、行等各个方面。此外，还需要承担社会保障的部分成本，比如养老保险、医疗保险等个人需缴纳的部分。农业转移人口市民化过程中资金来源不管是农民工自身创造的财富，还是农业土地的转让获得的收益，都是农业转移人口自身直接或间接创造的财富。从根本上讲，农业转移人口自己承担了市民化的部分成本。但是，那些转移人口的收入属于生存型的工资，往往只能满足基本的生存。在市民化的过程中，农业转移人口无法独自承担市民化的成本。随着农村经济社会的发展，很多农民选择回到农村自由创业或多种方式相结合共同发展，但是希望留在城市转化为市民的农业转移人口数量依然庞大，同时新型城镇化也要求更多的农业转移人口有序进入城镇，因此需要花费的转移成本是巨大的。农业转移人口自己创造的财富和土地流转等创造的收益在一定程度上通过税收和费用转移给了政府。

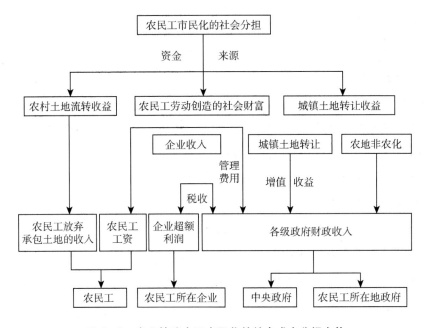

图6-3　农业转移人口市民化的社会成本分担主体

三　政府、企业、个人成本共担机制

农业转移人口市民化的成本包括城市公共产品的供给成本、社会保障成本、教育培训成本、转移人口市民化后的生活成本等。这些成本需要中央政府、流出地政府、流入地政府以及企业和农业转移人口自己共同承担。应构建以政府为主导，多方参与，一起承担成本的模式。建立以流入地政府为主体、以中央政府支出为辅、企业就业待遇支持以及农业转移人口自行承担生活成本的成本共担机制。调动多元建设主体的积极性、主动性、创造性，带动社会上的力量一起来分担公共成本。

（一）地方政府有承担农业转移人口市民化成本的义务和能力

地方政府有承担农业转移人口市民化成本的义务。中央政府一般制定宏观政策，地方政府负责实施，而地方政府在政策解读的过程中，往往会根据当地的实际情况进行一定的调整。就目前市民化的问题而言，流入地政府也有越位或缺位的现象。部分城市居民把失业、劳动力调整等社会现象归责于农业劳动力流入城市带来的竞争。因此，流入地政府出台限制农业人口就业的工种或部分行业，甚至以保护本地居民就业的名义，限制农业转移人口的流入或职业选择。这样极大地损害了农业转移人口的利益，降低了农业转移人口在城市的收入水平，增加了农业转移人口市民化的成本和社会生活负担。承担公共服务是政府分内之事，政府有义务为农业转移人口提供社会服务，如农业人口的技能培训、监督用人单位规范用人、解决农民工子女教育问题等。政府支持的缺位造成了农业转移人口在流入地缺乏合理的保障，甚至部分地方政府以管理成本向流入人口征收各种费用。我国农业转移人口的收入只有城市人口收入的40%左右，流入地政府有责任承担农业转移人口市民化的主体成本。长期以来，城市建设和发展所需劳动力大部分来源于流入城市的农业转移人口。但是农业转移人口流入城市之后，并没有充分享受到流入地政府提供的公共产品和服务。因此流入地政府承担市民化的成本是对农业转移人口的补偿，也是承担应尽的义务。从城市发展的角度来看，政府要通过承担市民化成本的方式来加速农业转移人口市民化的进程。

地方政府有承担农业转移人口市民化成本的能力。农业转移人口流入地往往是经济较为发达的城镇，经济实力比较雄厚，完全有能力承担市民化的成本。按照分批次逐渐实现市民化的方式，地方政府平均承担的市民化成本并不高。政府主动承担农业转移人口市民化的成本，能够激发农业转移人口市民化的初始动力。关键是政府要为市民化进程提供社会保障、住房及公共服务产品等，承担转移人口满足城市生活对基本设施需求的成本。中央政府与地方政府共同承担转移人口在社会保障、医疗等社会支出方面的成本，放开农业转移人口购买住房或租住廉租房的限制。

（二）企业承担农业转移人口市民化成本是其履行社会责任的重要体现

企业有承担农业转移人口市民化成本的义务，也是企业履行社会责任的重要体现。长期以来，企业认为农村劳动力是用之不尽的，缺乏对农村劳动力在医疗、住房等方面成本的承担。农村转移人口在企业的收入往往较低，且部分企业拖欠农民工工资，加剧农业转移人口在城市生活的困难。企业从农业转移人口中享受着廉价的劳动力，企业与农业转移人口签订正式用工协议的比例较小，或没有落实合同中对农业转移人口所承诺的权益，随意变更或解除合同关系，不支付赔偿金等，还有部分私人企业按照最低工资要求为农业劳动人口提供工资。农村转移人口面临就业压力大、收入低等问题，导致市民化不能顺利实现。造成这种困境的原因，除了政府保障不到位之外，企业履行社会责任也较缺乏。从企业的社会责任看，企业有义务提供医疗、工伤、住房、养老等方面的保障，帮助农业转移人口顺利实现市民化。企业忽略社会责任，是不利于企业自身发展的。企业承担农业转移人口市民化的成本也是企业自身发展的需要。企业为转移人口提供相应保障服务，能更加有效地促进城市劳动力市场的优化，提高劳动效率，提升农业转移人口工作动力，为企业的发展提供更加持续有效的劳动力。企业对市民化成本的承担和政府承担是不同的，企业承担的更多是分内责任。改变农业转移人口的观念，公平地对待每一个农业转移人口，保障他们的合法权益。企业给予农业转移人口平等的工资待遇和机会，农业转移人口可以在城市里靠自己的努力来增强经济实力，有序实现市民化。具体来看，企业要尊重农村劳动力的社会价值，根据当地的经济发展水平、市场消费与福利水平来制定用工薪资待遇，做到不拖欠农民工工资、不随意克扣工资，并且为农业转移人口提供良好的福利以及改善其工作和居住环境，为农业转移人口市民化提供力所能及的保障，承担相应的社会成本。

（三）个人承担农业转移人口市民化成本是应尽的义务

虽然政府和企业已经承担了一部分农业转移人口市民化的成本，但农业转移人口自身也负有承担部分成本的义务。市民化不仅能够提高农业转移人口自身福利，还能有效地提升其各项能力。作为受益于市民化的农业转移人口，本身也应当承担福利提升带来的成本。为了减轻政府的压力以及推进市民化的进程，农业转移人口也需承担力所能及的成本。农业转移人口市民化的主要成本是由政府、企业和个人多方共同承担，但城市里的居民也有义务帮助农村人口在城市实现市民化。城市里有很多慈善机构一直在关注着低收入群体和无劳动能力群体，在缩小城乡差距方面起到了一定的作用。慈善机构对市民化的成本承担是社会成熟的表现，是对农业转移人口融入城市真正的包容和接纳。虽然社会公益组织存在着效率较低的问题，但也为流入人口创造了一定的物质条件和精神慰藉。从责任的角度来看，城市居民对农业转移人口市民化没有承担社会成本的义务。但是，城市居民享受了农业转移人口为城市建设所做的贡献，也应该帮助农民工更好地融入城市生活，增强农民工市民化的意愿。因此，要鼓励城市中先富起来的群体帮助农业转移人口，如建学校、提供技能培训、资助养老等服务。随着社会的进步，自愿加入公益组织的群体会越来越多，这也是社会文明程度提高的表现，为市民化提供了良好的社会环境。

第三节　新型工业化、新型城镇化、农业现代化、信息化与市民化协同推进机制

新型工业化、新型城镇化、农业现代化、信息化"四化"发展都是经济社会发展的重要组成部分，也是农业转移人口市民化的动力源泉，但各自对市民化所起的作用或者作用方式是不同的。新型工业化发展能够吸纳更多的农业转移人口，产生强大的拉力。农业现代化能释放更多的农村劳动力，对农业转移人口市民化给予推力。新型城镇化建设是我国现代化进程中的核心议题和重大任务，而农业转移人口市民化更是其中的首要任务和关键一步。新型城镇化必须和信息化、工业化和农业现代化同步推进，新型城镇化不能孤军深入，没有产业支撑，城镇发展就难以持续健康发展，农业是基础，农业现代化事关粮食安全。信息化则关系到城镇化能否健康发展。习近平总书记在《在中央城镇化工作会议上的讲话》中指出："要处理好工业化、城镇化和农业现代化的关系。工业化、城镇化需要土地，农业现代化要保证土地数量和质量。现在的问题是，在一些地方工业化、城镇化压倒了农业现代化，打败了农业现代化。在这个问题上博弈时，一些地方输的往往是大量良田，赢的是工业化、城镇化，而且很多人认为这是不言而喻的事。"[1] 只有"四化"协同发展，构建有效的协同推进机制，才能加快推进农业转移人口市民化进程。

一　"四化"与农业转移人口市民化协同推进机理

新型工业化、新型城镇化、农业现代化和信息化，这"四化"都是现

---

[1]　习近平：《在中央城镇化工作会议上的讲话》（2013 年 12 月 12 日），《十八大以来重要文献选编》（上），中央文献出版社 2014 年版，第 596—597 页。

代化的重要内容和体现，农业转移人口是现代化发展的劳动力大军。农业转移人口市民化是新型工业化、新型城镇化、农业现代化的重要力量，而新型城镇化、新型工业化、农业现代化、信息化共同发展更能释放经济活力，提升农业转移人口的劳动竞争力。相互之间不可分割、互相促进，共同推动农业转移人口市民化进程。其协同发展机理如图6－4所示。

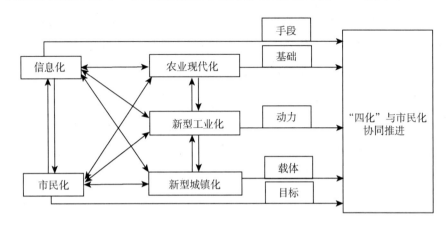

图6－4　"四化"与农业转移人口市民化协同推进机理

（一）新型工业化为新型城镇化提供动力

新型工业化通过紧密的产业关联创造出一系列集聚效应，引起人口和生产要素集聚。当人口和生产要素等集中在一定区域内达到相当的规模，就形成了城镇。随着工业发展水平的不断提高，城镇数量增多，规模不断扩大。在新型工业化的推动下，就业结构、土地利用形态不断变化，产业空间布局不断调整与优化，非农产业和人口不断向城镇集聚，吸纳大量的农业转移人口，同时加速推进新型城镇化进程。

（二）新型城镇化为新型工业化的发展与升级提供载体

新型城镇化的核心是人的城镇化，是有序推进农业转移人口市民化。城镇以其相对集中的就业人口、相对完善的基础设施和服务体系为工业发展与结构优化升级提供了良好的外部环境，吸引工业企业进一步向城镇集中，聚集经济得到进一步的发展，由此，新型城镇化由新型工业化驱动后又借助拉动效应，有力地促进了新型工业化的发展。新型城镇化过程中的聚集效应主要表现在配置区域资源，为工业发展提供充分的生产要素支持，也给工业发展提供了市场和相应的配套服务。城镇聚集的人口构成了非农产业的巨大消费市场，城镇聚集起来的专业人才是现代工业发展的必要的人力资源和技术支撑，城镇聚集的产业为工业化提供了更高管理水平与发展水平的平台和载体。

（三）农业现代化是新型工业化、新型城镇化的重要基础

农业现代化不仅是改变农业和农村落后面貌的根本途径，也为扎实推进新型工业化和新型城镇化提供重要条件。从工业化和城镇化发展的历史来看，两者的发展都是以农业的发展为前提和基础的。没有农村的稳定和农业现代化，就不可能有城镇的发展和繁荣，也就不会有新型工业化和新型城镇化的可持续发展。确保粮食安全是农业发展和农业现代化的首要任务，农业现代化水平越高，就越能释放更多农业转移人口，为新型工业化提供充足的劳动力资源和多样化的原材料等基本生产要素支持，也为农村人口和产业向城镇集聚，推动新型城镇化发展提供基础条件和基本动力。同时，农业现代化为新型工业化和新型城镇化发展创造市场需求和市场条件。

（四）信息化是新型工业化、新型城镇化和农业现代化水平提升的重要手段

新型城镇化最基本的动力是产业的空间集聚，城镇产业结构的调整和升级自然会带动城镇化推进。在信息社会，信息化通过改变人们的生产方式，促进城镇产业结构升级，从而迅速地推进新型城镇化进程。信息产业是以数据处理技术和信息服务为主体的新兴产业，因其具有极高的渗透性、极强的亲和力和扩散力等特点迅速向第一、第二、第三产业渗透，促进农业现代化，推动城市产业结构从传统的以工业制造业为主向以现代服务业为主的模式转变，促进城市产业结构向高级化演变，进而加快新型城镇化进程。同时信息化通过改变城市管理方式，提高城市管理效率，促进城镇化智慧发展，推动农业转移人口市民化信息化管理。

二　"四化"与农业转移人口市民化协同推进的主要内容

"四化"与农业转移人口市民化协同推进，新型工业化与市民化协同的问题在前面"农业转移人口市民化的动力机制"一节已有详细论述，这里不再赘述。信息化作为新型工业化、新型城镇化、农业现代化的手段，已高度融入"四化"协同之中，因此，信息化与市民化的协同推进就不单独论述。这里主要阐述新型城镇化、农业现代化与农业转移人口市民化的协同推进。

（一）新型城镇化与市民化协同发展

新型城镇化的核心内涵是推动以人为本的城镇化，不断将农村劳动力转化为非农产业劳动力。由图 6–5 可以看出，2010 年我国城镇人口与乡村人口数量基本接近，在 2011 年，我国城镇化率首次突破 50%，城乡人口结构发生了历史性变化，城镇人口逐渐超过农村人口。据《中华人民共和国 2018 年国民经济和社会发展统计公报》，2018 年年末全国城镇常住人口 83137 万人，常住人口城镇化率为 59.58%，比上年末提高 1.06 个百分点。户籍人口城镇化率为 43.37%，比上年末提高 1.02 个百分点。全国人户分离的人口 2.86 亿人，其中流动人口 2.41 亿人。[①]

由图 6–6 可以看出，我国城镇人口数量与国内生产总值呈正相关关系，城镇化发展为第二、第三产业创造了大量的劳动力就业机会。如果每年固定有劳动力从农村到城镇来，对城镇劳动力是个补充，对经济发展的好处不言而喻。创造良好的条件解决外来人员进城落户问题，就能吸引高质量的劳动力转移到城市，从而释放劳动力潜力。

城乡融合是时代发展的趋势。农业转移人口共享城市发展成果是公民

---

① 数据来源：《中华人民共和国 2018 年国民经济和社会发展统计公报》，中国网，http://www.china.com.cn/lianghui/news/2019 – 03/03/content_ 74525699. shtml。

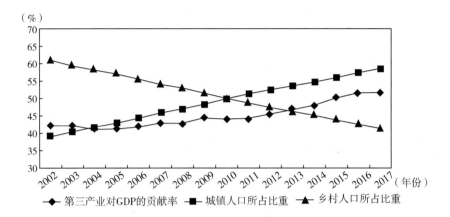

图6-5　我国城镇人口比重、乡村人口比重与第三产业对 GDP 的贡献率

资料来源：中华人民共和国国家统计局编：《中国统计年鉴　2018》，中国统计出版社 2018 年版。

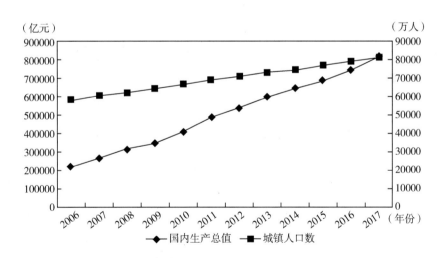

图6-6　我国城镇人口与国内生产总值

资料来源：中华人民共和国国家统计局编：《中国统计年鉴　2018》，中国统计出版社 2018 年版。

的基本权利。通过优化城乡资源的配置，注重城乡融合中的产业发展与公共服务均等化建设，完善城乡一体的基础设施，为城乡居民的融合提供良好的社会经济环境。通过就业岗位的创造提高农业转移人口的收入水平，为农业转移人口市民化提供保障。

（二）农业现代化与市民化协同发展

实现农业现代化，让农业人口就地转移。加大现代农业发展的力度，让农业转移人口不必进入大城市就能增加收入。随着城乡统筹和城乡一体化发展不断推进，农业转移人口不一定要全部转移到城市去生活。大力发展现代化农业，让农业人口在家乡就能实现创收。因此，市民化推进需要结合现代农业发展，让农民在已有的农业生产技术的基础上培养现代化生产技能，学习使用大型农耕机械，将粗放的人工作业转化成高效的机械作业，大幅度提高农业生产的效率和水平。我国是农业大国，如果只有进城才算市民化，现有的城市规模根本无法消化全部的进城农民。有效的途径就是农民可以在本地实现市民化，在城镇或乡村就能享受到市民同样的待遇和政策。拥有宅基地和土地作为生活的保障，农业人口会更倾向于留在家乡，实现市民权利、政治参与和社会地位的认可，城乡一体化、城乡生活方式与水平趋同，更能提高市民化的水平和质量。[1]

农业、农村现代化需要大力投入科技和人才要素。对农业相关的科技要素主要体现在农业大型机械设备的研发上，同时对已经研发出的设备进行全面推广，普及使用方法，提高农民的科技水平，实现大型农业机械的操作。注重现代农业品质的提升，农业科技要素提高还体现在现代科技的投入，比如农作物品种的改良、现代农药的环保性改造、肥料的成分提升等方面。在农村开展免费的技能培训班，培育农业人口对机械的使用、学习新的种植技术和培育技术。农业科技的投入需要政府加大支持力度，不仅支持农民对技术的使用，还要支持科研院所加大技术研发力度，研发出适合不同产业不同地区的生产设备，研发和培育新的种植技术，培育新型农产品，发展绿色种植栽培技术，让农民增产增收的同时为市民提供绿色

---

① 杨卫忠：《农业转移人口就地城镇化的战略思考》，《农业经济问题》2018 年第 1 期。

蔬菜和粮食。新技术、新产品的推广需要示范和学习的过程，这一部分产生的费用不能转移到农民头上。如果由农民自行承担，就会大大降低农民学习新技术的积极性，要由政府来承担新技术的推广工作，将技术人员和科技创造者请到农村或开展远程视频教学。政府还可以加大对农民学习新技术的补贴，提供低价或是免费学习机会，激励科技人员主动下乡推广技术，招聘高校的技术专业志愿者，深入乡村为农民提供一对一的技术指导，解决农民在新技术使用过程中的困难。农业现代化进程中，需要有创新精神、有知识、有文化的现代农民，也需要有技术的科技人员、具有农村发展经验的行政人员以及对农村发展有兴趣的企业家。提高管理水平，提供资金支持。人力资本的投入就是对农民本身进行投资，主要的方式是提高受教育水平。从劳动力流入流出来看，农村现有劳动力年龄大、文化程度低，对这一部分人进行教育投入往往具有难度。所以，人力资本投入不仅仅是对农村以后的劳动力进行培养，还要积极引入劳动素质高的现代化人才，从外部引入人才在农村进行创业，激励流出的农村劳动力回到家乡创新创业，将农业部门与非农业部门的人才引入农村，激励大学生到农村创业，激励行政管理人员下基层，激励大学生报考村干部，培育发展现代农业所需要的优质人力资本。

农村第一、第二、第三产业融合发展能增加农民收入，拓宽农民就业渠道，为农业转移人口市民化开辟新途径。农村农业产业结构调整是在发展第一产业的基础上，发展以农产品加工为主的第二产业和以农产品销售为主的第三产业。在同一农业经营主体下将产业交叉融合，或者将利益紧密的产供销结合起来，实现贸易协同发展。改革农业产业的生产链和供应链，注重农业产业的品质提升，让农业人口积极参与农村第二、第三产业，获得经济收益。鼓励农业转移人口积极参与第二、第三产业的价值创造，支持以农民企业家为主的产业融合发展，将农业发展和农民的利益紧密结合起来。第三产业的发展为农业转移人口提供了大量的就业岗位，同时农业转移人口市民化之后为第二产业和第三产业的发展提供了充足的劳动力资源。人口市民化有利于产业结构的优化，对产业结构的升级起到积极作用。

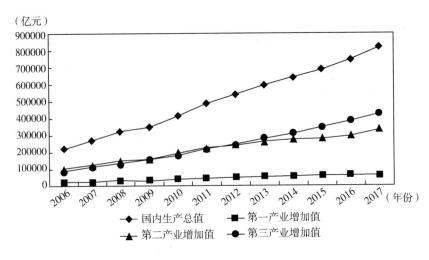

图 6 - 7　三大产业增加值与国内生产总值

资料来源：中华人民共和国国家统计局编：《中国统计年鉴　2018》，中国统计出版社 2018 年版。

第四节　公共服务与市民化协同推进机制

农业转移人口转化成市民不仅是让农业人口在户籍上变成市民，更是要让他们真正享受市民的权利，在住房保障、子女教育、卫生医疗上都能享受到市民的福利，让农业人口有更强的转化意识，自愿转移为市民。农业转移人口市民化以后要能享受到与城市居民同样的基础设施和公共服务，才能真正融入城市生活（见图 6 - 8）。因此，公共服务均等化协同推进，有助于加速农业转移人口融入城市，提高市民化质量。

农业转移人口在城市真正实现其价值，首先体现在被欢迎进入城市，并有就业机会可以留下来，生活上有保障并且能够实现自我发展。从户籍制度出发，改善农业转移人口的社会保障，完善城镇公共服务，使转移对

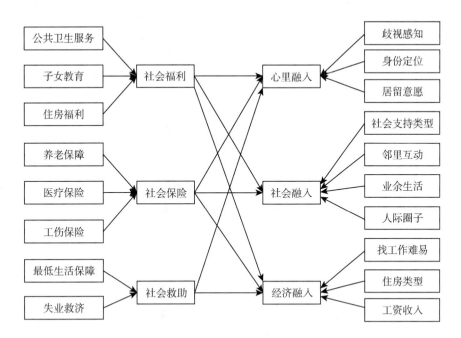

图6-8 农业转移人口社会福利与城市融入

象能融入城市，要求就业、教育、医疗等共同发展，以人为核心，提升社会的包容性，实现"老市民"与"新市民"和谐共处。市民化之后要强化每个居民的权利，完善居住证制度，让每一个进入城市的居民可以享受到同样的城市公共服务，为他们提供便捷的事务办理渠道，鼓励城市内的居民认可农业转移人口。农业转移人口在城市享有与城镇居民同样的就业待遇，实行统一的门槛制度。培养农业转移人口在城市中的就业能力，加大培训力度，提升转移人口技术岗位技能。从政策上鼓励农业转移人口，特别是具有大中专学历的转移人口实现自主创业，为他们提供就业、创业培训，提供专项贷款支持，对创业人员实行经济补贴等，从一定程度上减免农业转移人口创业的各项税收。对就业人口建立健全的工资支付保障，实现农业转移人口与城市人口同工同酬（见图6-9）。

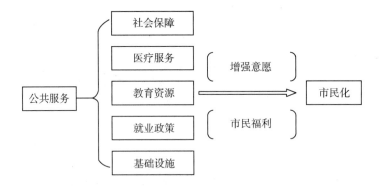

图6-9　市民化进程中公共服务体系建设

一　养老保障、医疗保障与市民化协同发展

农业转移人口在城市中要享受相同的社会保障，完善农业转移人口的社会保障制度可以促进农业转移人口增强进城的意愿，加速市民化进程。

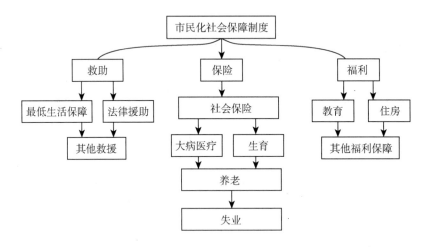

图6-10　我国农业转移人口社会保障制度体系

由表6-1可以看出，我国近几年城乡居民社会养老保险参保人数是不断增加的，因此要注重实现农业转移人口市民化之后的城乡社会保险一体

化，农村社会保障和城镇社会保障要打破户口限制，实现保险随人口性质
转移的便捷转换。从社会保障制度来看，要将农业转移人口纳入相同的职
工基本养老保险、扩大职工基本医疗保险，实现城市与农村的社会保险有
效衔接，同时要衔接好职工养老保险和居民养老保险、职工医疗保险和居
民医疗保险。改革城乡医疗保险制度，实现农业转移人口在医疗费用上的
异地直接结算，同时积极发展远程医疗，让在城镇就业的农业转移人口可
以享受到城市先进的医疗服务。县级医疗发展对市民化有积极作用，倡导
在县级医疗机构实行先就医后缴费制度，在县城医院开设定点综合窗口，
在定点窗口进行异地结算和信息互通。

表 6 – 1 城乡居民社会养老保险

年份	城乡居民社会养老 保险参保人数（万人）	城乡居民社会养老保险 实际领取待遇人数（万人）	城乡居民社会养老保险 基金收入（亿元）
2015	50472.2	14800.3	2854.6
2014	50107.5	14312.7	2310.2
2013	49750.1	14122.3	2052.3
2012	48369.5	13382.2	1829.2

资料来源：中华人民共和国国家统计局编：《中国统计年鉴 2016》，中国统计出版社 2016
年版。

根据国家卫健委流动人口动态监测结果，农业转移人口在城市的收入
普遍较低。医疗费用往往是农业转移人口难以承受的。享受到同样的医疗
保障，对农业转移人口而言至关重要。只有协同医疗保障，农业转移人口
才会更愿意转移到城市。为此需要政府将市民化的农业转移人口纳入基本
医疗保险、统一大病保险与医疗救助。如果农业转移人口进入城市无法获
得医疗保障，进城的意愿就会降低。从政府的角度要对农业转移人口提供
经济上的就医补助，落实缴费财政补贴政策，对就医存在困难的人口进行
救助，减轻农业转移人口就医压力。

二 公共教育与市民化协同

农民受教育程度普遍不高，主观原因是受教育的意识不强，客观原因是农村教育资源缺乏，教学条件落后。农业转移人口市民化融入过程中最重要的是增强转移人口的综合能力和经济实力，发展基础教育是提升各项能力的根本途径。农村地区教学条件有限且受教育意识不强，受过高等教育的人才更倾向于留在城市工作，导致农村地区人才断层。要高度重视发展农村地区义务教育，统筹配置城乡资源，鼓励优质教师资源向乡村倾斜，壮大农村教师队伍。以城市带动乡村，实现城市优质教学资源与农村学校一对一或一对多对口共享。①

由表6-2可以看出，我国普通高中毕业生人数与县镇教育部门办普通高中毕业生数（万人）逐年增加，但增加的比重并不大。而农村普通高中毕业生人数从2007年的66.6902万下降到2015年的24.6604万，农村教育部门办普通高中毕业生数下降速度过快，由2007年的58.0687万人下降到2015年的20.1276万人。一是由于一部分农业转移人口市民化，子女随迁进入县城或更好的城市接受教育；二是由于农村地区高中普及率并不高，完成义务教育后一部分人选择外出务工或者中途辍学，还有一部分选择就读职业高中。但从数据来看，我国农村普通高中受教育的人数减少严重，这不利于我国乡村振兴，不利于人口转移，更不利于我国农业转移人口质量提升。

表6-2 我国农村高中毕业生情况

年份	普通高中毕业生数（万人）	农村普通高中毕业生数（万人）	县镇教育部门办普通高中毕业生数（万人）	农村教育部门办普通高中毕业生数（万人）
2007	788.31	66.6902	402.2017	58.0687

① 张笑秋：《心理因素对新生代农民工市民化意愿的影响——以湖南省为例》，《调研世界》2016年第4期。

续表

年份	普通高中毕业生数（万人）	农村普通高中毕业生数（万人）	县镇教育部门办普通高中毕业生数（万人）	农村教育部门办普通高中毕业生数（万人）
2008	836.06	66.9269	430.176	58.424
2009	823.72	62.715	429.6866	54.2232
2010	794.43	56.2639	422.0823	47.6017
2011	787.74	33.5839	367.5414	28.5758
2012	791.5	26.3889	370.0739	21.9694
2013	798.9789	26.0421	371.9066	21.4658
2014	799.6189	25.1856	366.667	20.8793
2015	797.6535	24.6604	364.1675	20.1276

资料来源：中华人民共和国国家统计局编：《中国统计年鉴 2016》，中国统计出版社 2016 年版。

　　辍学的外出务工人员将来也可能会返乡务农，因此农村教育落后不利于我国农业人口综合素质的提升，不利于农业转移人口的市民化进程。要在乡镇或县城加强寄宿制学校建设，改善农村学校生活营养条件，实现义务教育阶段学费及生活住宿费全免，鼓励青少年完成高中教育，大力发展学前教育，特别是生育政策放开以后，学前教育需求增加，而农村地区少有正规的幼儿园，应注重加强农村地区的早教及幼儿教育，从小培养良好的学习习惯，树立学习意识。加大职业高中支持力度，除开办义务教育阶段之后入学的职业教育外，由政府出资支持职业教育学校开设针对社会人员的职业技能培训班，鼓励农村居民就地学习先进技术和现代农业知识以及创新创业经营理念，让农村居民能更快共享现代技术成果。农业转移人口能在所在地学习技能及现代化技术，其子女可就近享受优质教育，对农业转移人口市民化的进程及转移后更好地适应社会起到促进作用。保障农业转移人口或其子女能享受到公平的教育资源，保障义务教育，开展教育扶贫工作。鼓励农村地区的学生积极入学，提高升学率，加大对教育资源的投入，从软件和硬件设施上提高义务教育的质量。针对部分贫困地区辍学率高的问题，要开展一对一帮扶工作，制订完整的方案和政策调动农村人口的入学积极性。加强国家对贫困地区的教育帮扶资金专业管理，确保贫困地区的学生不会因为学费问题辍学。在教育基础欠缺的地区开展义务教育宣传工作，加强学校校舍和教学的建设，扩大教学基础设施规模，改善学生的受教育环境，提高义务教育的办学水平。对农村地区或农业转移人口子女实施营养改善计划，减少义务教育阶段学生辍学现象，提高学生综合素质。让村子里的学校通过互联网与优秀学校进行一对一帮扶对接，让农村共享城市优质教育资源，让学生在乡村就能充分了解科学文化知识。好的资源能带来好的教育，教师队伍建设是提高教学质量的重要途径。乡村教师的待遇往往较低，导致乡村地区严重缺乏优质教师。提倡志愿者下乡开展西部计划等支教活动，帮助农村地区提高教育教学质量。在经济上对乡村教师进行经济补偿，落实政策承诺的补贴，均衡调配城乡的教师资源。对农村地区特别是贫困地区开展特岗教师下乡活动，解决特岗教师事业单位编制，围绕国培计划、公费师范生等具体方式进行教育岗位的轮流上岗。提高老师和学生的网络使用及信息技术利用能力，倡导市民为乡村地区进行公益捐款，设立专项基金鼓励优秀教师，表彰扎根基层的优秀人员，建立全面覆盖各类教育的专项资金资助制度，对需要帮助的学生和老师提供帮助。

　　城市相较农村有更好的教育资源，农业转移人口的子女能否享受到平等的教育是市民化过程中的重要问题。如果子女不能享受到作为市民该有的教育资源，父母外出务工将会造成更多的留守儿童，农业转移人口不能真正地在城市找到归属感，必将降低转化的意愿。保障外来人员随迁子女平等享有受教育权利，在农业转移人口转化为市民的过程中，建立以居住证为主要参考依据的随迁子女就近入学制度。让其他不具有暂住证却长期在城市务工的农业人口子女可享受平等的学前教育、义务阶段教育以及免费进入中等职业技术学校，培养农业转移人口或随迁子女的综合能力，由政府牵头，鼓励公办学校积极接收农业转移人口子女入学。简化农业转移人口和进城务工随迁子女入学程序，监护人具有工商营业执照（含纳税证明）或正式的劳动合同证明（含劳动保险证明），并具有房产证或公安部门签发的居住期一年以上的居住证，其子女应可就近进入公立学校。加强城市外来务工人员子女的管理，解决外来人口子女的教育问题能吸引更多的劳动力来到城市。

三　住房保障与市民化协同

农业转移人口的住房保障问题是影响市民化进程的重要因素。进城后的农业转移人口考虑到支出成本，通常会租住价格较低的住房或与他人合租。价格较低的房子一般分布在城乡接合部或郊区，房龄长居住环境差。部分企业会为农民工提供简易工棚且多人合住。这样的居住环境存在很多的安全隐患，无法保障市民化之后居住条件的改善，而居住环境的改善又是市民化进程的重要部分，政府需要对流入的农业转移人口在住房政策上放宽限制条件，让他们能享受到政府的住房补贴和支持。针对不同情况的农业转移人口提供不同层次的保障性住房，满足新市民对居住条件的需求。将购房与租房结合起来，实现多层次过渡。政府与市场结合来调节保障性住房的分配模式。① 改革保障性住房的制度，建立保护保障性住房机制，将公租房的覆盖范围扩大，将取得居住证的农业转移人口纳入住房公积金保障体系与城镇住房保障体系，解决农业转移人口居住环境脏乱差的问题。放宽农业转移人口申请公共租赁房的条件，与用工单位依法签订满一年的劳动或聘用合同，并缴纳养老保险金满一年或累计上缴养老保险金满两年，且在城区无私有住房或虽有私有住房但人均住房面积低于（含）15 平方米的均可申请公共租赁房。长期生活在城市的农业转移人口，随着时间的推移，经济收入水平往往有所提高，部分具有在城市购房的经济能力。对符合政策规定的转移人口，实行购房税收和费用减免的扶持。创新农业转移人口的住房补贴模式，之前一直采用提供实物结合租赁补贴的方

---

① 郭熙保：《集体成员动态化：户籍制度与土地制度改革同步推进的新思路》，《光明日报》2014 年 8 月 27 日第 15 版。

式，现在要过渡为以租赁为主的补贴模式，发展专业化程度高的住房市场，从财政与税收上吸引企业投资保障性住房租赁业务，共同分担保障性住房建设的成本，落实各项优惠政策（见表6-3）。

表6-3　　　　　　　新时期农民工住房供应体系基本框架

供应体系	市场特征	住房类型	各层次需要住房的农民工	说明
市场提供	一、二级市场	新建和二手转让普通商品房	少数进城时间较长、有一定支付能力的农民工家庭	完全竞争市场
	租赁市场	低端、普通出租房	一般在城市务工、没有住房的农民工	
用工企业提供	工作宿舍	具有基本生活条件的集体宿舍	在工厂或服务业工作的农民工	政府政策支持用工企业建设标准化的农民工宿舍
政府政策性支持	保障性住房	具有基本生活功能的公共租赁房	收入较低、没有住房的农民工家庭	有政策支持，申请有一定的准入条件
	保障性住房	封闭运行的廉租房	困难农民工家庭	住房保障，只租不售
	保障性住房	封闭运行的经济适用房	希望购买住房的中低收入农民工家庭	政府补贴，封闭运行
	保障性住房	限价房	有一定的支付能力，希望购买住房的中低收入农民工家庭	有政策支持，出售有一定限制

资料来源：任兴洲等：《适合农民工特点的住房供应体系》，《重庆理工大学学报》（社会科学版）2011年第10期。

第五节　新型城镇化与乡村振兴协同推进机制

一　新型城镇化与乡村振兴协同推进机制的核心要义

协同推进新型城镇化与乡村振兴，实现农业转移人口市民化空间上的融合，需要从空间一体、要素流动、支农方式、产业互动四个维度构建协同推进机制。一是城乡一体化发展机制。将城市与乡村、城镇居民与农村居民作为一个整体纳入全面建成小康社会和现代化建设的全过程中，重新构建城乡产业互补链接、生态环境共建共治、空间布局统筹融合、基础设施互联互通、公共服务平等均等、社会文明与社会治理协同建设等一体化发展。二是城乡要素双向流动机制。打通城乡生产要素双向自由流动的制度性通道，促进城乡要素融合和协同发展。使农村人口愿意"留下来"建设家乡，也能够吸引城市人口愿意"走进来"建设农村；积极引导城镇工商资本进入农村农业领域，确保实施乡村振兴对资金的需求；深化土地制度改革，统一城乡土地市场，使广大农民的合法权益得到合理的价值体现。三是新型反哺"三农"机制。重构系统科学、分层细化的反哺"三农"机制，既要实行工商业对农业、城镇对乡村、城市居民对农村居民精准对口支援，又要从人力、物力、资金、信息技术等方面全面具体支援，还要根据实际，打破行政区划，按照经济发展规律科学高效支援，构建新型反哺"三农"的机制。四是城乡产业互动协同机制。坚持城乡融合发展，用产业互动破解发展难题。搭建城乡产业协同发展平台，突破城乡的空间壁垒，建立科学的产业体系，实现现代农业与其他产业的互动。创建一批城乡融合发展典型项目，实现城乡生产要素的跨界流动和高效配置。

二　新型城镇化与乡村振兴协同助力农业转移人口就近市民化

传统城镇化出现了"空心村"、失地农民日益增多等问题。由于部分农业转移人口缺乏在城市生存的技能，不能在城市里找到理想的工作，面对城市高额的生活成本只能选择回到农村，而农村的生活条件、社会保障、医疗服务以及经济水平又不能满足这部分人的需求，因此处于总是往返城乡之间的尴尬境况（见图6-11）。新型城镇化与乡村振兴作为一个问题的两个方面，协同发展，为农业转移人口提供了市民化新的发展道路。新型城镇化站在全局的高度，推动城镇地区农业、经济、文化、社会保障协调发展。实现城乡协调、市场互通、信息互联和机会均等的新型发展目标，农民和市民可共享现代城镇发展的成果。

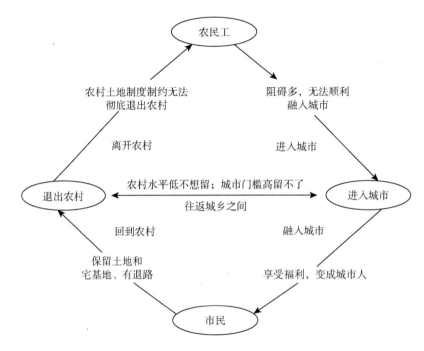

图6-11　农业转移人口往返城乡之间的困境

新型城镇化与乡村振兴是就近市民化的有效途径，新型城镇化与乡村振兴在发展理念、发展目标与过程上都有一致性，新型城镇化与乡村振兴战略完全可以进行协同对接。新型城镇化、乡村振兴与市民化的协同要将体制改革和政策落实的问题处理好。乡村振兴主要体现在乡村经济水平的发展上。农村产业结构的优化升级可以促进农村经济发展，充分发挥市场对农村经济的作用，在乡村振兴与新型城镇化中实现资金、新型人才、现代技术的自由流通。科技与资本是农业生产发展的核心，而科技需要人才，乡村振兴需要在义务教育、乡村文化建设、社会治理等方面协调发展。新型城镇化与乡村振兴要处理好经济发展与社会治理的问题。乡村振兴着眼于解决"三农"问题,发展乡村经济,增加农民收入,提高农民生活质量,建设农村基础设施,农民在乡村就能过上向往已久的城市生活。出于对家庭的考虑,大多数农民选择留在农村创新创业,应引导人才以及年轻劳动力回流农村,推进农业转移人口市民化进程。

乡村振兴与新型城镇化有机对接,实现农业转移人口市民化,关键在于优化产业结构与产业环境,推动传统农业向新型农业发展。在乡村振兴中要充分发挥市场的作用,加强各地农村居民对互联网技术的运用,培养农村现有活力,将农产、电子商务、手工艺品、特色服装结合起来,发展适合本地乡村特色的产业,适应我国产业布局调整的新趋势,鼓励农业转移人口就地就近转移就业,提高常住人口城镇化率,实现农业转移人口市民化。

三　新型城镇化与乡村振兴协同助推农业转移人口市民化空间融合

农业转移人口市民化是农业人口由农村转移到城镇的核心,是新型城镇化的内在要求。如果农村居民不转移到城镇来,城镇化就失去了发展的动力。农业转移人口市民化质量不高,新型城镇化的质量就不高,难以实现新型城镇化的健康和可持续发展,也发挥不出新型城镇化对经济发展的巨大作用。实现乡村振兴,促进农村地区的快速发展,农民对职业的选择不再单一,就能把农村劳动力解放出来,可选择就近在城镇上安居乐业,因此,乡村振兴是新型城镇化背景下市民化的重要推力。新型城镇化承载了工业化,工业化能为居民提供充足的就业机会,城镇化为乡村振兴提供宏观条件,乡村振兴又增强了农民的经济能力,加速农民到城镇定居生活,促进了市民化的快速实现。越来越多的农业人口转移到城镇生活,留在农村的劳动力会越来越少,分散的耕地可以集中起来使用,进行规模化机械化耕种，推动农业经济的规模化经营，提高农业生产的效率。新型城镇化与乡村振兴相互促进，协同推进市民化进程。

从某种意义上讲，农业农村的发展就是农业的工业化、产业化、规模化。这一过程使大量的农业劳动力可以被解放出来从事其他行业。新型城镇化归根到底是人的城镇化，要让城市中的农业转移人口真正成为市民，就需要通过发展小城镇来实现农业转移人口的就地市民化。衡量新型城镇化是否成功的一个重要标志就是它是否带动了乡村发展，是否成功就地吸纳农业剩余劳动力，并成功实现农业转移人口市民化。分散的村落不适宜规模生产，农业的现代化会使农村地区土地利用现状发生改变，会带来大规模的农村土地整理，使土地更集中，生活更集中。农村土地整理改变了农村原来土地和村落分散分布的状况。这就为农村大量增添公共基础设施提供了条件，也为城镇化的发展腾出了土地的空间。农业转移人口市民化，一方面可以使那些符合条件并具有意愿的农业转移人口获得城镇户籍并享受与城镇居民同等的公共服务；另一方面，那些不愿意在大城市落户的农业转移人口，也可以在小城镇获得均等化的基本公共服务，稳定地在就业所在地就业、居住、生活，最终实现农业转移人口市民化的城乡空间融合。

第七章　协同推进农业转移人口市民化的政策路径

在新型城镇化进程中，农业转移人口市民化将是一个长期存在的问题，推进农业转移人口市民化需要持续的制度创新，需要发挥政府的主导作用，同时鼓励社会、市场、农业转移人口的积极参与，构建一个由政府、社会、市场、农业转移人口等共同参与的多元协同治理体系。围绕前述农业转移人口市民化协同推进机制，从以下方面提出政策路径：加强公共服务与市民化协同，提升农业转移人口市民化质量；强化"四化"协同，增强农业转移人口市民化动力；强化多元主体协同，提升农业转移人口市民化能力；强化城乡协同，拓展农业转移人口市民化空间；改革配套制度，筑牢农业转移人口市民化保障。

第一节　加强公共服务与市民化协同，提升农业转移人口市民化质量

基本公共服务不均对农业转移人口市民化的进程产生很大的制约，既不公平也降低了农业转移人口市民化意愿。因此，必须为农业转移人口提供均等的基础公共服务，形成吸引农业人口转移的城市凝聚力，特别是在基础教育、医疗、公共交通以及养老保险等与农业转移人口基本需求息息

相关的方面，更应该让其享有与城镇居民同等的基础公共服务，让其真正实现权利的市民化，从而提高农业转移人口市民化的意愿和质量。[①]

一　实现公共医疗服务均等化

所有待市民化的农业转移人口应该被纳入医疗救助、大病保险和城乡居民基本医疗救助保障的范围。城乡居民基本的医疗保险政策应该落到实处，以便更好地进行医疗救助。公共服务应进一步改善提高，严控费用、确定诊疗方案及病种收费标准、集中定点救治和规范转诊，加大医疗救助和其他保障政策的力度，减轻农业转移人口就医负担。全面落实农村人口在县城内规定的医疗救助机构先治疗后缴费的模式，建立一个综合性的服务平台或者窗口，做到每一种医疗保障能够让患者用"一站式"的方式了解清楚和结算到位。积极推动县、乡、村卫生服务建设标准化，保证每一个县城能够成立一两所县级公立医院（含中医），提高乡镇和村卫生院（室）的综合医疗实力。构建一个能够从三甲医院到县级医院的远程服务网络，将832个贫困县的1180家县级医院和全国的963所三甲医院进行匹配，为每一个农村医院配置相关的设施设备，提供医疗救助方面的经验。做到每个乡镇的医疗机构至少有一个全科医生的专职岗位。由政府出资，将一些职业学院的医学生召集起来进行专业的培育。在他们获得了助理全科医师的资格之后，可以将培养出来的新鲜人才注入需要的村卫生室和乡镇卫生院，方便有关机构在现有的符合相关资质的专业人才中直接聘用他们需要的医学技术人员。提升各个医疗卫生机构的综合管理能力，建立三级联动的医疗卫生服务和健康管理的专业平台。为广大人民群众提供基础卫生服务，以这种方式来降低疾病可能给人民群众带来的贫困风险。

---

① 施远涛：《农业转移人口市民化的逻辑、困境及政策变革——基于家庭的视角》，《苏州大学学报》（哲学社会科学版）2015年第1期。

二　优化全民参保的社保机制

（一）按照农业转移人口不同类型，分类设计多种社保类型。农业转移人口的收入水平普遍偏低，在他们刚进入城市时没有经济能力购买和城市居民同等的社保，要对农业转移人口设计适合他们收入水平的保险，再逐步过渡到和城市居民相同保费支出的社保，或是政府在农业人口转变成城市居民的一定时期内给予购买社保的经济补贴，让农业转移人口享受到和城市居民相同保障的社会保险。普遍来看，城市居民在社保方面的支出占收入的 10% 左右，这对收入相对较低的农业人口来说，压力较大，农业转移人口从事的工作往往是高风险低收入的工种，且进入的工作单位多数是私人企业，导致农业转移人口的参保率不高。对于农业转移人口，要设计缴费相对较少、保障程度较高的专项社保，增强他们参保的意识，也让农业转移人口的保险更有针对性。如图 7-1，将农业转移人口进行分类，根据他们的工作性质与收入水平制定功能性强且有倾向性的不同社保内容，让他们根据自身情况自主选择。

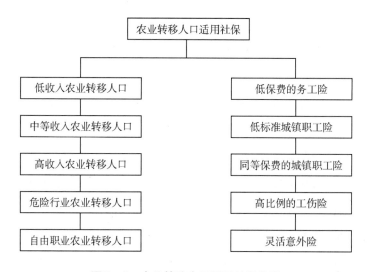

图 7-1　农业转移人口适用社保分类

（二）创新社保救助体系，构建农业转移人口社保整体框架，力争农业转移人口医疗、工伤、养老保险等全覆盖，针对农业转移人口参与社会保障方面存在不足进行改革。对工作流动性较强的农业转移人口，适当地降低他们参与社会保障的成本，可享受低门槛的社保，不断完善社保的政策。建立跨省异地转换机制，我国以前的社保机制是县市一级统一管理，不同县市之间的缴费标准和保障程度是不同的。要统一不同城市之间的标准，实现跨省自由转换，地方政府自主决定补贴力度。对于农业转移人口来说融入城市最重要的就是享受到和城市居民相同的养老福利、医疗保障与失业保险。市民化之后的农业转移人口很难再回到农村，让他们在城市可持续地生活才真正体现了以人为核心的市民化。农业转移人口处于城市工作的边缘，主要分布在建筑业、制造业等脏、累、险的恶劣劳动环境中，工作中遇到危险的概率较高。虽然政府强制企业购买工伤保险，但从实际来看，农业转移人口参与工伤保险的比例不高。因此，政府要对雇用农业转移人口的企业不定期进行抽查，对违反规定的企业严格惩罚，同时要通过媒体宣传参保意识，让农业转移人口在签订劳务合同时能自主关注保险信息。优化农业转移人口社会保障的总体框架：工伤医疗方面，根据农业转移人口的不同情况，对于工作、收入相对稳定的农业转移人口，可以参加当地职工的基本医疗保险。对于流动性大的农业转移人口，可以允许其参加专门为农业转移人口设立的医疗保险基金。农业转移人口也可以根据在当地的服务年限享受差别待遇。在本地工作的时间越长，保障级别就越高。养老保险方面，对于工作和收入相对稳定的农业转移人口，应纳入城镇社会养老保险制度，连续缴纳费用，建立个人账户。其养老保险的支付方式可等同视为城镇职工。对于大量流动性农业人口的转移，设计过渡方案，如在一个规定的范围内，设置不同档次的缴费率，为农业转移人口提供自愿选择缴费率的机会，支付相应的基本养老保险费用。失业保险方面，实施城乡统一的失业保险政策，即农业转移人口和城镇职工统一参保政策，农民工失业后不仅可按月领取失业保险金，由失业保险基金代缴基本养老和医疗保险，还可享受职业培训、技能鉴定和创业补贴，使农业转移人口待遇水平更高、保障更全面。最低生活保障方面，农业转移人口在城镇难以维持基本生活的，国家有义务为他们提供帮助。最低生活保障基金的来源可以是国家的财政拨款，或者农业转移人口去往城镇工作后将土地承包给其他农民的租金，也可以是失业的农业转移人口通过参与公共劳动赚取维持最低生活需要的工资、食品和生活用品。

（三）加强社保监督及立法。以政府为导向，设立机构监管用人单位对农业转移人口购买社会保险的落实情况，监督社保基金的流向，公开农业转移人口社保经费的使用情况，让信息更加透明，对损害农业转移人口社保权益的情况加以严惩，为农业转移人口提供帮助，增强他们的保险意识。发挥工会的监管作用，使工会成为保护农业转移人口的有效组织。将农业转移人口保障工作纳入政府绩效考核范围，提高政府部门对农业转移人口的重视程度，帮助他们解决转化成市民后的各种问题，帮助他们更好地适应城市生活。设计更加合理的社会保障框架，推进城市社会保障的全覆盖。现阶段我国对社保基金的监督主要是行政监管，针对社保基金的法律还不完善，降低了监督的力度和权威。应当加强对农业转移人口参与社会保障的立法，使农业转移人口在城市工作和生活的各项权益得到法律的保障，也使各项监管有章可循，切实提高农业转移人口的保障水平。

三　加大对农业转移人口随迁子女义务教育的财政支出力度

农村建设离不开人才，辍学的外出务工人员将来也可能会返乡务农，因此农村教育落后不利于我国农业人口综合素质的提升，不利于农业转移人口的市民化进程。因此，要在乡镇或县城加强寄宿制学校建设，改善农村学校生活条件，实现义务教育阶段学费及住宿费全免，鼓励青少年完成高中教育，倡导实现高等教育。大力发展学前教育，特别是生育政策放开以后，学前教育需求增加，而农村地区少有正规的幼儿园，注重加强农村地区的早教及幼儿教育，从小培养良好的学习习惯，树立学习意识。加大职业高中支持力度，除开办义务教育阶段之后的职业教育外，由政府出资支持职业教育学校开设针对社会人员的职业技能培训班，鼓励农村居民就地学习先进技术和现代农业知识以及创新创业经营理念，让农村居民能最快共享现代技术成果。农业转移人口能在所在地学习技能及现代技术，其子女可就近享受优质教育，对农业转移人口市民化的进程及转移后更好地适应社会起到促进作用。应该把义务教育的保障工作放在最重要的位置，将教育扶贫政策落到实处，逐步降低在农村尤其是贫困区的义务教学的辍学率，一步一步扎实提高义务教育的质量。在辍学率比较高的地区，根据每个县的实际情况制订相匹配的具体方案，即"一县一策"。与此同时，也要做好义务教育控辍保学、联保联控工作，实时了解每一位学生的家庭情况，确保贫困家庭的适龄孩童不会因为家庭经济困难失去学习机会。确保每一个县能够创办好乡镇寄宿制学校和乡村小规模学校，切实加强各个学校在义务教育方面的落实力度。将这些学校建设好，最大限度地达到基本办学条件，提升义务教育学校的办学基础。对学生营养膳食方面给予高度重视，实施营养改善计划。在贫困地区开展全面的教育信息升级行动，逐步改善学校在网络教学方面的条件，解决教育资源的不平衡问题。同时也要改善该地区的教师工资待遇，进一步落实教师在生活上的补贴。为了能够引入更多致力于乡村教育的师资力量，需要对城乡教师资源进行统筹规划，合理配置。同时，也要加大教师专项岗位计划的执行力度，进一步加强教师校长之间的交流与沟通。积极提供对口援助，完善对口帮扶工作的落实状况。通过国家培训计划或者以政府资助师范学校学生进行专业培养的方式，或者开发能够对教师的应用信息技术进行提升的项目，将贫困地区放在最先考虑的位置。鼓励通过公共捐款和其他方式为优秀的乡村教师设立奖励基金，表彰一直以来为基层服务的优秀教师。要提升各级各类教育财政资助系统覆盖程度，尽全力将财政扶持政策落实到每个学生身上。

增加地方政府对农业转移人口随迁子女义务教育的财政支出投入。我国各区域教育资源质量参差不齐，而农业转移人口大多住在教育条件和环境相对较差的郊区，其子女接受教育的质量得不到保障。因此，政府首先应加大财政投入，尽力扩大城市义务教育容量，使农业转移人口随迁子女同样享受到城市义务教育，通过政府财政保障农业转移人口随迁子女的义务教育，让农业转移人口子女与城市居民接受平等的义务教育。多主体多渠道增加用于随迁子女公共教育服务支持的专项资金，以适当弥补流入地政府教育经费的不足。根据我国相关的政策规定，达到学龄的儿童选择入学的学校时，一般要在儿童户籍所在地周围的学校就近参学。政府发放的教育经费是根据发放地的户籍数目来安排的，所以，流入人口的子女教育经费得不到保障，教育公平受到严重影响。

四　多渠道解决农业转移人口住房问题

住房问题是阻碍农业转移人口扎根城镇的重要因素，也是影响农业转移人口进入城镇的关键问题之一。应通过各种渠道帮助农业转移人口解决住房问题，加快农业转移人口进入城镇的速度，从而推动农业转移人口市民化。农业转移人口进入城市时没有住房，无法真正进入城市，更毋论带领家庭进入城市。因此，要为有意愿成为市民的农业转移人口提供适当的居住地和可负担的购房渠道，解决农业转移人口在流入地的住房问题，从多方面着手建立农业转移人口房屋供应体系，健全覆盖农业转移人口的城市住房保障体系，缩小城乡居民在住房保障方面的差距。住房保障是各项社会保障中对农业转移人口定居城市影响最大的，城市政府应出台多层次的保障性住房政策，将有意愿留在城市生活和发展的农业转移人口纳入城市住房保障体系中。对大多数农业转移人口来说，能负担城市房屋价格的人很少，这需要由政府出资兴建能满足农业转移人口的基本生活要求的经济适用房、廉租房，把符合廉租房承租条件的农业转移人口纳入廉租房援助对象。对有工作的农业转移人口，应通过适当减免税收等条款的设立，鼓励企业建立集体宿舍，为该类人口提供满足基本住房条件的公寓，解决部分农业转移人口的住房问题。对于想要定居城市的农业转移人口，通过支持"宅基地换住房"贷款活动申请，并给予财政贴息支持，使农业转移人口定居城市更简易便捷。将公积金制度覆盖范围逐步扩大，最终延伸至在城市中有固定工作的所有农业转移人口群体。

第一，建立多种形式的廉租房制度。农业转移人口定居城镇的趋势不可逆转，农业转移人口市民化需要扩大城镇居住空间，以供容纳更多的居住人口。由于城市规划和住房制度改革没有考虑到农业转移人口城镇定居趋势，城镇住房大量缺失，缺少廉租房制度，低收入农业转移人口无法承担高额租金，大多数人只能在城乡接合部租住较为低廉的私有旧房或简易棚户，公共设施不完善，出现居住拥挤和卫生、消防等巨大隐患。推进住房制度改革，解决农业转移人口"居者无其屋"的难题，解决农业转移人口生活问题，既要充分利用目前的市场机制提供的条件，又需要政府将该人群的住房问题纳入居民住房规划当中去。

第二，城中村改造。目前，主要解决农业转移人口在城镇中扎根趋势问题的方法就是对城中村进行改造。一方面满足偏远农业转移人口聚居的条件；另一方面可以容纳更多农业转移人口，缓解了大量农业转移人口迁入城市的住房困难。对城中村进行改造不但可以改善已经居住在城市的农业转移人口问题，而且还可以逐步容纳更多的或者说未来流入的农业转移人口。通过统一的建设和规划，可以人为地改善他们的住房条件，提高他们的生活水平，让他们更能融入城中村、融入城市。不仅如此，这种统一的建设和规划还可以很好地适应和配合城市总体建设和规划的需要，能够使城中村在很多方面迅速适应城市的发展。同时，也能更好地促进城市自身的发展，提高城市现代化水平。

第三，大力开发建设廉租房。城镇目前存在的已经建设好的公共住房本身就处在供不应求的状态，更不用说达到农业转移人口尤其是这部分人中的低收入人群的住房需求了，解决现在这种紧张的需求问题，最重要的就是建造更多的廉租房。城镇的廉租房相对于经济适用房来说有一个非常显著的特点，那就是房价比经济适用房更低，相对于一般的商品房来说廉租房更惠民。所以，广大的农业转移人口在选择房屋时会先关注廉租房的动态。从另一个方面说，廉租房能够大大降低农业转移人口在城镇的生活成本。目前，政府在廉租房的建设方面也考虑到了环境和公共设施的建设问题，一般来说还是比较优良的，农业转移人口能够因此获得更多的生活细节上的便利，也能够加快他们与城市之间的融合速度，加快市民化进程。

第四，准确定位经济适用房的需求结构。调整和增加经济适用房的供给，同时增添保障对象的范畴，提高保障住房的质量，是将农业转移人口纳入城市住房体系的必经之路。社会保障的性质决定了经济适用住房供应的对象应该是低收入和中等收入家庭。一旦需求结构调整不当，不仅导致供给失控，还会使社会保障效果不显著。因此，有必要调整经济适用房投资计划，增大对真正需要支撑的家庭的保障力度。

五　加强技能培训和职业教育，提升农业转移人口职业技能素质

提高农业转移人口的劳动素质，将低质量的农村人口转变为优质的人力资源。人力资本存量的改善在经济增长中发挥着重要作用，远远大于物质资源和经济资源的贡献。随着工业化进程加速和产业结构优化升级，产业发展对劳动力的质量要求也会更高，需要大量具有专业特长且有竞争力的工人。[1]农业转移人口如果只能提供廉价的劳动将很难获得理想的工作，廉价劳动力过多会降低我国人力资本的平均水平，影响我国的经济发展。农村地区教育水平普遍较低，通过高考改变命运这一途径对于很多农村青年来说不

---

[1]　郑玲玲：《中国农业转移人口市民化的政策与路径研究》，博士学位论文，东北师范大学，2017年。

太现实。面对将来的职业选择掌握一门技术是最佳方式，选择有利于就业的职业技能培训，然后进城工作。通过技能培训让他们掌握在城市维持生存的专业技术，并且培养他们的学习意识，做一个上进有思想的市民，能够根据自己的目标对将来的职业发展进行合理规划，不断学习提升自我。

目前，我国的农村职业教育培训体系包含学历教育、职业培训、农技推广体系。但是学历教育、职业培训与农技推广等分属教育、人力资源和社会保障、科技等不同部门的分头管理，各种教育与培训形式之间的衔接性不够。因此，应通过改革进一步厘清各模块的职能，形成学历教育、职业培训、农技推广等层次分明、结构合理、布局科学的农村职业教育培训体系。特别是应当加强对农村劳动力的技能培训，整合农村教育资源，明确职业培训的目标。必须加强财政对农村职业教育的投入力度。政府作为职业培训的供给方，对职业教育的投入不是简单的公共支出，而是对人力资本的投资，人力资本的潜力终将使国家成为这一投入的最终受益者。我们对农业转移人口也可以进行精确的数字化管理，建立个人的专用教育账户，将职业教育补贴直接发放到其账户，专款专用。一方面能促进农业转移人口积极寻求接受职业教育的机会，另一方面也能激励与之相关的职业教育机构，提高办学积极性和办学能力。建设示范教育基地，结合网络充分利用远程优质教育资源，开展线上线下教育，增加技能培训的种类和学习对象，政府从社会责任的角度加强企业对职业技能培训投入的意识普及，为职业教育办实事。要加大对农村新一代劳动力的关注力度，新一代农业转移人口更倾向于生活在城市，他们的学习能力强，转移意愿强烈。加强新一代农业转移人口的技能培训对提高我国劳动力水平、提高市民化程度作用明显。

第二节　强化"四化"协同，增强农业转移人口市民化动力

新型城镇化、新型工业化、信息化、农业现代化是我国现代化进程中

的一个密不可分的有机整体，应强化"四化"之间的协同发展，迸发新动力，共同推进农业转移人口市民化进程。

一 加快新型工业化发展，增强城镇对农业转移人口吸纳能力

加快新型工业化发展，促进产业结构升级，第二、第三产业的发展对农业转移人口市民化具有显著的推动作用。产业结构对市民化的作用主要体现在其可以为农业转移人口提供更多的就业机会，提高收入，缓解市民化的压力，促进其快速实现身份的转变。从产业发展水平的角度来说，推进农业转移人口市民化进程主要基于第二、第三产业。目前，在吸收农业转移人口就业方面，发挥主导作用的是第二产业，但是随着经济和社会的不断发展，第三产业所占比重继续增加，第一、第二产业的比例在整个国民经济中所占比例逐步下降。在服务业，农业转移人口在第三产业中仍存在许多就业机会，还有吸纳就业的空间，也能提供更多的物质基础和生活保障使农业转移人口能够更快更好地融入城市。具体来说，对于第二产业，要加快传统产业的优化升级，优化产能过剩的产业，鼓励高新技术产业的发展，充分利用第二产业对农业转移人口就业的吸纳能力；在此基础上，对于第三产业，要促进新型服务业的发展，要加大政策力度充分释放新型服务业的发展潜力，发挥其对农业转移人口就业的吸纳能力。从而从产业发展方面全面推动农业转移人口市民化进程。

加快推动农业转移人口市民化，必须创造更好的生活与就业环境，创造更多适合农业转移人口就业的岗位，就业结构的合理有赖于产业结构的合理优化。政府要根据市场情况设计产业结构调整方案，促进产业结构的更优更合理化，其中，最基础的产业依然是农业，同时要着眼于发展第二、第三产业，从各个产业的角度推动城镇可持续发展。中小城镇的资源优势要在发展中充分利用和体现出来，推动城镇地区发展具有当地特色的产业，要将第二、第三产业的发展放在一个重要的位置上，充分尊重市场

发展规律，利用现代网络技术和城市交通区位优势实现产业优化以创造更多的就业岗位。利用城镇的产业、区位和资源优势发展起主导作用的特色城镇，如农业主导型城镇。结合现有的先进科学技术，使传统农业生产更加高效，带动农产品的深加工。同时引进现代物流系统，实现农产品在全国范围甚至是国际范围的销售，打造特色品牌，将本地产品带向更大的市场。打造旅游城镇，我国商贸发展缓慢的地区往往都保留了比较完整的特色文化，存在许多未经发现与开发的旅游资源，应在中西部地区开发生态文化旅游资源，利用多渠道的文化宣传，打造原生态的特色小镇。还可以发展商贸型小镇，将有交通区位优势的小城镇打造成农产品、小商品的贸易批发中心，同时注重发展物流与交通，使城镇可以顺畅进行商品的聚集和批发，进而促进第三产业在当地的繁荣与发展，带动当地的经济发展与产业升级。加强对城镇产业结构的调整和优化，用第二、第三产业两驾马车带头，拉动本地区经济发展，同时需要充分发挥产业的辐射功能，带动周围地区的发展。近年来，我国城镇化进程不断推进，对农业的发展已经不满足于初级农产品的生产，第二、第三产业的发展可以协助促进农业现代化，提供发展所需的人力、物力和财力等支持，促使农业结合先进的工业技术，发展新型农业。发展股份制农民合作社可以由地方政府带头，推行有益政策来吸引民间投资，促进农、工和服务行业的相互发展，共同拉动城镇的经济发展，为农业转移人口市民化提供更大的空间和选择。

二　加快农业农村现代化发展，提升农民自我发展能力

加快推进农业农村现代化，振兴乡村产业发展。加快构建现代农业生产、经营和社会化服务体系。现代农业生产，即实现产业横向拓展和纵向延伸的有机统一。优化农业资源要素配置，提高农产品供给效率，用现代生产方式改造农业，提升农业科技和装备水平，优化产品结构和产业结构，使农产品供给数量更加充足，品种和质量更适合市场需要，形成结构

更加合理、保障更加有力的产品有效供给。在经营体系上，大力培育新型农业经营主体，发展多种形式的农业适度规模经营，着力形成以家庭农场、专业大户、合作社、社会化服务组织等生产经营单位为主体，实现各市场主体尤其是小农户与现代农业发展有效对接的新型农业经营体系。加快推进农村第一、第二、第三产业深度融合发展，拓展农业多功能性和发掘多元价值。推进农业与旅游、教育、文化、健康养老等产业深度融合，推动休闲农业、体验农业、"互联网+农业"等新产业、新业态、新商业模式发展，延伸农业产业链，重塑价值链，畅通供应链，实现第一、第二、第三产业融合互动、协同发展，不断提高农业综合经济效益。

长期以来，由于基础薄弱，农村发展不充分，我国城乡发展不平衡不协调的矛盾比较突出，农业农村发展的现代化步伐整体滞后于城镇和工业的发展步伐。必须把农业农村优先发展落到实处，加快补齐农业农村现代化短板，推动农业全面升级、农村全面进步、农民全面发展，不断提升农民自我发展能力。全面建立职业农民制度，就地培育一批以农业为职业、具有相应的专业技能、收入主要来自农业生产经营并达到相当水平的"土专家""田秀才"。大力推进农民职业化，可以将新型职业农民分为生产经营型、专业技能型和社会服务型三种类型，通过明确新型农民的职业定位，促进劳动力资源在更大范围内的优化配置，推动农业农村的可持续发展和城乡融合发展，加快农业转移入口市民化进程。

三 构建城乡统一的劳动力市场，促进农业转移人口有序流动

(一) 树立城乡就业公平的服务意识

依照法律规定，当企业录用相关从业人员并与之签订劳动合同时，不论从业人员是城市户籍人口还是农业转移人口，在工作时间、薪酬及缴纳社保费各个方面应该设定同样的标准与层次；各级政府应该对城乡各个不同职业的入职者能够受到公平对待的相关问题高度重视，保障农业转移人

口从业的正当权益，目前我国农业转移人口流动性强，加之社会保障缴费的标准高，各级政府和用工单位面对这些特殊的问题，重要的是提供足够的资金，使农业转移人口也能如愿以偿地在城市找到合适的工作，模糊城乡之间的界限。政府部门一方面要充分利用所有能够利用的资源，鼓励农业转移人口自主创业，积极探求适应市场发展的技术能力，根据自身特长把握合适的就业机会；对于已经就业或正在创业的农业转移人口，应平等提供城镇具有的优势资源并进行恰当的引导；对于表现突出的人员，还可提供更进一步的帮助，如引荐至知名企业见习，甚至可以将其格局提升至国际层面，为其提供出国学习与深造的机会，充分发挥该类人员才能，培养相关投资及营销能力，提升其对市场的分析能力及感知能力。另一方面，政府部门间进行联动，使政府各个职能部门服务功能最大化，同时也要改变过去就业服务只重城市不重农村的旧格局，完善农村转移人口的就业环境，还可通过调整产业结构为农业转移人口创造更多就业机会，为了给农业现代化的发展提供人才支持，还应保障农业转移人口就地、就近转移就业。

（二）深化就业体制改革

我国出现城乡界限分明以及劳动力就业不公平等问题的最大原因即二元制户籍制度，这在很大程度上阻碍了农业转移人口向城市的流动和转移。因此，有必要建立有利于城乡一体的制度基础，坚持城乡一体化目标和方向，为城乡就业一体化做出贡献。深化户籍登记制度改革，必须逐步取消二元户籍制度，让不同区域居民有平等自由选择迁移和参加工作的可能。将与户籍制度捆绑附加的权利与限制解除，让那些有合法居留的永久住处、稳定的工作与收入的农业转移人口能够享有市民待遇和公共服务。要深化就业体制改革，彻底改革分层就业制度，建立统一的城乡劳动力市场，规范竞争。城乡统筹兼顾，制订劳动就业计划和就业政策，使城乡居民享有平等的就业机会和职业选择的自由权利，所有劳动者能够在统一规范的市场中自由竞争，所有劳动力可以依照供需状况在不同地区、不同行业及部门间自由流动。

（三）构建完善的劳动力市场和就业服务体系

市场是最有效的资源配置方式。党的十八届三中全会提出，让市场机制在资源配置中起决定性作用。劳动力市场是要素市场中有效分配劳动力资源的方式。农业转移人口的流动同样遵循市场供求规律并受其影响。以市场"看不见的手"为基础是解决农业转移人口就业问题的有效方案。因此，劳动力市场的开放与完善，一方面能够弥补社会主义市场经济体制的缺陷与不足，另一方面能够充分保障城镇中农业转移人口的合理就业。尽管目前大多数农业转移人口是非正规就业，但未来的趋势将不可避免地要求农业人口转移到劳动力市场，并以机构的形式正式就业。因此，对于相关政府机构来说，在城市和农村地区建立一个信息互通的统一劳动力市场，能够为农业转移人口创建一个平等、和谐的就业机会。突破二元户籍制度造成的城乡壁垒，不断完善劳动力市场，优化农业转移人口市民化的就业市场环境。地方政府应着眼于建立一个公平和宽松的制度环境来避免出现限制性政策阻碍农业转移人口的就业，并建立集成了城市和农村地区的市场在分配工作中发挥重要功能的就业管理系统。用人单位遵循"面向社会、公开招聘、择优录用"的招工原则，以保障同等地位城乡劳动人员的合法权益。农业转移人口应自觉提升个人能力，积极参与政府或企业等提供的职业技能培训，保持积极的学习态度，提升职业适应能力，满足劳动力市场较高的劳动力需求。

（四）建立城乡平等的就业管理机制

在社会主义市场经济体制下，政府在劳动力市场中有必要发挥监督管理职能。各级政府应该始终以完善城市与农村统一的就业管理为目标，建立资源共享的劳动力资源信息平台，实现所有资源互联互通、实时共享。以维护劳动力市场体系公平公正、自由竞争以及连贯统一为目标，使劳动力市场的管理和服务规范化、最优化，尤其在劳动力市场的管理上，政府必须消除劳动力市场的分割，建立城乡一体化市场格局。政府应该充分行使劳动监察职能，逐步规范农业转移人口工作和就业过程中劳动合同管理机制，对农业转移人口的所有不适当的费用进行司法监管清查，确保农业转移人口的合法权益。

（五）实施就业帮扶，提升就业质量

确定职业技能与就业岗位之间的精准匹配，并提升组织化程度和扩大就业的覆盖范围。推进农村环境友好型劳动密集型产业的发展，协助企业通过岗位补贴、场租补贴、贷款支持等方式设立在农村地区的生产车间，方便贫困家庭劳动力就近就业。应促进建设农业转移人口的创业园区，增加对企业的商业贷款和创业服务，并鼓励以创业带动就业。促进各种形式的社会福利开支的发展，通过以工代赈、以奖代补、劳务补助等方式，鼓励更多劳动人员参加小型基础设施和农村地区优化环境项目以及参与清洁、治安、帮残助残、照顾老人等活动，以获取劳动收入。

第三节　强化多元主体协同，提升农业转移人口市民化能力

新型城镇化由速度扩张型向质量提升型转变，强调以人为本，推进以人为核心的城镇化，其本质就是农业转移人口的市民化。长期以来，由于农业转移人口数量庞大，因此推动农业转移人口市民化面临的最大困难在于市民化的成本，它直接影响着农业转移人口市民化的能力。在当前中国经济进入"新常态"的背景下，经济增长速度有所放缓，如何解决市民化的成本问题，成为当前理论与政策研究的难点。

一　建立农业转移人口市民化成本分担机制

理顺政府与市场、政府与社会的关系。市场对资源配置起决定作用，我们需要充分发挥市场这只"看不见的手"的作用。同时，历史的经验教

训也告诉我们，要更好地发挥政府的宏观调控作用，政府可以通过宏观调控的手段，完善农村基本公共服务供给。政府与市场双管齐下，用多元模式缓解农村基本公共服务供给不足的局面，改革传统的二元公共服务供给体制。政府财政是建设城乡公共服务的强大推动力。加大政府对公共财政的投入力度，把公共财政体制发展成为城乡基本公共服务均等化的基础。在建立这一体制的过程中，应特别注意财政收支运作，注意立足于满足全社会的公共需要，应同时包括城乡在内，并不断扩大财政收支的受益范围，特别是关注财政从城市向农村扩展方面。与此同时，根据事权财权匹配的原则，注重推进改革公共收入制度，改革公共支出制度，理解中央和地方政府的作用，在农村公共服务供给方面，科学划分中央与地方政府的职责；提高财政转移支付的比重，尤其是一般性转移支付，加强地方政府的公共产品供给能力。

科学测算农业转移人口市民化成本，划分农业转移人口市民化过程中政府、企业、个人的作用，构建一个由农业转移人口、企业和政府三位一体的成本分担机制。政府优化投资结构，加大对市民化成本分担的财政投入，重点支持相关的基础设施建设，加大对公共服务的供给力度。在城镇基本公共服务方面，建立健全政府分担机制，厘清市与县的相关关系，全面梳理市级单位与县级单位的主要事权项目清单，尤其是涉及民生的公共服务，比如在教育、医疗、养老、就业、社会保险、住房等方面，应合理划分上级政府和本级政府的支出比例，保证公共服务体制的建设和落实。企业也要发挥其不可或缺的重要作用，通过培训提升劳动者技能，依据法律建立劳动管理关系，及时为农业转移人口缴纳养老保险、医疗保险、工伤保险、失业保险和住房公积金，切实落实农业转移人口同工同酬权利。农业转移人口自身要依法承担相关社会保险费用，积极参加政府和企业提供的各种有益的职业教育和技能培训，利用好政策效益，积极主动地提升自我能力和融入城市的能力。

二　强化农业转移人口市民化成本分担的政府责任

农业转移人口市民化过程中，政府承担着主体责任。中央政府应在促进区域协调发展和引导农业转移人口合理流动的基础上，逐步加大对农业转移人口集中流入省份和流入地区特别是中西部相对落后地区的财政支持力度，逐步建立以常住人口而非户籍人口为依据、人财挂钩的财政分成和转移支付制度。[①] 以专项转移支付为手段，根据各地区吸纳人口的规模，每年定向给予相应的补贴，重点在公共卫生、义务教育、就业帮扶、社会保障等方面，加强对人口流入省份以及中西部相对落后地区的补助，特别要加大对人口集中流入地区公租房等保障性住房建设的补助。省级政府应重点承担省内跨市县、跨地区农业转移人口市民化的公共成本。可以按照推进基本公共服务均等化的要求，建立农业转移人口市民化专项基金，通过财政转移支付的方式，对本省户籍的农业转移人口在省内跨区转移提供公共服务支持。加大对农业转移人口主要流入城市的补助，主要用于支付农业转移人口市民化的医疗、社会保障等成本，其规模与流入地提供公共服务的质量相挂钩。此外，还应继续推行"人地挂钩"政策，建立省级土地指标的增减挂钩机制，将部分流出地转出的承包地和宅基地指标分给流入地，保持两地之间土地增减的大致平衡。市县地方政府应着重承担城镇基础设施建设、管理、维护与公共服务运行成本。对城镇进行必要的新建、扩建，进一步完善市政设施、公共服务等，并承担起相应的城镇建设、维护和管理成本；加大在公共卫生、保障性住房建设、义务教育、就业帮扶等方面的投入力度，努力为新市民提供与原住居民大致均等的公共服务。

---

① 刘刚：《农业转移人口市民化成本分担机制研究——以河南省为例》，《河南工业大学学报》（社会科学版）2016 年第 3 期。

三　落实农业转移人口市民化成本分担的企业义务

企业应积极履行农业转移人口市民化公共服务成本分摊的社会责任。首先，企业应该按照相关政策规定定期足额为雇用的农民工缴纳社会保障费用，如工伤保险、医疗保险、养老保险等，为农民工市民化奠定良好的基础。在这个过程中，政府应积极发挥监督作用，严厉打击企业的逃缴行为，完善法律法规，约束企业的行为。其次，企业可以在政府的资助下积极参与建立劳动者权益保护资金，借以维护农民工的合法权益，改善农民工的工作环境。此外，企业应重视农民工职业技能方面的培训，提升农业转移人口文化素质，同时积极改善农业转移人口住房条件和子女教育状况。然而，从当前经济形势来看，国际市场需求减少，国内经济正处于"新常态"下，内需与外需的下滑使企业面临着巨大的资金压力，因而政府在强调企业社会责任的同时，应当意识到企业当前所遇到的经济困难，对积极响应农民工参保政策的企业予以税收优惠，从而激励企业为农业转移人口市民化公共服务成本的分摊承担应有的责任，构建可持续的企业分摊机制。

四　提升农业转移人口市民化成本分担的个人能力

要使农业转移人口有能力负担市民化的个人成本，就必须从提高农业转移人口的经济能力入手。首先，工资性收入是农业转移人口最主要的收入来源，政府应当以法律的形式确保农民工工资的有效发放，杜绝拖欠工资的现象，保证农业转移人口的合法收入。其次，农民工作为农业转移人口，由农村转移到城镇，绝大部分农村土地处于荒废状态，政府应加快土地确权进程，从而推动农村土地的流转，在提高农业生产效率的同时，也为农业转移人口提供一定的财产性收入来源。应赋予农民自由转让相关财产的权利，只有这样农民自身的经济支付能力才能有所提升，能够承担社会保险与住房方面的费用。此外，对于在城镇务工的农民，政府应规范劳动力市场的管理和服务，积极引导农民工就业。

第四节　强化城乡协同，拓展农业转移人口市民化空间

新型城镇化和乡村振兴是不可割裂的命运共同体。新型城镇化和乡村振兴不可割裂，二者均是推进现代化、解决"三农"问题的重要途径，是相互促进、相辅相成的，共同推进农业转移人口市民化进程。国务院《乡村振兴战略规划（2018—2022年)》提出，鼓励各地进一步放宽落户条件，分类制定落户政策，重点解决符合条件的普通劳动者落户问题。要加快农业转移人口市民化的进程，需要解决农民进城后的社会保障权益、农村土地权益等二元社会结构问题。新型城镇化战略能够有力地支撑乡村振兴战略的实施，为乡村提供城市现代文明，促进城市现代化的要素更好地配置到农村和农业当中。在我国的现代化进程中，新型城镇化战略与乡村振兴战略必须协同发展，为农业转移人口市民化提供更广阔的空间。通过乡村振兴，激发农村活力，充分利用其资源禀赋提高居民收入，完善基础设施和公共服务，使农村在保持其风貌的基础上，实现文化上的以及公共服务上的城市化，从而使其同样可以成为农业转移人口市民化的空间载体。

一　促进要素在城乡间自由流动

乡村振兴与新型城镇化协同发展的关键是要保证供给要素在城乡间自由流动。相对落后的农业导致供给资源向其他产业倾斜，同时造成农村衰落与城镇化动力的不足，破解之道在于发展现代农业，实现城乡融合与产业互动。一方面，在提高农业现代化与产业化水平的过程中，在市场机制

作用下，回报率高的地区将对要素资源产生巨大吸引力，劳动力、资本等供给要素必然向农村有效流动；另一方面，回流的人口在提供劳动力资源的同时，必将进一步催生农产品加工、农产品配送、农业旅游以及围绕着人力资源再生而发展的商贸流通、教育、医疗等产业发展，实现产业融合。[①] 均衡理论认为，当要素不断向大城市集中后，在城市的要素供给和需求将在动态中趋向平衡。由于信息具有滞后性，要素短期内依旧向着曾经高回报的区域流动，平衡很容易被打破，此后要素的供给将逐渐超越需求，要素价格面临下降的可能性，要素将寻求回报更高的区域。供给要素从城市到农村的流动并非不可能，而造成以往要素流动方向的单一性的根源恰恰是人为设置的各种要素管理机制。均衡理论的实现前提是自由市场，要素只有在自由流动的情况下，才可能配置到最合适的地方。要实现新型城镇化与乡村振兴协同发展，必须让供给要素自由流动，与产业发展形成良性互动，推动城乡联动协同发展。

城乡融合发展是破解新时代社会主要矛盾、解决城乡发展不平衡不充分问题的关键抓手，是拓展发展空间的重要途径，是国家现代化的重要标志。随着城市化的逐步发展，农业转移人口不断增加，实现农业转移人口市民化仅仅依靠大城市和中小城市的发展还不够，还必须加快城乡融合发展，为实现农业转移人口市民化创造更广阔的空间。为此，加强新型城镇化与乡村振兴协同发展，促进各类要素向乡村流动，在乡村形成人才、土地、资金、产业、信息等方面的良性循环。推动公共服务、社会事业向农村延伸，推进城乡基本公共服务一体化。加快推动乡村基础设施升级提档，实现城乡基础设施统一规划与建设。促进乡村经济多元化发展，培育发展现代农业和新产业、新业态，建立生态产品价值实现机制，释放乡村发展活力。[②]

---

① 姜凌：《乡村振兴与新型城镇化协同发展路径》，《安庆师范大学学报》（社会科学版）2019年第 3 期。

② 熊丽：《推动 1 亿非户籍人口"进城"目标取得决定性进展》，《经济日报》2019 年 4 月 10 日。

二 深化农村产业融合发展

根据市场需求的多样性，提高农业供给产品的质量和生产差异化的产品，满足不同消费层次对农产品的需要，增加农产品的附加值。调整农业结构，优化农产品品种结构，提高优质农产品占有率。推进农村三大产业的融合发展，增加农民收入，拓宽农民就业渠道，构建现代农业体系。在发展第一产业的基础上，发展以农产品加工为主的第二产业和以农产品销售为主的第三产业。在同一农业经营主体下将产业交叉融合，或者将利益紧密的产供销结合起来，实现农业工业贸易一体化。延长农业产业链，改革供应链，提升价值链，将第二、第三产业创造的价值和收益分享给农民，鼓励农业转移人口积极参与第二、第三产业的价值创造，支持以农民企业家为主体的三大产业融合发展，将农业发展和农民的利益紧密结合起来。

深入实施农村工业现代化特色工程，依据当地条件因地制宜地加快发展，比如种植养殖业、草木业、特色手工业、农产品加工业和乡村休闲旅游业对农民及农业转移人口增收具有明显的带动作用，当地应积极培育和推广有市场、有品牌、有效益的相关特色产品。加大支持力度，建立专门的育种基地和有特色的养殖基地。支持有条件的村庄建设第一、第二、第三产业的联合发展园区。组织全国领先的公司参与合作建立绿色食品和生态农业原料标准化基地。实施对口帮扶行动计划，从各方面扩大农产品分销渠道，促进批发市场的市场参与者、电子商务公司、大型超市等其他主体和农业工业园区建立长期稳定的生产和销售关系，支持供销、邮政和各公司将服务点扩展到农村，建立以购代捐的支持模式，实施快递到农村项目，完善农村物流配送体系，大幅度提高生产设施冷链设备的建设。促进邮政和快递、运输企业扩大农村地区的合作范围、合作领域和服务内容。为了农民与现代农业发展之间建立有机联系，推广股份合作、对口帮扶、分工生产等做法。建立产业发展培训体系，鼓励地方政府通过政府采购服务为农业提供便捷高效的社会化服务。实施电子商务计划，消除贫困和支持农业。建立农村电子商务服务站点，进一步实施农村示范项目的电子商务。积极推进农村资源转换资产、转变资本股份、农民转变股东改革，振兴集体资源、获取股权或参股，量化资产收益等渠道，增加集体经济收入。在有条件的地区发展特色产业，利用财政涉农资金和扶贫资金，鼓励社区发展短期可能没有收益但在未来能持续发挥效益的产业。

三　重构城乡一体化发展

随着我国发展进入中国特色社会主义新时代，社会主要矛盾发生变化，不少城市原有基础设施和公共服务设施历史欠账较多，产业承载能力较弱，无法满足城镇原有居民的生产生活需要；加上农业转移人口市民化步伐的加快，城镇居住人口快速增长，人均基础设施和公共服务设施占有量更低，居民需求与城镇供给之间的矛盾更加凸显。与此同时，农村人口相对减少，为推进农业规模化经营、提高生产效率提供了可能，但与如火如荼的新型城镇化发展相比，农村的建设和发展显得相对落后。在此背景下，必须将城市与乡村、城镇居民与农村居民作为一个整体纳入全面建成小康社会和现代化建设的全过程中，根本上改变乡村长期从属于城市的现状，明确乡村在全面建成小康社会和现代化建设中的突出地位和在城乡关系中的平等地位，在实施乡村振兴战略的大框架下，重新构建城乡产业互补链接、生态环境共建共治、空间布局统筹融合、基础设施互联互通、公共服务平等均等、社会文明与社会治理协同建设等"一体化"发展，在加快推进乡村振兴中实现城乡一体化发展，同时也为农业转移人口市民化拓展空间。

第五节　改革配套制度，筑牢农业转移人口市民化保障

农业转移人口市民化目前还存在一些制度障碍，主要包括户籍制度、

农村土地制度和相应财政配套制度等。积极稳妥推进新型城镇化，提高城镇化质量，推进农业转移人口市民化，需要着力破除农业转移人口市民化的制度障碍。

一　推进土地与户籍制度改革，破除农业转移人口市民化制度障碍

导致农业转移人口市民化滞后的重要原因，一是城乡分割问题，农业转移人口户籍迁移后，社会保障权益不能全部随着户籍走；二是农村土地权益问题，包括农民土地承包权、宅基地使用权，以及集体收益分配权。因此，必须深入推进土地制度、户籍制度改革。

（一）改革农村土地制度

推进农村土地制度深化改革，借助农村承包地产权制度变革，扶持农业转移人口获得土地经营权流转收益；根据自身条件转变生产方式，合理地选择从事农业、非农业；促进农村宅基地产权制度改革，实现农业转移人口宅基地使用权的转让，以获得宅基地使用权流转补偿收益，推动宅基地用途和使用主体更替，推动人口逐渐向县市域中小城镇聚集，从而实现生活和居住方式的转变。在切实保障农民土地承包权、生产自主权和经营收益权基础上，探索土地承包权和经营权分置办法，引导农村土地有序规模化流转。推进农村宅基地制度改革，出台农村宅基地储备管理办法，对符合规划和政策的宅基地进行储备。推进农村集体资产确权到户和股份合作制改革，进行"资源变资产、资金变资本、地权变股权、农民变股东"的改革探索。全面推进农业补贴"三合一"改革，制定优惠政策，统筹涉农资金，加大对农业新型经营主体和新型农业服务主体的支持力度。健全土地流转规程，引导农民互换并地，实现"一块田"承包经营，完善土地流转风险防范机制。大力发展农业机械、种子、化肥、农药、田间管理等多样化的社会化服务机构，促进土地流转上规模、上档次、上水平。

(二) 深化户籍制度改革

加快二元户籍制度一元化政策落实，实现二元户籍制度一元化的改革势在必行，所谓户籍制度一元化即不区分农业户籍和城镇户籍而统一称为居民户籍。要实现二元户籍一元化首先要从制度建设方面进行改革与创新，将户籍制度与居民福利水平脱钩，二元户籍制度之所以阻碍了农业转移人口市民化，是因为城镇户籍背后隐藏着农业转移人口享受不到的优质的基础公共服务；户籍制度改革应该从根本上剥离这些城镇户籍上的附加值，统一建立系统完善的户籍管理制度。其次要降低城镇户籍落户门槛，现行的户籍制度对为农业转移人口变成市民的门槛设置较高不切实际，按照现行的条件，农业转移人口很难在城市里落户。我国城镇人口占总人口的比重已达到 58.52%，但是户籍人口城镇化比重只有 42.4%。这意味着全国约有 16% 即 2.24 亿人在城镇生活①，但没有城镇户口，其中大多数是进入大中城市的农业转移人口，他们处在非城非农、半城半农的身份"悬置"状态。加快推进进城农业转移人口的市民化，应当成为当前我国城镇化发展的核心任务。推进城市现代化，要坚持以人民为中心的发展思想，坚持人民城市为人民，健全城乡统一的户籍管理制度，进一步积极引导农业转移人口有序地向城镇区域转移。对于在城市里有稳定的工作及收入，并且有稳定的住所的合法从业人员，其配偶、父母、子女等直系亲属可申请当地的常住居民户口。大中专院校与技工院校的毕业生，获得中级以上专业技术职务任职资格的人员、持有各类职业资格证书的人员、亟须引进的人才等，以及其他被国家机关、企事业单位、社会团体和民办非企业单位等机构正式录（聘）用的并按照规定参加社会保险的，均可以在当地申请登记常住户口。在没有设立集体户的人力资源市场、用工单位、社区及时设立集体户，制定相应的政策机制推动符合条件但又没有合法稳定住所的人员实现落户。要进一步简化落户的相关程序，尽量缩短审批的时限，

---

① 孙敏坚、张斌：《让城市成为你我温暖的"家"》，《湖南日报》2019 年 3 月 14 日。

畅通人口迁移通道，为符合落户条件的外来人口提供优质均等化的社会服务，使得具备落户条件的外来人口达到"落户无门槛，迁入无障碍"。同时要将持有居住证的公民纳入户籍人口日常管理制度之中，使持有居住证的公民享受的公共服务范围扩大，提升其所享受服务的水平。

二　优化投融资机制，为农业转移人口市民化提供资金保障

（一）创新融资方式

通过发行地方政府债券、资产证券化、股权融资、开发性金融贷款等多种融资方式的优势互补，鼓励政府和社会主体借助 PPP 模式、增大政府购买力度、加大社会补助等方式为城市基础建设融资提供更为便捷的渠道。在资金投向上，要优先考虑能够吸纳较多农业转移人口的地区进行城中村优化改造、综合管廊设施建设、片区综合开发等项目需求。编制科学的城市基础设施建设融资专项规划，引导多元金融机构创新信贷产品和模式，根据不同项目的需求设计针对性较强的融资与偿还模式，持续提高投资利用效率。加强与政策性金融机构的协调对接，对能够吸纳较多农业转移人口的城镇基础设施项目给予相应的授信支持。深化城市基础设施领域的市场化改革，构建完善的与市场化机制相适应的特许经营制度、财政补贴方式、价格形成机制以及政府监管机制，积极鼓励社会投资者投入资金用于城市公用设施建设以及运营管理，提高城市基础设施供给能力。促进金融创新，拓宽城市基础设施建设融资渠道。加强与银行、信托、证券、保险、基金、融资租赁等各类金融机构的紧密对接。大力推进基础设施资产证券化，提升资金周转率，积极运用股权融资、债券融资等多种直接融资手段，不断扩大直接融资规模，优化融资结构，降低融资成本。

（二）加强财政投入保障

坚持提高资金使用效率与增加政府投入并重的基本原则，逐渐形成与农业转移人口市民化程度相适应的资金投入保障体制机制，统筹区域发展

差距，加大转移支付支持力度，设立财政专项资金和教育、医疗保障等专项基金。促进融资领域的规范化发展，强化资金投入的能力，通过疏堵并举的基本方式以防范化解市民化进程中存在的巨大融资风险。进一步加强资金整合力度，赋予转移保障机制更全面有效的资源配置权，最大限度确保资金围绕市民化相关项目的精准使用，达到社会与经济多方并重的使用效率和效益。全方位强化各类资金项目的绩效管理与考核，落实专项资金使用者的绩效主体连带责任，明确应该达到的绩效目标，加强对执行全过程的监控与管理，加强评价结果的反馈应用，不断提高资金使用效益。建立健全公告公示制度。形成专项资金项目常态化监管机制，明确主管部门的监管责任，确保资金到户、到人、落到实处。

（三）增强金融支持力度

建立乡村建设再贷款使用管理制度，健全再贷款发放及贷款定价机制，积极引导金融机构依照相关制度规范增加能够带动贫困户就业的企业以及贫困户生产经营项目的信贷投放。强化金融在精准帮扶方面的服务。国家开发银行、中国农业发展银行等政策性银行应该进一步发挥好扶贫金融事业部的关键性作用，鼓励引导中国农业银行、农村信用社、中国邮政储蓄银行以及村镇银行等多元金融机构逐渐增加农业信贷方面的投放，不断完善大中型商业银行的普惠性金融事业部机制。推动扶贫信贷在产品及模式方面的创新，制定金融支持产业发展与带动农业发展的扶持政策、挂钩机制。探索农民小额信贷发放机制，在总体风险可控的前提下可推出无还本续贷业务，对于因非主观因素不能到期偿还贷款的村民可以协助其办理相应的贷款展期业务。强化信贷风险防范意识，建立健全农业地区风险补偿机制。建设综合性的信用管理体系。推广电子支付方式，加大对贫困地区金融服务站建设的支持力度，实现基础性金融服务不出村的目标。鼓励推出特色农业险，开展扶贫小额贷款等业务，积极探索推出价格保险、"保险＋期货"、产值保险等新型险种。使贫困地区涉农保险保障范围不断扩大，大力发展仓储物流、设施农业、"互联网＋"等险种。鼓励上市公司、证券公司等多元市场主体通过市场化方式参与农村地区的产业投资基金和公益基金。

三　加大宣传力度，提高市民化政策知晓度

采取多种方式和渠道，结合群众关心关注的热点问题，向社会公众大力宣传农业转移人口市民化方面的政策，从而提高相关政策的群众知晓度和社会影响力。创新报道形式，总结和提炼各地推进农业转移人口市民化和城镇化综合试点等相关工作中的经验做法，利用报纸、电视、广播、网络等多种媒体手段，深入挖掘、广泛宣传工作中涌现出的先进人物和事迹，凝聚社会共识，全力营造出全社会关心支持、参与农业转移人口市民化的良好社会环境。

政府要积极主动推行正确的市民化观念，政府在农业转移人口市民化的过程中起着领航员、推动者的关键作用，政府的言行深刻影响着农业转移人口的心理认知和行为，同时城镇市民对农业转移人口的心理、态度也受到政府的影响。因此，政府要加大改革力度，通过扫除政策障碍和制度障碍率先去除对农业转移人口的偏见和歧视，以此形成推动农业转移人口向市民转变的良好社会舆论环境。政府首先要大力推进以户籍制度为核心的旧制度的改革，保障农业转移人口的就业、医疗、养老和子女就学等各项事业的同步发展，使之能够享受到同等的市民待遇。其次，政府要借助多种措施帮助农业转移人口转变思想观念，完成市民化的转变。农业转移人口的思想观念和生活方式与城镇居民之间存在较大的差异，所以不能要求他们立即具备成熟的市民观念。城镇各级政府要重视农业转移人口市民观念的培育，积极在全社会宣传推行市民观念。政府可以广泛应用社区与企业力量，建立面向农业转移人口的专门化市民学校，通过学校教育逐渐改变观念，同时积极引导相关社会舆论，消除歧视和偏见。政府要定期宣传市民化的观念，帮助他们建立市民意识，成为真正意义上的城市居民。

是否具有市民观念关系到农村经济与我国城镇化的可持续发展，应该得到城镇各级政府与社会各界的重视。

由于农村与城镇生活环境的不同，农业转移人口与城镇居民在思想观念与生活方式等方面存在巨大差异，这种差异阻碍了农业转移人口向城镇化的转变，更为重要的是加深了农业转移人口与城镇居民之间的心理隔阂。因此，要强化法律、法规和政策方面的宣传力度，通过多种方式为农业转移人口提供市民素质培训的条件，进而培育他们的市民意识，同时也要帮助农业转移人口形成城镇情感、城镇管理、社会参与、社会责任等方面的观念，这些意识直接关系到农业转移人口与城镇居民沟通与融合的效果。同时，要积极调动农业转移人口在市民化进程中的主观能动性，创造多种让农业转移人口学习的机会，帮助他们提高自身的素质和专业技能，丰富他们市民化的资本。此外，要积极鼓励引导农业转移人口参与到社区的活动中，以此改善同社区居民的关系，进一步培养社区归属感，通过这种方式进一步减少与社区居民之间的矛盾和冲突，形成市民认同，还要借助团体的力量，让农业转移人口借助合法的维权组织或团体的力量维护自身合法权益，主动改善自身的工作及生活状况。此外，农业转移人口也要努力培养自身的市民化生活观念和意识，为农业转移人口市民化奠定充分的思想基础。

四　完善农业转移人口信息化管理

建立以县为基本单元的农业转移人口统计制度，依照分类采集、统一管理的基本原则，首先要收集外来务工人员，城中村、城边村改造涉及人口，农村就地就近市民化人口的基础数据，逐渐建立统一的农业转移人口信息管理系统，同时要定期对人口基础数据进行核实、更新，形成动态化的管理制度。其次，要努力实现数据资源共享，大力推动人口统计、教育、医疗、社会保障、就业等多方面信息的互联互通，以此支撑基本公共服务均等化和农业转移人口市民化相关挂钩机制的基础数据。再次，要积极推进常住人口、户籍人口、农业转移人口、流动人口等相关数据的衔接，相关的人力资源社会保障、公安、统计等部门要强化沟通协调，建立常态化的联席工作机制。动态监测和跟踪分析市民化的整体过程，完善农业转移人口的实时监测制度、绩效评估制度，能够清晰全面地了解市民化的整体进程。同时应建立城镇化考核制度，积极采取与第三方评估相结合的方式，对农业转移人口市民化进程的阶段性目标及重点领域进行评价。调整优化考核指标，把农业转移人口市民化作为新型城镇化的重点考核指标之一，科学反映各项目工作水平。同时健全督查机制，联合相关部门对农业转移人口市民化有关工作进行督查，确保各项重点工作能够顺利开展。

第八章 专题与案例研究

第一节 武汉市农业转移人口市民化
成本测算及分担机制研究

一 武汉市农业转移人口市民化现状

武汉市自 2007 年年底获批全国"两型社会"试验区以后，其改革、建设及城镇化发展取得了明显成效，为"以人为核心"的城镇化发展起到了先行先试的模范作用。武汉市经过多年的发展规划，已经拥有较好的新型城镇化建设基础，其城镇化进程特色鲜明。

（一）城镇化率在中部地区居于首位

近几年来中部地区经济快速发展，城镇化速度也明显加快。中部地区城市经济排名前五的城市分别为武汉、长沙、郑州、合肥、南昌。到 2016 年年末，武汉的常住人口达到 1076.62 万人，是湖北唯一一个人口超过 1000 万的城市，其中城镇常住人口为 858.82 万人，常住人口城镇化率为 79.77%，较上一年增加 0.36 个百分点。长沙市人口城镇化率达到 75.99%，仅次于武汉市。南昌市城镇化率为 72.29%；合肥市城镇化率为 72.05%；郑州市城镇化率为 71.02%（见表 8 - 1）。由此可以看出，武汉作为中部地区最大的一个城市，其常住人口城镇化率也在中部地区居于首位。

表 8 - 1　　　　　　　2016 年中部城市经济排名前五地区的城镇化率

地区	城镇常住人口（万人）	常住总人口（万人）	常住人口城镇化率（%）
武汉	858.82	1076.62	79.77
长沙	580.97	764.52	75.99
郑州	690.60	972.40	71.02
合肥	567.00	787.00	72.05
南昌	388.30	537.14	72.29

　　资料来源：中华人民共和国国家统计局编：《中国统计年鉴　2017》，中国统计出版社 2017 年版。

（二）户籍改革稳步推进

　　2017 年，武汉市为贯彻落实户籍制度改革精神，加强人口服务和管理工作，结合该市实际出台了武汉市政府《关于进一步推进户籍制度改革的实施意见》。这次户籍改革根据"控制中心城区人口规模，适应放开开发区和新城区区域落户限制"的基本原则，分别调整完善了中心城区、开发区、新城区相应的户口迁移政策，此次全市调整完善了 18 项户口迁移政策。其中，《武汉市积分入户管理办法（试行）》自 2017 年 10 月 1 日起施行。武汉市改进了现行的中心城区落户政策，对不符合现行落户中心城区政策的非本市户籍人员采取积分落户政策。积分落户是指通过建立指标体系，对每项指标赋予一定分值。[1] 落户条件以具有合法稳定就业和合法稳定住所（含合法租赁）、参加城镇社会保险年限、连续居住年限、文化程度、专业职称（职业技能）、个人诚信记录等为主要指标，并合理地对每项指标赋予一定分值，总积分达到规定分值的申请人，可在中心城区申请登记武汉市常住户口。积分入户指标体系由加分指标和减分指标组成。积分入户申请人的总积分＝加分指标的积分之和－减分指标积分的累计积分。[2] 有

---

　　[1]　武汉市人民政府：《关于进一步推进户籍制度改革的实施意见》，《武汉市人民政府公报》2017 年 1 月 8 日。
　　[2]　武汉市人民政府：《关于印发武汉市积分入户管理办法（试行）的通知》，《武汉市人民政府公报》2017 年 7 月 23 日。

稳定住房和工作、有创新创业经历、参加过献血等公益活动……有 10 个项目能获得积分，攒够相应积分就能申请入户。同时此次也改革创新了户籍管理制度，比如在武汉居住半年以上，有合法稳定住所或就业的公民，就可以申领居住证。

（三）城镇化水平达到高级阶段

自从武汉市获批试验区以来，城镇化水平不断上升。城镇化率是衡量城镇化水平的重要指标，一般将城镇化率分为三个阶段：初级阶段的城镇化率为 30% 以下，中级阶段的城镇化率为 30%—70%，高级阶段为 70% 以上。2007—2016 年，武汉市户籍总人口呈现先增后降再增的趋势。2007 年，武汉市户籍总人口为 828.21 万人，其中城镇人口为 528.62 万人，农业人口为 299.59 万人，户籍城镇化率为 63.8%。到 2017 年年初，户籍人口为 833.85 万人，其中城镇人口为 598.19 万人，增加了 69.57 万人，城镇化率为 71.7%（见图 8－1）。因此，基于以上标准，武汉城镇化水平已经达到高级阶段。同时武汉市还提出，到 2020 年，要将全市常住人口数量控制在 1200 万—1300 万人，其中中心城区、开发区常住人口数量控制在 1000 万人左右；要将全市常住人口城镇化率提高到 84% 以上，户籍人口城镇化率提高到 75% 以上，逐步缩小常住人口城镇化率与户籍人口城镇化率的差距。①

（四）中心城区相对新城区城镇化进程较快

目前，武汉市有七个中心城区和六个新城区，正在形成中心城区集中式与新城区分散式相结合的新型城镇体系。从 2017 年年初的数据中观察到，武汉市中心城区的平均户籍人口城镇化率基本达到了 99% 以上，大部分达到了 100%。因洪山区还有少数农村区域，城镇化率仅达到 99.2%。而在剩余的六个新城区中，城镇化率整体偏低，仅有东西湖区和汉南区的城镇化率超过了 50%，新洲区和蔡甸区的城镇化率只有 30% 左右，黄

---

① 武汉市人民政府：《关于进一步推进户籍制度改革的实施意见》，《武汉市人民政府公报》2017 年 1 月 8 日。

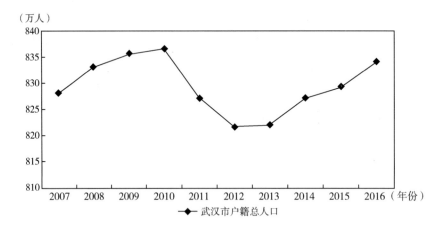

图 8 - 1　2007—2016 年武汉市户籍总人口变化趋势

资料来源：武汉市统计局编：《武汉统计年鉴　2017》，中国统计出版社 2017 年版。

陂区的城镇化率甚至只有 19.28%（见表 8 - 2）。从数据中可以了解到中心城区相对于新城区城镇化进程较快。由于新城区的发展不及中心城区的发展，可以初步认为新城区与中心城区的城镇化进程的差距是由经济水平差距造成的。但随着新城区社会投资的增加，这种差距会逐渐缩小。

表 8 - 2　　　　　　　　武汉市各个区城镇化发展情况

地区	户籍人口总数（万人）	城镇人口（万人）	城镇化率（%）	地区	户籍人口总数（万人）	城镇人口（万人）	城镇化率（%）
江岸区	72.62	72.62	100	东西湖区	29.65	23.18	78.18
江汉区	48.62	48.62	100	汉南区	11.39	6.48	56.89
硚口区	52.46	52.46	100	蔡甸区	45.99	13.50	29.35
汉阳区	44.04	44.04	100	江夏区	59.83	29.70	49.64
武昌区	104.17	104.17	100	黄陂区	113.28	21.84	19.28
青山区	42.88	42.88	100	新洲区	96.88	31.50	32.51
洪山区	53.83	53.40	99.2				

资料来源：武汉市统计局编：《武汉统计年鉴　2017》，中国统计出版社 2017 年版。

二　农业转移人口市民化成本模型构建

模型构建思路及方法：实现农业转移人口市民化，需要投入大量的资金。在成本内容上，各项研究涵盖范围基本相似，只是有些稍窄些，有些稍宽些。国务院发展研究中心课题组在测算农业转移人口市民化成本时选取的指标包括教育、住房、养老保险、合作医疗、城市管理费用以及民政部门的其他社会保障。刘美月（2016）认为农业转移人口市民化的成本包括基础设施建设成本、社会保障成本、随迁子女教育成本、个人生活成本、个人住房成本以及个人机会成本。本书结合武汉市的实际情况，根据成本类型的差异性，将其细分为社会保障成本（C_1）、城市基础设施成本（C_2）、城市生活成本（C_3）、住房成本（C_4）和随迁子女教育成本（C_5）。在测算农业转移人口市民化成本时，应该遵循以下测算原则。[1]一是由于在现行的城乡二元公共服务下，农业人口也享有农村基本公共服务。不能仅考虑到市民化后的增加成本，而忽视减少的农村公共服务成本。为了避免成本重复计算，新增的成本应为城乡人均公共服务的差额。二是在核算农业转移人口市民化成本中，不应考虑未来若干年的总支出额来计算其成本，而应以年度新增支出来计算，这种计算方法才具有参考价值。因此在测算市民化成本时，每一种类型成本都应计算其人均数值，并将这五种类型的人均成本分别表示为 C_1、C_2、C_3、C_4、C_5，人均农业转移人口市民化总成本为 $C_总$。农业转移人口市民化总成本就是将五种类型的人均成本加总起来，即 $C_总 = C_1 + C_2 + C_3 + C_4 + C_5$。具体测算见表8-3。

数据来源：本书采用的数据主要来源于以下两个部分。一是《2014—2017武汉市统计年鉴》。例如测算城镇化率，就是运用统计年鉴中户籍统计的分区人口情况；测算城市基础设施建设成本，就是运用统计年鉴中固

---

[1]　张继良、马洪福：《江苏外来农民工市民化成本测算及分摊》，《中国农村观察》2015年第2期。

定资产投资情况；测算生活成本，就是运用物价指数与人民生活中的城乡居民消费支出情况；测算住宅成本，就是运用建筑业中房地产开发房屋面积、竣工房租价值和房屋销售价格等。二是武汉市人力资源和社会保障局、武汉市人民政府、武汉市教育局等官方网站公布的统计数据。例如社会保障成本数据来自武汉市人力资源和社会保障网发布的2016年市本级一般公共预算支出决算表（项级科目明细）和武汉市人民政府公布的各类险种缴费费率。随迁子女的教育成本数据则来自武汉市教育局的教育概况统计。

表 8 - 3 农业转移人口市民化成本测算

总成本	类别		测算依据与方法
$C_{总} = C_1 + C_2 + C_3 + C_4 + C_5$	C_1 社会保障成本	C_{11} 养老保险成本	基础性养老 + 个人账户养老金
		C_{12} 医疗保险成本	城镇职工医疗保险支出 - 农村居民新农合医疗保险支出
		C_{13} 失业保险成本	城镇居民人均失业保险支出
		C_{14} 工伤保险成本	城镇居民人均工伤保险支出
		C_{15} 生育保险成本	城镇居民人均生育保险支出
	C_2 基础设施成本		除住房投资外的固定资产投资 ÷ 城镇人口总数
	C_3 城市生活成本		城镇居民消费性支出 - 农村居民消费性支出
	C_4 住房成本		（政府保障性住房资金投入 + 自购房支出）÷ 城镇人口总数
	C_5 随迁子女教育成本		0.5 × 年均教育经费

三 农业转移人口市民化成本测算实证

（一）社会保障成本

社会保障成本是指当农民工市民化之后，为了保障其失去基本劳动能力之后的基本生活，所必须增加的公共资金投入。本章主要从养老保险、医疗保险、失业保险、工伤保险、生育保险这几个方面进行社会保障成本测算。

养老保险是社会保险五大保险中最重要的险种之一，是社会保障制度的重要组成部分。随着人口老龄化的到来，老年人口所占的比例越来越高。养老保险的作用就是保障老年人的基本生活需求，为其提供稳定可靠的生活来源，同时对于在职劳动者来说，老年生活有了保障，便免除了后顾之忧。1991 年，《国务院关于企业职工养老保险制度改革的决定》中明确提出："随着经济的发展，逐步建立起基本养老保险与企业补充养老保险和职工个人储蓄性养老保险相结合的制度。"之后我国按照文件精神根据人口分类建立起满足不同需求的多层次养老保险体系。[①] 从 2009 年起，我国居民保险体系主要由城镇职工基本养老保险、城镇居民养老保险、新型农村社会养老保险构成。武汉市在 2011 年就开始逐步推行城乡居民社会养老保险，2012 年实现了将城镇居民社会养老保险和新型农村社会养老保险合并实施，统一了城乡养老保险制度。农民工市民化之前，参与城乡居民养老保险，市民化后农民工转变为城镇职工，转为参加城镇职工养老保险，养老保险成本（C_{11}）为城镇职工养老总成本与农村居民养老总成本的差额。

2016 年发布的白皮书指出，我国人均预期寿命提高到 76.5 岁。《2016 年农民工检测调查报告》显示在 2016 年我国农民工平均年龄为 39 岁。本书按男女职工平均退休年龄 55 岁计算，从 2016 年开始参加职工养老保险，就需要缴纳 17 年养老保险，可领取 21 年的养老金。2016 年武汉市企业按 19%、个人 8%的比例共同缴纳养老保险。个人账户中的养老金利息按当年一年期定期存款利率 1.5%来计算。养老金缴纳基数为当年城镇在岗职工年平均工资的 60%。表 8-4 为城镇职工基本养老保险人均个人账户储存额（个人账户储存额 = 城镇职工基本养老保险企业缴费个人缴费总和 + 缴纳养老金利息）。

---

① 石睿：《中国多层次养老保险制度的发展现状与对策选择》，《劳动保障世界》2018 年第 12 期。

表8-4 武汉市农民工市民化养老保险个人账户储存额 单位：元

年份	城镇在岗职工年平均工资	城镇职工人均养老保险缴费基数（60%）	企业人均年缴纳养老保险费（19%）	个人人均年缴纳养老保险费（8%）	人均缴纳养老金利息（1.5%）	个人账户人均储存额
2016	65720	39432.0	7492.08	3154.56	159.70	10806.34
2017	72292	43375.2	8241.29	3470.02	175.67	11886.97
2018	78864	47318.4	8990.50	3785.47	191.64	12967.61
2019	85436	51261.6	9739.70	4100.93	207.61	14048.24
2020	92008	55204.8	10488.91	4416.38	223.58	15128.88
2021	98580	59148.0	11238.12	4731.84	239.55	16209.51
2022	105152	63091.2	11987.33	5047.30	255.52	17290.14
2023	111724	67034.4	12736.54	5362.75	271.49	18370.78
2024	118296	70977.6	13485.74	5678.21	287.46	19451.41
2025	124868	74920.8	14234.95	5993.66	303.43	20532.05
2026	131440	78864.0	14984.16	6309.12	319.40	21612.68
2027	138012	82807.2	15733.37	6624.58	335.37	22693.31
2028	144584	86750.4	16482.58	6940.03	351.34	23773.95
2029	151156	90693.6	17231.78	7255.49	367.31	24854.58
2030	157728	94636.8	17980.99	7570.94	383.28	25935.22
2031	164300	98580.0	18730.20	7886.40	399.25	27015.85
2032	170872	102523.2	19479.41	8201.86	415.22	28096.48
合计						330673.99

资料来源：根据《武汉统计年鉴 2017》和武汉市人力资源和社会保障网整理所得。到2032年职工共缴纳17年养老保险，退休时个人账户累计总额为330673.99元。

根据国家规定，基本养老金＝基础性养老金＋个人账户养老金。

基础性养老金＝（退休上年度在岗职工月平均工资＋本人指数化月平均缴费工资）÷2×缴费年限×1%＝退休上年度在岗职工月平均工资×（1＋本人平均缴费指数）÷2×缴费年限×1%＝（170872/12）×（1＋0.6）÷2×17×1%≈1936.55元。

个人账户养老金＝个人账户储存额÷计发月数＝330673.99/170≈1945.14元。（目前50岁退休计发月数为195，55岁为170，60岁为139）

所以，基本养老金 = 1936.55 + 1945.14 = 3881.69 元。

表 8 - 5   城镇职工基本养老金领取额和折现值   单位：元

年份	人均每月领取养老金	人均每年领取养老金	人均领取养老金折现值（折现到 2016 年）
2033	3881.69	46580.28	36164.24
2034	3881.69	46580.28	35629.80
2035	3881.69	46580.28	35103.25
2036	3881.69	46580.28	34584.48
2037	3881.69	46580.28	34073.38
2038	3881.69	46580.28	33569.83
2039	3881.69	46580.28	33073.73
2040	3881.69	46580.28	32584.95
2041	3881.69	46580.28	32103.40
2042	3881.69	46580.28	31628.97
2043	3881.69	46580.28	31161.54
2044	3881.69	46580.28	30701.03
2045	3881.69	46580.28	30247.32
2046	3881.69	46580.28	29800.31
2047	3881.69	46580.28	29359.91
2048	3881.69	46580.28	28926.02
2049	3881.69	46580.28	28498.55
2050	3881.69	46580.28	28077.39
2051	3881.69	46580.28	27662.45
2052	3881.69	46580.28	27253.64
2053	3881.69	46580.28	26850.88
合计			657055.06

由表 8 - 5 可得，到 2053 年人均养老金领取额折现值为 657055.06 元。

养老保险缺口是由财政来负担，因此人均养老保险财政补贴 = 人均养老金领取额折现值 - 人均个人账户储存额折现值 = 657055.06 -

$$\frac{330673.99}{(1+1.5\%)^{16}} \approx 396473.7 \text{（元）}。$$

人均年养老保险财政补贴 $=396473.7/17 \approx 23321.98$ 元（见表 8 - 6）。

表 8 - 6　　　　　　　　**2016 年武汉市职工养老保险人均成本情况**　　　　单位：元

人均年养老保险政府财政补贴	人均企业年缴纳	人均个人年缴纳	职工养老总成本
23321.98	7492.08	3154.56	33968.62

资料来源：根据武汉市人力资源和社会保障局、武汉市人民政府网数据整理所得。

　　城乡居民社会养老保险基金由三部分构成：个人缴费、集体补助及政府补贴。参加保险的居民可根据自身情况选择不同的缴费层次，实现多缴多得的政策。2016 年武汉市政府结合本市的实际情况，将缴费标准设为每年 200 元、300 元等 14 个档次。本书按最低标准 200 元测算，对应的政府补贴标准为每人每年 45 元。从 2016 年 1 月 1 日起武汉市将城乡居民基本养老保险基础养老金标准，由每人每月 180 元提高到每人每月 225 元。[①]根据国家规定，城乡居民养老保险需要 60 岁才能领取养老金，因此农村居民需要缴纳 21 年的养老保险，领取 17 年的保险金。城乡居民养老总成本的测算方法与职工养老总成本是相同的，养老保险缺口仍是由财政来负担，经整理如表 8 - 7 所示。

表 8 - 7　　　　　　　**2016 年武汉市城乡居民养老保险人均成本情况**　　　单位：元

人均年养老保险政府财政补贴	其中：政府补贴的基础性养老金	人均个人缴纳	城乡居民养老总成本
1522.96	45	200	1722.96

资料来源：根据武汉市人力资源和社会保障局、武汉市人民政府网数据整理所得。

---

① 章鸽：《武汉城乡居民基础养老金每人每月上调 45 元》，《长江日报》2016 年 7 月 28 日。

因此，农业转移人口市民化养老保险成本（C_{11}）＝城镇职工基本养老保险人均成本－城乡居民养老保险人均成本＝33968.62－1722.96＝32245.66元。

2001年以来，武汉市按国家要求分别建立了职工医保、新农合和城镇居民医保三个基本医保制度。截至2013年年末，全市参合农民282.8953万人，参合率99.9%。职工医保主要是由用人单位与个人共同缴费，建立医疗保险基金。新农合和城镇居民医保主要由政府和个人共同筹资。2017年7月，武汉市政府印发了《武汉市城乡居民基本医疗保险实施办法》的通知，将新农合和城镇居民医保合二为一，城乡居民执行一样的缴费标准、待遇政策、业务经办流程，医疗保险政策无城乡之分、制度之隔。但本书测算市民化成本时间跨度为2013—2016年，因此仍然将新农合和城镇居民医保分开测算。2016年武汉市按企业8%、个人2%的比例共同缴纳医疗保险。医疗保险缴纳基数仍为当年城镇在岗职工年平均工资的60%。当年政府对职工基本医疗保险基金补助为1426万元，参保人数为391.89万人，则城镇职工人均基本医疗保险财政补贴＝1426/391.89＝3.64元。2016年武汉市新型农村合作医疗保险则政府补贴460元，个人缴费140元。农民工市民化后，参与城镇职工医疗保险，医疗保险的成本（C_{12}）为城镇职工医疗保险与农村居民的新农合医疗保险成本差额，经整理如表8－8所示，C_{12}＝3721.42元。

表8－8　　　　　2016年武汉市农业转移人口市民化医疗保险成本　　　　单位：元

项目	政府财政补贴	企业缴费	个人缴费	合计
城镇职工医疗保险人均筹资	3.64	3454.22	863.56	4321.42
新型农村合作医疗人均筹资	460	0	140	600
市民化人均医疗保险成本	－456.36	3454.22	723.56	3721.42

资料来源：根据武汉市2016年市本级一般公共预算支出决算表、武汉市统计局和武汉市人民政府网数据整理所得。

失业保险是社会保险的主要项目之一，主要由用人单位、职工个人缴费及国家财政补贴等渠道来筹集资金，建立失业保险基金。由于我国是世界第一人口大国，同时也是一个发展中国家，经济发展水平相对较低，伴随着科技的发展，劳动单位时间缩短，在第一、第二产业中生产技术相对传统的部门会产生劳动力减少，失业数量增加的现象。失业保险就是为暂时中断了生活来源的劳动者提供物质帮助，保障其基本生活。2016 年武汉市按企业 0.7%、个人 0.3% 的比例共同缴纳失业保险。失业保险缴纳基数仍为当年城镇在岗职工年平均工资的 60%。当年政府对失业保险基金补助为 1593 万元，参保人数为 192.6 万人，则人均失业保险财政补贴 = 1593/192.6 = 8.27 元。本章中失业保险成本就是城镇居民的人均失业保险支出（C_{13}），经整理如表 8 - 9 所示，C_{13} = 440.05 元。

表 8 - 9　　　　2016 年武汉市农业转移人口市民化失业保险成本　　　单位：元

城镇职工失业保险人均企业缴费（0.7%）	城镇职工失业保险人均个人缴费（0.3%）	城镇职工失业保险人均政府财政补贴	市民化人均失业保险成本
302.24	129.53	8.27	440.05

　　资料来源：根据武汉市 2016 年市本级一般公共预算支出决算表、武汉市统计局和武汉市人民政府网数据整理所得。

　　工伤保险是给予劳动者实用性的医疗救治以及必要的经济补偿的一种社会保障制度。工伤保险的费用全部由用人单位负担，无须个人负担。它具有补偿不究过失的原则，是一种社会福利。2016 年武汉市企业按 0.48% 的比例缴纳工伤保险。失业保险缴纳基数仍为当年城镇在岗职工年平均工资的 60%。当年武汉市财政局发布的一般公共预算支出决算表中显示对工伤保险的补贴为 0。本书中工伤保险成本定义为城镇职工的人均工伤保险支出（C_{14}），经整理如表 8 - 10 所示，C_{14} = 207.25 元。

　　生育保险是妇女由于怀孕和分娩暂停劳动，由国家和社会提供医疗服务、津贴和产假的保险制度。2017 年 2 月，人力资源和社会保障部对生育保险和基本医疗保险合并实施试点开展了工作会议，并强调两险合并并不是简单地将生育保险并入医保，而是要保留各自功能，实现一体化运行管理。但本章测算市民化成本时间跨度为 2013—2016 年，因此仍然将生育保险成本单独计算。2016 年武汉市企业按 0.7% 的比例缴纳生育保险。生育保险缴纳基数仍为当年城镇在岗职工年平均工资的 60%。当年武汉市财政局发布的一般公共预算支出决算表中显示对生育保险的补贴为 0。本书中生育保险成本定义为城镇职工的人均生育保险支出（C_{15}），经整理如表 8 – 11 所示，$C_{15} = 302.24$ 元。

表 8 – 10　　　　2016 年武汉市农业转移人口市民化工伤保险成本　　　　单位：元

城镇职工工伤保险人均企业缴费（0.48%）	城镇职工工伤保险人均个人缴费	城镇职工工伤保险人均政府财政补贴	市民化人均工伤保险成本
207.25	0	0	207.25

资料来源：根据武汉市 2016 年市本级一般公共预算支出决算表、武汉市统计局和武汉市人民政府网数据整理所得。

表 8 – 11　　　　2016 年武汉市农业转移人口市民化生育保险成本　　　　单位：元

城镇职工生育保险人均企业缴费（0.7%）	城镇职工生育保险人均个人缴费	城镇职工生育保险人均政府财政补贴	市民化人均生育保险成本
302.24	0	0	302.24

资料来源：根据武汉市 2016 年市本级一般公共预算支出决算表、武汉市统计局和武汉市人民政府网数据整理所得。

综上所述，社会保障成本 $C_1 = C_{11} + C_{12} + C_{13} + C_{14} + C_{15} = 36916.61$ 元。

（二）城市基础设施建设成本

城市基础设施是为居民提供基础公共服务的工程设施，也是社会生产得以进行的基础。它是一种公共服务系统，包括交通、邮电、文化教育、环境保护以及生活服务设施等，以满足城市中各种经济活动与建设能顺利进行。我国一般所说的城市基础设施多指工程性基础设施，主要包括能源供给、给排水、道路交通、通信、环境卫生以及城市防灾六部分。当农民工市民化后，城市人口将增多，政府需要增加城市基础设施的投入，保证农民工市民化后可以享受与城市居民同等的待遇。

计算城镇居民的人均基础设施成本就可以得到农业转移人口市民化的基

础设施成本。基于数据的可得性，无法直接获得城市基础设施建设的支出。可以先计算出城镇年固定资产投资总额减去住房投资总额后的余额，再根据城镇人口数量得出人均基础设施成本。公式为：$C_5 = I/L$，其中 I 为除去住房投资后的固定资产投资余额，L 为当年城镇人口总数。由表 8 - 12 数据所得：$C_2 = 1/4$（72799.14 + 81429.75 + 85306.04 + 75600.56）= 78783.87 元。

表 8 - 12 武汉市农业转移人口市民化基础设施建设成本

年份	2013	2014	2015	2016
城镇固定资产投资总额（亿元）	5950.32	6907.67	7578.25	7039.79
住房投资总额（亿元）	1905.6	2353.63	2581.79	2517.44
城镇人口总数（万人）	555.6	559.26	585.71	598.19
人均基础设施投资额（元）	72799.14	81429.75	85306.04	75600.56

资料来源：武汉市统计局编：《武汉市统计年鉴 2017》，中国统计出版社 2017 年版。

城市生活成本：当农业转移人口市民化之后，其生活水平与城市居民等同后所增加的日常消费性支出。消费性支出就是指在日常生活中食品、衣服、水电费、生活用品以及教育医疗等方面的支付。但由于住房性成本占总成本的比重较大，不包括在生活成本中，下文将单独核算。因此本书用城镇居民和农村居民的人均消费支出差额来衡量城市生活成本，即农民工市民化后的生活成本为城市居民的消费性支出减去农村居民的消费性支出，即 $C_3 = C_城 - C_农$。由表 8 - 13 数据所得：$C_3 = 1/4$（11030.32 + 10330.44 + 11003.53 + 11785）= 11037.32 元。

表 8 - 13 武汉市城乡居民消费水平差距 单位：元

年份	2013	2014	2015	2016
城镇居民消费性支出	20157.32	22002.22	23943.05	26535
农村居民消费性支出	9127.00	11671.78	12939.52	14750
城乡居民消费差距	11030.32	10330.44	11003.53	11785

资料来源：武汉市统计局编：《武汉市统计年鉴 2017》，中国统计出版社 2017 年版。

（三）住房成本

住房成本，是指市民化后的农业转移人口在城市居住所需要增加的花费支出，包括农民工自购房的支出和政府建设保障性住房的资金投入。首先，农业转移人口在城镇长期安居的前提是有房可住，只有"居者有其屋"，才有可能实现市民化。考虑到大部分农业转移人口的收入是中等偏下水平，本书用武汉市 90 平方米以下的商品房的平均销售价格来计算农业转移人口市民化后的自购住房的支出。在计算农业转移人口自购房的住房成本时，用城镇人均住房面积乘以 90 平方米以下的城镇商品房平均销售价格。由表 8 – 14 数据所得：C_4 = 224197.72 + 250304.84 + 279203.66 + 286847.00 = 260138.3 元。从表 8 – 14 可见，自购商品房的支出是农业转移人口市民化过程中最高的一项成本，也是最难解决的成本。

表 8 – 14　　　　　武汉市农业转移人口市民化自购住房成本

年份	2013	2014	2015	2016
城市人均居住面积（m^2）	34.75	35.78	37.25	32.47
商品房销售面积（90 m^2 以下）/m^2	4951575	6031112	7633587	8153029
商品房销售额（90 m^2 以下）/万元	3194624	4219163	5721679	7202562
商品房单位面积售价（元/m^2）	6451.73	6995.66	7495.40	8834.22
人均住房成本（元）	224197.72	250304.84	279203.66	286847.00

资料来源：武汉市统计局编：《武汉市统计年鉴　2017》，中国统计出版社 2017 年版。

其次，保障性住房成本指政府为了保障农民基本的住房需求而进行的资金投入。由于部分农民工的收入水平较低，难以承担较高的住房价格，因此政府有必要将这部分农民工纳入城镇住房保障体系，为他们提供保障性住房。武汉保障房类型包括经适房和公租房、廉租房等。同时，武汉市是全国最早建设经济适用房的城市，从 1994 年至今，已跨越 20 多个年头了。但在 2009 年时，武汉经适房摇出"六连号"，轰动全国。在 5000 多名申购者仅有 124 户能摇中的情况下，出现"六连号"的概率约为千万亿分之一（后来查明为一起舞弊事件）。2014 年我国实施公共租赁住房和廉租住房并轨，之后统称为公共租赁房，此后武汉市房管局正式启动公租房资格申请，并重申，各种保障房类型中，未来保障房核心转成租赁式房源，经适房逐步退出武汉住房保障体系，因此本章的保障性住房以公租房为主。保障性住房的成本为人均建筑面积和单位房屋建筑面积造价。基于数据的可得性，单位房屋建筑面积造价按 2013—2016 年四年的平均造价来计算，大约为 3937. 13 元/m²。本章以人均 15 平方米的建筑面积来计算，则保障性住房成本 = 3937. 13 × 15 = 59057 元。

本书对自购房成本和保障性住房成本进行加权平均，就可以得到农民工市民化的人均住房成本，即 C_4 = 199813. 91 元，其中个人自购房支出182096. 81 元，政府支出 17717. 1 元。

（四）随迁子女教育成本

在新型城镇化的进程中，农业转移人口市民化的同时就会产生随迁子女教育问题。从 2000 年开始，武汉市就按"相对就近"的原则划片安排，接纳农业转移人口子女入学。武汉市公办学校接纳随迁子女的比例逐年上升，由 2000 年的 30% 提高到 2016 年的 91.7%。农民随迁子女与城市居民子女享受同等义务教育政策，实现教育公平。《中华人民共和国义务教育法》规定适龄的儿童和少年必须依法完成 9 年义务教育，高中以上的教育并不在国家的强制要求范围之内。因此，本书在计算随迁子女的教育成本时，只把义务教育阶段考虑在内，并假定农业转移人口的少儿抚养比系数为 0.5[1]，生均教育经费则由生均公共财政预算教育事业费和公共财政预算公用经费两部分组成（表 8 – 15 已经过整理）。随迁子女的教育成本公式为：C_5 = 0.5 × 年生均教育经费。由表 8 – 15 数据所得：C_5 = 0.5 × 1/4 （14064. 24 + 14741. 73 + 18811. 95 + 28021. 24） = 9454. 89 元。

---

① 谌新民、周文良：《农业转移人口市民化成本分担机制及政策涵义》，《华南师范大学学报》（社会科学版）2013 年第 5 期。

表 8 - 15 　 武汉市农业转移人口市民化随迁子女财政教育经费支出情况

年份	2013	2014	2015	2016
小学生均教育经费（元）	11557.17	11893.65	14960.94	21840.34
小学在校人数（人）	423770	444528	473922	502611
初中生均教育经费（元）	17447.26	18871.3	24839.22	38097.91
初中在校人数（人）	314045	306581	302803	308295
年生均教育经费（元）	14064.24	14741.73	18811.95	28021.24

资料来源：武汉市统计局编：《武汉市统计年鉴 2017》，中国统计出版社 2017 年版。

（五）测算结果分析

根据总成本的计算公式，在推进武汉市新型城镇化进程中，在有效保障农业转移人口与城市居民可以享受到相同的公共服务，农业转移人口单个的成本表示为：$C_总 = C_1 + C_2 + C_3 + C_4 + C_5 = 336006.58$ 元。其中住房成本所占总成本比例最大，约为 59.47%，其次是基础设施成本，约为 23.45%，随迁子女的教育成本所占比例最小，约为 2.81%。经整理，各项成本情况如表 8 - 16。

表 8 - 16 　 　 武汉市农业转移人口市民化各项成本情况

项目	人均成本（元）	政府财政负担金额（元）占比（%）		企业承担金额（元）占比（%）		个人承担金额（元）占比（%）	
社会保障成本	36916.61	21350.93	57.84	11758.03	31.85	3807.65	10.31
养老	32245.66	21799.02		7492.08		2954.56	
医疗	3721.42	-456.36		3454.22		723.56	
失业	440.04	8.27		302.24		129.53	
工伤	207.25	0		207.25		0	
生育	302.24	0		302.24		0	
基础设施建设	78783.87	78783.87	100	0	0	0	0
生活成本	11037.30	0	0	0	0	11037.30	100
住房成本	199813.91	17717.10	8.87	0	0	182096.81	91.13
随迁子女教育	9454.89	9454.89	100	0	0	0	0

项目	人均成本（元）	政府财政负担金额（元）占比（%）		企业承担金额（元）占比（%）		个人承担金额（元）占比（%）	
合计	336006.58	127306.79	37.89	11758.03	3.50	196941.76	58.61

四　农业转移人口市民化成本分担机制

（一）成本分担原则

一是注重效率兼顾公平。农业转移人口市民化是我国经济社会转型期的一项重要战略，牵涉众多主体，包括中央政府和地方政府、农业转移人口和流入地市民、企业和社会方面的利益相关者，同时也涉及了社会各方的经济利益——中央政府和地方政府的利益、农业转移人口和流入地市民的利益、城镇和农村的利益，等等。只有平衡好各方主体的利益关系，才能有效地实现农业转移人口市民化成本的多方分担。在推进农业转移人口市民化的进程中，成本分担的三个主体政府、企业、农业转移人口所肩负的责任不同，分担时需明确分工，协同合作，这样才可以快速推动市民化进程。与此同时，三个主体的能力不尽相同，从市民化中获得的利益也有差异，只有合理地分配各个主体应承担的市民化成本份额，才能使各个主体最大限度地发挥作用。因此，进行成本分担时不仅要注重效率，同时也要兼顾公平，让分担主体各司其职。

二是因地制宜，具体情况具体分析。农业转移人口市民化是一个十分复杂的工程，在进行成本分担时，不仅要从全局出发，也要因地制宜，根据当地的具体情况进行分析，进而制定适合当地的分担机制。武汉市每个区的经济发展水平不同，因而城镇化进程也有差异，呈现出每个地区的农业转移人口市民化有不同的阶段和特征，在成本分担时就要根据不同地区的实际情况制定不同的政策，建立适合本地区的农民工市民化的成本分担机制。

三是遵循循序渐进和适度原则。我国对推进新型城镇化,破除城乡二元经济结构十分重视,"十三五"规划纲要就加快农业转移人口市民化作出了具体部署和安排。由于农业转移人口众多,涉及范围广,在短时间内实现市民化是有难度的。城镇对农村转移人口的消化是一个循序渐进的过程,市民化进程过快或规模过大都会对城镇造成一定的负面影响,可见农业转移人口市民化其实是一项十分复杂的社会工程。因此,在农业转移人口市民化的过程中,政府对市民化的成本投入要遵循循序渐进和适度的原则,统筹考虑各方面因素,科学合理地推进农业转移人口市民化的进程。

(二) 成本分担机制

通过对武汉市农业转移人口市民化成本进行测算,得到人均总成本为336006.58元,其中人均社会保障成本为36916.61元、人均城市基础设施建设成本为78783.87元、人均城市生活成本为11037.3元、人均住房成本为199813.91元、人均随迁子女的教育成本为9454.89元。从分担比例看,政府财政负担占总成本比例为37.89%,企业负担比例为3.5%,个人负担比例为58.61%。

从整体成本看,农业转移人口市民化成本数额较大,政府、企业及个人都要积极主动地承担市民化进程中产生的成本,市民化的经济效应全社会共享,因此不能由农业转移人口独自承担,根据前述分担原则实现共同分担。从具体成本看,住房成本所占比例最大,其次是基础设施建设和社会保障成本,这是成本分担的重点和难点。从负担比例来看,个人负担比例最高,其次是政府和企业,因此个人作为市民化的主体,要提高自身能力主动承担起市民化的成本。

政府作为市民化发起者,要积极承担公共成本。农业转移人口市民化后与城镇居民享有均等无差别的公共服务,具体包括社会保障、基础设施建设、随迁子女教育以及住房保障等。在以上武汉市的成本测算中,可以看出农民工市民化后,政府所分担总成本的比例为37.89%。其中社会保障成本方面，政府所分担的比例为 57.84%，所占比例最高。同时政府是市民化的发起者和推动者，市民化进程中需要增加的基础设施以及社会保障和保障性住房等投资都应由政府来承担，因此政府负担的市民化成本比重较大。在以人为核心的新型城镇化的进程中，为了农业转移人口市民化后与城市居民享有同等的公共服务，政府应针对武汉市的实际情况来增加支出，强化地方政府尤其是人口流入地政府的主体责任，积极承担市民化成本。在构建分担机制时，要打破"事权"和"财权"不统一，提高地方政府的积极性。[1] 在明确各级政府公共服务职责的同时，也要营造公平的环境，确保农业转移人口享有同等的公共服务项目。在住房方面，可以加大公租房的建设力度，主动承担大部分住房成本，将农业转移人口群体纳入城镇住房保障政策体系。同时政府也要增加水、电、路等公共服务和社会福利的支出，以及提供随迁子女的义务教育，主动承担教育费用。中央政府也有义务承担更大的责任。[2] 由于中央政府主要负责提供与人的生存发展密切相关的公共服务，例如社会保障、义务教育、就业和医疗等公共服务。中央政府应整体推进，统一支付成本。而保障性住房、社区服务以及社会治安等则应该坚持中央政府和地方政府共同承担的原则。

企业要保障农民的劳动利益，主动承担社会保障成本。从以上武汉市的成本测算中可以看出，农业转移人口市民化后，企业所分担总成本的比例为 3.5%。虽然企业在农业转移人口市民化成本分担中所承担的比重不大，但农民工为企业创造经济利益，只有当市民化人口和企业共同发展，实现双赢的时候，企业才能达到效益最大化，才能创造更多的财富，企业有责任也有义务主动承担起市民化成本中的一部分，为市民化人口在城镇长期稳定地生活奠定良好的基础。企业应该依法履行劳动合同，尊重市民

---

① 韩俊强：《农民工住房与城市融合——来自武汉市的调查》，《中国人口科学》2013 年第 2 期。

② 姚毅、明亮：《我国农民工市民化成本测算及分摊机制设计》，《财经科学》2015 年第 7 期。

化人口的劳动价值，保证基本工资的发放，坚决杜绝拖欠市民化人口工资的现象，使市民化人口获得最主要的收入来源，以此来承担市民化后的各项个人成本。企业要建立权责明确的劳动关系，实现"同工同酬、同工同时、同工同权"，以此来保障农业转移人口的各项权益。按照法律的要求，为农业转移人口缴纳各类保险金，分担市民化的部分成本，企业应尽力为员工创造良好的就业环境和劳动条件。同时也要在力所能及的范围内建造员工宿舍，改善市民化人口的居住环境，缓解政府增加住房方面的支出压力。企业要加强农民工的技能培训。市民化人口的素质有利于企业的发展，他们不仅仅是企业的劳动力，也是企业的人力资源，只有提升市民化人口的专业素质，才能提高生产力，加速企业产品的优化升级，提高企业的竞争力。企业承担培训和就业服务的成本，不仅是承担义务，也是在为自身谋求发展，更是为农业转移人口市民化做贡献。

农业转移人口承担市民化后的个人成本。市民化的个人成本是指农业转移人口市民化后在城镇居住所需要支付的各种费用。虽然政府需要在提高最低工资以及赋予农业转移人口农地财产权上做努力，但作为市民化的主体以及受益对象，农业转移人口应该在政府和企业提供支持的同时，提高自身能力，主动承担相应的市民化后的成本，不能完全依赖政府和企业。从以上武汉市的成本测算中可以看出，农业转移人口市民化后，个人所分担总成本的比例为58.61%，其中住房成本所占比重最大，住房是农业转移人口最关心、最迫切需要解决的问题。农业转移人口支付的住房成本是他们购买经济适用房、商品房或者租赁住房所支付的费用。由于定居城市后，租房并不是长久之计，购房成为市民化后的主流。这相较于在农村生活时是一笔较大的开支。农民个人还需要承担生活成本，包括衣、食、住、行等日常开支以及社会保障成本中的养老、医疗、失业等个人缴纳部分成本。

目前农业转移人口承担的市民化成本过高，超过了他们自身的承受能力，应当逐步建立和完善农业转移人口市民化的成本分担机制，明确政府、企业、农业转移人口对市民化成本的分担比例，提高政府、企业的分担比例，降低农业转移人口自身负担比例，使农业转移人口有意愿也有能力实现市民化。

第二节　长株潭城市群农业转移人口市民化协同推进实践

一　长株潭城市群推进农业转移人口市民化的现实基础

"两型"社会综合配套改革试验区建设、长株潭自主创新示范区建设、长株潭区域快速交通网络建设给长株潭地区带来了重大发展机遇，为新型城镇化的发展提供了条件，也为农业转移人口市民化的发展奠定了现实基础。长株潭三市农业转移人口市民化发展的现实基础具体表现在经济发展水平、制度保障、文化教育等方面。

（一）经济发展水平逐步提高，产业结构不断优化

经济发展水平是吸引农业转移人口的重要因素。第一，经济发展水平越高，能够提供越多的就业岗位，从而为农业转移人口提供更多的就业渠道。第二，经济发展水平越高，能够带来更多的财政收入，从而政府会增加基础设施投入，增强了农业转移人口市民化能力。

从经济总量的增长角度来看，其主要表现在 GDP 的增长速度上。近几年，经济发展进入新常态，但长株潭地区的 GDP 增长速度仍然是比较快的，具体如图 8-2 所示。

从图 8-2 可以看出，虽然近几年长株潭三市的 GDP 增长速度有所下降，但仍然高于 8%。而增长速度下降既是新常态宏观环境的反映，又是追求经济发展高质量的结果。从经济结构优化升级的角度来看，近几年长株潭三市的经济结构得到调整，主要表现在第一、第二、第三产业对经济的贡献率。

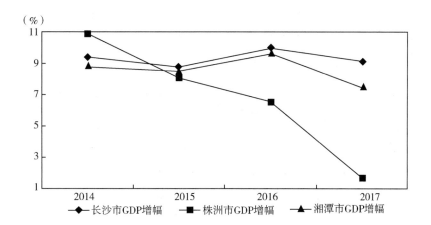

图 8 - 2　2014—2017 年长株潭三市 GDP 增长幅度

资料来源：2014—2017 年《长株潭三市国民经济和社会发展统计公报》。

　　从图 8 - 3、图 8 - 4、图 8 - 5 可以看出，长株潭三市第一产业对经济的贡献率是比较小的，且保持稳定的比例。第二产业对经济的贡献率呈现下降的态势，第三产业对经济的贡献率逐年提高，并且长沙从 2016 年开始超过第二产业。由此可以看出，产业结构得到进一步的优化升级。

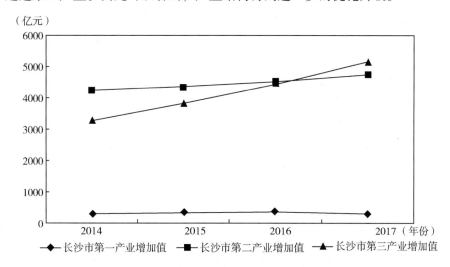

图 8 - 3　2014—2017 年长沙市第一、第二、第三产业增加值

资料来源：2014—2017 年《长沙市国民经济和社会发展统计公报》。

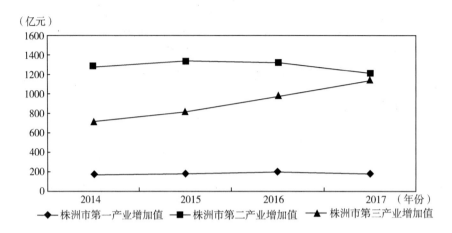

图8-4　2014—2017年株洲市第一、第二、第三产业增加值

资料来源：2014—2017年《株洲市国民经济和社会发展统计公报》。

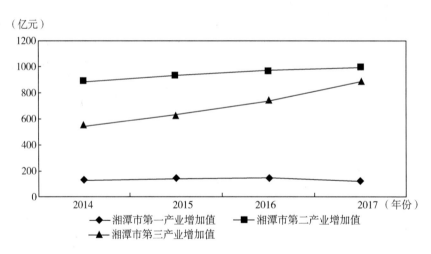

图8-5　2014—2017年湘潭市第一、第二、第三产业增加值

资料来源：2014—2017年《湘潭市国民经济和社会发展统计公报》。

（二）制度环境进一步优化

户籍制度改革稳步推进。湖南省政府在2015年出台了《湖南省人民政府关于进一步推进户籍制度改革的实施意见》，该《意见》提出的目标是建立城乡统一的户口登记制度，完善调整户口迁移的相关政策，在各个地区实行居住证制度，计划到 2020 年能够基本建立新型户籍制度。户籍本身的改革在形式上是容易的，即公安部门在户籍登记时，仅需加盖一个"农业人口"或"非农人口"的条形章就可以基本保持城乡的一致性，但附加在户籍制度之上的城乡不平等则是根深蒂固的，甚至是无形的。农业转移人口市民化不仅要实现身份上的市民化，更要注重实现权利和行为意识上的市民化。目前长株潭三市对于二元户籍制度的改革处于进行时状态，目的是进行更深层次的改革即实现城镇基本公共服务在全体居民中覆盖。

社会保障制度覆盖城乡。"十三五"规划以来，长株潭三市基本建立起覆盖城乡的社会保障制度。2017 年长沙市全市发放居民最低生活保障金 6.04 亿元，获得政府最低生活保障人数为 13.96 万人。年末参加全市劳动保障部门城镇职工基本养老保险的人数达 226.11 万人，基本养老金社会化发放率达 100%；参加新型农村养老保险人数为 257.35 万人；参加城乡居民医疗保险人数为 513.02 万人。① 2017 年株洲市基本医疗保险参保人数 390.09 万人；基本养老保险参与人数为 283.1 万人；工伤保险参与人数 54.7 万人；生育保险参与人数 33.4 万人；失业保险参与人数 37.9 万人。获得政府最低生活保障的城镇和农村居民人数大致相当，即分别有 5 万人和 6.5 万人，发放居民最低生活保障经费 4.3 亿元，其中，城镇 2.4 亿元，农村 1.9 亿元。2017 年湘潭市人均养老金由每月 1100 元增加至每月的 1900 元，年均增长幅度达到 15%；失业人员免费享受职工基本医疗保险，同时职工的医保在政策范围内的报销比例迅速提升。全市有 3.4 万名城镇居民和 3.4 万名农村居民获得了政府提供的最低生活保障。湘潭市政府还实施就业援助，免费为进城落户的农业转移人口办理就业失业登记，对农业转移人口市民化中零就业家庭提供至少一人就业的政策，因此帮

---

① 《2017 年长沙市国民经济和社会发展统计公报》，湖南省人民政府网，http：//www. hunan. gov. cn/zfsj/tjgb/201803/t20180320_ 4975246. html。

助了 4 万就业困难人员就业和再就业；对有就业愿望、符合条件的人员提供职业技能培训和技能鉴定补贴，累计为 16 万人提供职业技能培训和技能鉴定。

土地制度管理办法助力市民化。湖南省政府积极探索相应的土地制度管理办法，一是 2015 年出台《湖南省人民政府关于进一步推进户籍制度改革的实施意见》，《意见》中明确提出要在农村建立完善的产权流转市场，倡导进城落户的农业转移人口自愿有偿放弃土地承包经营权、宅基地使用权、集体收益分配权。但是不能以退出"三权"强制要求落户城市。二是严格规范使用农民集体所有用地进行建设，严格控制农村集体建设规模，不过度使用农村土地建设商品房。三是给农业转移人口提供住房的同时，实施相应的补贴政策，为土地制度的相关改革解决了农业转移人口市民化的后顾之忧。

通过对农业转移人口利益相关的户籍制度、社会保障制度以及土地制度三个方面的改革，在一定程度上为农业转移人口市民化提供了前提条件和制度保障。

（三）文化建设与教育水平不断提升

文化对农业转移人口市民化存在不小的影响，农村地区受生活风俗及受教育程度的影响，存在着不同的价值观念或是不同的生活习惯，与城市生活还存在较大的差距，主要体现在农村居民和城市居民生活方式不同、语言不同、卫生习惯不同等各方面。具体如下：第一，农业转移人口固有的生活习惯在进入城市生活之后也会体现出来，在刚进城生活时不能融入城市的生活，不适应城市的快节奏。农业转移人口难以与城市原有居民进行交往，多与有相似文化的亲戚、朋友交流，从而使他们无法真正融入城市，体会到城市生活的乐趣。第二，城镇居民对外来人口有一定的排斥，对农业转移人口原有的文化及价值观缺乏包容与尊重，使城镇居民与农业转移人口产生了一定的距离。第三，语言与心理差异影响市民化的融合。个别地区农业转移人口可能方言严重，缺少普通话的培训，使其在融入城市的过程中存在语言障碍或者在社会交往中遭到歧视，这些会使农业转移人口在心理上抵制市民化，缺少对城市的归属感和情感寄托。另外，农业转移人口大多数受教育程度较低，就业能力不足，多方面很难融入城市社会，所以不少农业转移人口形成了畏惧的心理，这对城镇化的进程和农业转移人口市民化十分不利。因此，长株潭三市政府在推进农业转移人口市民化过程中采取了以下措施：一是加强社区文化建设。政府是社区文化建设最主要的一部分，积极转变工作作风，主动将社区文化建设的工作机制建立起来，同时相应的职能部门要深入基层帮助其组织各类文化活动团队，为各类社区文化活动的建立搭建平台，使社区文化活动健康发展，也影响和带动了更多居民，使社区文化活动充满了生机和活力，从而扩大农村转移人口与城镇居民之间的交流平台，使其逐渐融入城镇生活。二是尊重良好的农村风俗习惯。对于农村一些积极向上的风俗应该大力弘扬，使中华民族历史文化悠久流传；对于那些有封建迷信的风俗予以摒弃，促使其向正确方向发展。三是推进普通话培训。加强对农业转移人口的普通话培训，减少与城市居民之间的交流障碍。同时允许农业转移人口把方言保留下来，丰富地方特色语言。从以上三个方面对语言、文化习俗等进行引导，在一定程度上为农业转移人口市民化提供文化支撑。

教育水平的提升对培养与城镇化发展相适应的农村劳动力有重要的作用，因为提高农业人口的人力资本主要通过教育来实现。近年来，长株潭三市政府加大了对教育的投入，教育资源更加丰富，规模更大，人均受教育年限大幅度提高，高中以上教育程度的人口在不断增加。

从表8-17中可以看出，长株潭三市的普通高等学校、中等学校以及普通小学的教职工人数逐年增加；长沙市各类学校的教职工人数远超株洲和湘潭两个城市。教职工人数的增加，反映了长株潭三市政府对教育的重视程度以及投入的力度。

表 8 - 17　　　长株潭三市 2012—2017 年各类学校教职工数量　　单位：人

类别	地区	2012 年	2013 年	2014 年	2015 年	2016 年	2017 年
普通高等学校教职工数	长沙市	50902	50532	50906	51232	51733	52666
	株洲市	5741	5903	5815	5764	6123	5962
	湘潭市	9627	9684	9849	9793	9978	9949
中等学校教职工数	长沙市	32953	32436	32298	33610	35061	37770
	株洲市	19777	19471	19393	19460	19217	19624
	湘潭市	13404	13157	12784	12610	12138	12136
普通小学教职工数	长沙市	21410	21800	22894	23641	25295	27814
	株洲市	11001	11082	11176	11396	11575	12286
	湘潭市	7905	7752	7932	7790	8004	7945

资料来源：湖南省统计局、国家统计局湖南调查总队编：《湖南统计年鉴 2018》，中国统计出版社 2018 年版。

从表 8 - 18 中可以看出，长株潭三市的普通高等学校、中等学校以及普通小学的在校生人数逐年增加，特别是普通高等学校在校生人数增加，充分说明了人们的受教育意识在增强，受教育程度在不断提高。

表 8 - 18　　　长株潭三市 2012—2017 年各类学校在校学生数量　　单位：人

类别	地区	2012 年	2013 年	2014 年	2015 年	2016 年	2017 年
普通高等学校在校学生数	长沙市	522753	530413	547404	569400	590020	610379
	株洲市	72855	75926	79042	82761	86150	88916
	湘潭市	118641	122216	124951	127807	12978	133231
中等学校在校学生数	长沙市	442731	443053	451323	460992	467289	488278
	株洲市	201368	202504	202650	199280	195237	197889
	湘潭市	171211	164343	155443	144689	140235	137947
普通小学在校学生数	长沙市	439532	457894	481333	509396	536458	574220
	株洲市	221829	228045	237748	253117	264580	276987
	湘潭市	147333	144191	140478	142563	145409	149428

资料来源：湖南省统计局、国家统计局湖南调查总队编：《湖南统计年鉴 2018》，中国统计出版社 2018 年版。

二 长株潭城市群推进农业转移人口市民化的成功实践

长株潭城市群在新型城镇化进程中大力推进农业转移人口市民化工作，相继出台了一系列政策和举措，积累了一些成功经验。

（一）实施户籍制度一元化，让农业转移人口"进得来"

长沙市的主要举措：一是建立统一的户口登记制度。2015 年 12 月，长沙市消除了农业户口与非农业户口性质的障碍，实行统一登记为居民户口的政策，该政策的实施主要得益于《关于进一步推进户籍制度改革的实施意见》的出台，该《意见》的提出使长期分割的城乡二元户籍壁垒在一定程度上瓦解，从而推动社会向前迈进。二是全面放宽户口迁移政策。即只要在长沙主城区购买了商品房，就可以落户；即使没有购买商品房，也可以申请落户，条件是要在主城区有固定的职业及住所，同时按照规定在该市参加城镇社会保险满一年。这个政策重点解决了外来务工经商人员和农业转移人口户籍问题，加速有竞争力并且在城市里就业与收入稳定的常住人口实现市民化，提高户籍人口城镇化水平，2017 年全市户籍人口城镇化率达到 44%。三是实施居住证制度。对于在长沙工作、生活、学习的外来人口，如果不愿意放弃原家乡户籍，只需要在长沙行政区域内居住、从业、就学满半年，即可申领居住证。居住证制度的实施，可以在一定程度上建立健全与居住年限相挂钩的基本公共服务提供机制。自 2017 年 6 月开始实施居住证办理过渡时期新办法以来，目前长沙共办理居住证 237225 张。四是推进实施长株潭三个城市之间的户口便利迁移政策，实现户籍在株洲、湘潭市区的居民，若其在三市中任一市区有固定住所及岗位，同时按照规定在该市参加城镇社会保险满一年，也可以实现户籍迁入长沙市区。

株洲市的主要举措：一是落实城市户口迁移。目前，株洲市完全按照省里文件执行，在县级市人民政府驻地镇、其他建制镇实行零门槛政策，在市区实行低门槛政策。即在市区与用人单位签订劳动合同，购买了社会养老保险满两年，有合法固定住所就可以申请落户；在五县（市）与用人单位签订劳动合同就可以申请落户城镇；在株洲市区暂时无工作，可以到株洲市人才交流市场办理相关手续，落户于人才市场的集体户口，实行先落户后择业。至 2017 年年底，全市新增加的城镇就业人数达到 5.22 万，新增加的农业转移人口就业人数为 1.43 万。二是推行居住证制度。2013 年 9 月，株洲市正式下发了《株洲市流动人口居住证"一证通"工作实施方案》，该方案的实施使政府对流动人口的管理与居住证有效关联，使流动人口公共服务管理体系逐步完善。2015 年株洲市政府出台了《株洲市人民政府关于进一步推进户籍制度改革的实施意见》，该《意见》的出台为户籍制度改革提出了具体的政策措施，使户籍改革有据可依，使政策实施效率提高。该《意见》提出要到 2020 年基本建立起与现代社会发展相适应，高效运行、规范发展的新型户籍制度。通过对户籍制度的全面革新，至 2017 年年底，全市常住人口在一定程度上增加。按城乡分，城镇人口 264.08 万人，乡村人口 138.07 万人，年末城镇化率为 65.67%。这充分显示了户籍制度改革取得成效。

（二）实施社会保障全覆盖，让农业转移人口"稳得住"

长沙市的主要举措：一是保障农民工子女受教育的权利。2014 年 8 月，长沙市出台"新 13 条"保障农民工子女入学的问题。其对进城务工人员随迁子女入学的入学条件、学区范围、入学程序、保障措施等均作了明确规定。另外，长沙市政府明确表示教育行政部门"平等对待"原则，按照"相对就近、免试入学、统筹安排"的办法安排农民工子女入学，使其受教育权利能够得到充分保障。因此，2017 年长沙市城区新扩建 150 所学校，新增 19 万多个学位，妥善安排 10 万多名进城务工随迁子女在公办学校就读。二是完善城乡居民基本医疗保险制度。该市为解决医疗保险管理体制城乡分割、管理失调、资源分散等相关问题，按照一定的原则，即基本制度、筹资标准、待遇水平等领先全国其他城市实现城乡居民医疗保险并轨。2018 年 3 月，部分驻湘全国政协委员在全国政协会议上联名提案，呼吁进一步完善城乡居民基本医疗保险制度。该提案的目的是使湖南省政府认真贯彻落实《国务院关于整合城乡居民基本医疗保险制度的意见》等文件精神，使原新农合和城镇居民医保相互整合形成新的城镇居民医保。这一次提案会进一步促进居民医疗保险制度的完善，以及保险质量的提高。至 2017 年年底，参加城镇职工基本医疗保险以及城乡居民医疗保险人数较多，比例较大，充分说明了城乡居民医疗保险制度在探索中不断完善。三是完善基本养老保险制度。领先中部其他省份城市建立起覆盖城乡居民基本养老保险制度，将各类别居民全部纳入制度范围。"十三五"期间连续 5 年每年提高城乡居民基础养老金 10 元，2016 年 7 月起每人每月基础养老金达到 145 元。截至 2017 年 8 月底，全市城乡居民基本养老保险参保人数 266.7 万，年满 60 岁以上享受待遇人数 77.2 万，累计发放 47.89 亿元，社会化发放率达到 100%，覆盖城乡的社会保障体系基本形成。①

株洲市的主要举措：一是强化义务教育保障。目前城市四个区域总计有 3 万多名进城经商务工农业转移人口子女入学。从 2011 年起，农业转移人口子女入学事项由流入地政府进行管理，学校类别以全日制公办中小学为主，入学报名时提供几项重要的资料，即务工证明、居住证明及户口本。在规定的时间内向务工居住所在地教育行政部门申请，由其统筹安排到就近的学校入学。凡接收农业转移人口子女的各级各类学校在收缴费、表彰奖励等方面应与城市学生同等对待。另外，视农业转移人口子女家庭困难情况，给予"两免一补"，从而减轻家庭教育负担。二是扩大职业教育。加大对包括农民工子女在内的在校学生的教育培训，使他们尽快掌握相关职业技能并实现就业创业。目前株洲职教大学城正按照此目标进行发展定位，加速实现从单一教育功能的职教园区到功能多元、形象独特的职教城区的转变，努力建设成为"中部地区职业教育创新之都"，奠定"北有天津、南有株洲"的职业教育发展格局。通过以上两个方面可以发现，株洲农业转移人口子女的受教育

---

① 《长沙基础养老金上调 7 月起每人每月可拿 145 元》，《长沙晚报》，https：//www. icswb. com/h/151/20160906/431551. html。

权益能够得到充分保障，增强了农业转移人口市民化的意愿。三是完善公共卫生服务。市政府制定《关于落实流动人口居住证"一证通"卫生服务管理工作的通知》等相关政策措施，该《通知》涵盖了多项服务内容，例如预约诊疗、健康教育、预防接种等。全面推进农村转移人口在县乡医疗机构免费住院、免费体检等工作，并且加强结核病、艾滋病等重大传染病的防控措施。建立规范化电子健康档案，创建标准型社区卫生服务机构。同时制订《基本公共卫生服务专项资金分配方案》，目的是满足基本公共卫生应需的经费，从而可以保障专款专用。2013 年全市参合率达到 98.73%，县乡两级政策范围内住院补偿率达到 76.95%，并且重大疾病的保障范围不断扩大，充分体现了基本公共卫生服务的覆盖范围。另外，2016 年株洲市在医疗卫生与计划生育上的支出达到了 5.75 亿元。这充分显示了基本公共卫生服务得到了政府的高度重视，农业转移人口的卫生健康问题能够得到保障。四是推动保障分散服务向市镇集中服务转移。第一，扩大社会保险覆盖面。使有参保意愿的新增城镇人口积极主动地加入城镇基本养老保险和基本医疗保险保障范围中，并且引导农业转移人口参加工伤保险和生育保险，达到与城镇职工同等待遇。第二，推进社会保障一卡通发放工作。2016 年全市已整合 2100 余家参保单位信息，下发 35 万条待确认参保个人信息，回收 19.4 万份《个人信息确认表》，累计尚有可上报省里制卡数据 69.2 万条，已在茶陵县、炎陵县试点向参加新农保人员统一发放了社会保障卡，持卡的农业转移人口可以与市民享受到一致的医疗保险结算和养老保险服务，加快了农业转移人口市民化的进程。第三，强化基层人力资源社会保障平台建设。基层人力资源社会保障平台是推进农业转移人口市民化的主要载体，在社会保险的征缴、监管、生存认证、部分业务经办及退休人员、工伤人员社会化管理服务等工作中得到不断强化。

湘潭市的主要举措：一是推进城乡教育公平化。在农业转移人口市民化的进程中，切实维护农业转移人口及其子女的相关利益。其中教育是农业转移人口密切关注的一个重要问题，因为其涉及其子女的利益。湘潭市政府考虑到现实的情况，积极主动地将随迁子女义务教育纳入公共财政保障范围，一方面能使农业转移人口放得下心，另一方面也保障了农民工子女受教育权利，推动城乡教育公平化。

表 8 - 19	湘潭市 2014—2017 年对教育预算的支出情况	单位：万元

年份	教育预算支出
2014	273378
2015	290861
2016	325149
2017	365851

资料来源：湖南省统计局、国家统计局湖南调查总队编：《湖南统计年鉴　2018》，中国统计出版社 2018 年版。

　　表 8 - 19 是湘潭市政府 2014—2017 年在教育方面的预算支出，可以看出预算支出数额在不断增加，其中 2017 年的预算就达到了 365851 万元，由此表明政府在教育方面的支出是比较大的，可以为转移人口子女教育提供财政保障。政府对转移人口子女的教育政策具体表现在以下三个方面。第一，落实教育惠民无差别政策。实行农村转移人口和非转移人口子女在进入各类别学校，即不管其接受学前教育、九年义务教育、普通高等教育还是职业教育，其收缴教育费标准是无差别的政策。第二，推进义务教育均衡发展。从湘潭市的义务教育发展状况出发，2016 年起，该市政府倡导城乡统一的义务教育生均公用经费政策的实施。全年市本级下达城乡义务教育阶段公用经费补助 4641.7 万元，安排改薄资金 3092 万元，促进建立城乡统一、重在农村的义务教育经费保障机制。第三，加快现代职业教育发展。2016 年市本级安排发展职业教育经费 2150 万元；拨付中职助学金 464.9 万元以及中职免学费财政补助资金 2688 万元，大力促进职业教育发展。以上三个方面都在一定程度上给农业转移人口的子女提供了有保障的教育机会，同时也推进了城乡教育的公平性。

　　二是推动城乡医保服务。根据要求开展城乡医疗服务以及计划生育服务，不论农村人口还是城镇人口，其对医疗卫生及计划生育政策的关注度是非常高的，而这两者的关系相辅相成。医疗卫生的进步，可以提高有效生育率，减少出生缺陷的情况，反过来生育率的提高，会增加对医疗卫生的需求。因此，湘潭市政府将医疗卫生与计划生育纳入财政保障的范围，具体情况见表8-20。

表8-20　　湘潭市2014—2017年医疗卫生与计划生育预算支出情况　单位：万元

年份	医疗卫生与计划生育预算支出
2014	164863
2015	180006
2016	212193
2017	223068

资料来源：湖南省统计局、国家统计局湖南调查总队编：《湖南统计年鉴　2018》，中国统计出版社2018年版。

由以上数据可以看出，近几年湘潭市政府在这两个方面的财政预算支出是不断增加的，其中2017年甚至达到了223068万元。财政预算支出的增加，意味着农业转移人口利益保障程度在提高。一方面支持创新城乡基本医疗卫生管理制度。第一，实现基本公共卫生服务一体化。2016年，全市基本公共卫生服务人均经费补助标准提高到45元以上，投入财政资金941.7万元用于城区基本公共卫生服务补助；对于农村基本卫生公共服务，也要加大资金支持力度，这样才能促进城乡医疗卫生制度的共同发展。第二，加大城乡居民医保整合力度。出台《湘潭市整合城乡居民基本医疗保险制度工作实施方案》，该《方案》实施的目的是减少行政管理的成本，使统一的城乡居民基本医疗保险制度逐步建立起来。第三，做好医疗保险关系转移接续。主要目的是实现参保人在职工医保和城乡居民医保之间的顺利转移，实现因公异地、异地安置和转外异地就医三类人员省内异地联网结算，争取纳入全国跨省异地联网结算试点城市。转接手续的顺利进行可以方便农村转移人口在转入地的使用，从而提高医疗保险的利用效率。

另一方面，湘潭市政府创建部门计划生育征信机制。截止到 2017 年年初，湘潭市已将多起违法生育失信案件的相关人提交到"全国法院失信被执行人名单信息公布与查询"平台并进行了公示。部门计划生育征信机制的创立为人口计生工作综合治理提供了制度依据，实现了部门间信息互通、执法协同，提高了工作的效率。

（三）推动城乡创新创业，让农业转移人口"放宽心"

长沙市的做法：一是保障农业转移人口"三权"利益。在农民进城落户与城镇居民同等享受社会福利的基础上，不是以退出"三权"作为农民进城落户的条件，使农民不因居住地、职业的改变而受到损失，即不是简单地变为市民，而是带着"三权"变为新型市民，从而增强农民变市民的安全感。二是积极盘活农村资源要素。在大力推进"三权"改革的过程中，始终坚持依法、自愿有偿的基本原则出台农村土地产权的流转机制，搭建农村产权三级交易信息平台，促使农村资源有序流动，更好发挥农村资源效益。同时积极探索开展在进城落户农民自愿的前提下有偿退出"三权"试点。在政府倡导"三权"的改革下，即在综合利用农村土地资源的情况下，2017 年全市实现农林牧渔业增加值 388.43 亿元，比上年增长 3.2%；林业增加值 19.48 亿元，增长 9.2%；渔业增加值 14.53 亿元，增长 4.9%。三是扶持农民创业就业。通过实施就业五年行动计划，创业就业政策体系得以完善。同时向农业转移人口进行职业技能培训提供相应的政府补贴服务，再加上对于创业给予相应的优惠政策，促进了农村转移劳动力就业。例如加大对农民就业带动作用强的农业企业和项目的扶持力度，使农业转移人口失业人数减少。

株洲市举措：一是推动农业人口向市镇转移。农业人口向市镇转移，部分人成功实现了职业转换、户籍转换和身份转换。为了使各项公共服务覆盖农村转移就业人口，让他们能够享受与城市居民同等待遇，通过增加就业机会，鼓励创业项目，加大人力技能培训力度，加大劳动监察维权强度，完善社会保障体系等途径，积极为农业转移人口市民化提供就业创业服务和社会保障支持，有力推动了农业转移人口市民化。二是推动就业创业项目向市镇转移。第一，鼓励扶持创业。株洲市近年来以实现创建国家级创业型城市为目标，通过各种创业项目，使资源得到优化配置，从而推动就业创业项目向市镇转移。2010年至2016年，为各类创业者发放促进就业小额担保贷款6004笔，总金额达57659万元，其中为农民工群体发放贷款1449笔，金额12674万元。"十二五"以来实施创业"百千万"工程，扶持创业项目2200余个，带动就业30000人，这些创业项目中60%为农业转移人口创办（如攸县、茶陵的大批返乡农民工创业者），有力地促进了农业转移人口市民化。至2016年，全市企业总数25208户，其中个体工商户154009户。第二，加强就业培训。利用基层人力资源社会保障平台，引导农村劳动力定点参加政府推荐的培训学校的就业培训，积极学习相应的就业技能。与聘用农村劳动力的企业、园区合作开展上岗前的培训，帮助他们适应岗位要求，同时实施职业培训补贴，使农业转移人口提高参加培训的兴趣，积极主动地接受岗位培训。第三，落实就业创业政策。通过落实"七补两贷三扶持"的就业政策，可以引导农村转移人口顺利就业，享受优惠补贴政策，提高每年就业资金使用效率。市创业办牵头协调落实税收、财政、金融和土地等创业优惠政策，建设各类创业孵化基地和创业园区，为返乡农民工等农业转移人口入园创业提供优质政务服务，至2016年，全市完成创业培训1.1万人。三是推动被征地农民分散安置向市镇安置转移。2016年，全市有被征地农民29万人失去了土地保障。为切实解决被征地农民的忧患问题，维护社会的和谐稳定，株洲市通过提高征收社会保障资金的标准、补贴年限等手段，将被征地农民统一纳入待遇标准更高的城镇职工养老保险、城镇职工医疗保险等城镇社会保障体系，并下发了《关于切实做好城区被征地农民就业培训和社会保障工作有关问题的通知》。该通知确保了被征地农民社会保障资金及时、足额筹集到位，进一步理顺资金拨付机制。截至2016年年底，已有7.1万被征地农民参加了城镇职工养老保险，累计征收保障资金24亿元，支出14亿元，结余10亿元。

这些举措为被征地农民由分散安置向市镇安置迁移提供推动力。

湘潭市举措：完善统筹城乡社保体系、全力服务农业转移人口创业就业。社会保障体系在农业转移人口市民化的工作中发挥了不可或缺的作用，有利于社会的和谐以及社会经济的稳定发展。推动农业转移人口的创业可以扩大城市的就业机会，增强社会的稳定。

从表8-21的数据来看，市政府在社会保障以及就业上的预算支出是不断增加的，其中2017年甚至达到了469173万元，远超于在教育、医疗卫生及计划生育方面的预算支出，说明了这是政府十分关注的问题。对这两方面的政策具体如下：在加快实施统一规范的城乡社会保障制度的过程中，各级政府要积极配合相关部门做好农业转移人口方面相应的衔接工作。一方面，筑牢社会救助保障体系。对于农业转移人口来说，社会救助保障是十分重要的部分。从2016年起，市本级财政每年安排450万元的临时救助专项资金，安排150万元的"救急难"专项资金，全年共计拨付社会救助资金24543万元，目的是逐步实现城乡居民在社会救助保障方面的统一，即救助政策、救助内容、救助条件和救助标准。另一方面，全面贯彻城乡养老扶持政策。中国人自古遵循养儿防老的观念，但是由于各家的经济能力所限，也会出现老无所依的状况。因此，要加快实施统一规范的城乡养老保险制度，为人口有序流动提供保障。2016年市政府累计拨付各类养老服务补贴资金670余万元，进一步推进了养老服务业的健康发展。

表8-21 　　湘潭市2014—2017年社会保障与就业预算的支出情况　　单位：万元

年份	社会保障与就业预算支出
2014	302213
2015	368234
2016	427507
2017	469173

资料来源：湖南省统计局、国家统计局湖南调查总队编：《湖南统计年鉴 2018》，中国统计出版社2018年版。

在创业与就业方面，深入推进统筹城乡就业工程。具体做法：一是加强保障。其中政府的财政支持就是一种保障措施，其内容包括积极向上级争取就业专项资金，同时逐年加大市本级财政资金的投入力度。2016年，争取上级就业专项资金2.44亿元，积极服务城乡就业创业，因此湘潭市全年城镇以及农村劳动力转移就业人数增加上万人。二是搭建就业平台。市政府联合相关部门出台《湘潭市扶持返乡农民工创业带动就业基地创建评选奖励实施方案》，具体表现在：扶持返乡农民工创业基地10个；全面实施全市创新创业三年行动计划；设立创新创业奖励基金1100万元等，这些都为全民创新创业提供了强大的物质基础。三是优质服务。近年来，共计拨付财政资金4000余万元，在全市各个乡镇累计建成83个基层公共服务平台，为转移人口提供各种各样的服务。例如为农业转移人口中的失业人员做失业登记，从而为其提供城乡一体的就业援助、职业指导等扶持政策。

三　长株潭城市群农业转移人口市民化存在的不足

长株潭三市的经济发展状况不同，在推进农业转移人口市民化进程中的做法也有差异，但是农业转移人口市民化过程中存在一些共性问题。

一是资金受限问题突出。自湖南省实施"省直管县"的财政体制改革之后，即以事权和财权对等为原则，市级政府的工作重心转移到提供公共服务、发展城市经济、加快建设中心城市等方面，由于市级政府受财力限制，支持县域城镇发展心有余而力不足。再加上长株潭三市获得城镇化的投入资金基本上靠当地政府的财政拨款，投融资渠道比较单一，因此对农业转移人口在文化教育、医疗卫生、社会保障等方面的公共投入不足，与城市相应水平差距较大。

二是产业支撑能力不强。城镇化的快速发展，需要强有力的产业作为经济基础支撑，否则就会呈现空中楼阁、有城无市的现象。长株潭三市城镇第二、第三产业近几年得到了一定的发展，但与发达地区相比，其水平是较低的，吸纳就业的能力较弱。同时三个城市的产业园区发展迅速，虽带动了部分城镇的发展，但仍有些城镇功能定位不明确，产业导向模糊，主导产业以及品牌效应缺失，甚至出现同质化的现象，使这些城镇经济发展缺乏独有的产业作为支撑，发展缺乏后劲。特别是湘潭市的传统经济增长模式在近几年越发无力，产业转型升级变得尤为困难，从而导致产业支撑能力不强。

三是户口管理和户籍制度问题。就目前长株潭三市的发展现状来看，要求"非转农"的多，要求"农转非"的少，迁往市区和发达地区的多，迁往小城镇的少，出现了"非转农"回迁潮等现象，阻碍了城镇化进程，增加了政府在推进农业转移人口市民化进程中的成本。因为附着在户籍上的利益繁杂，涉及部门众多，很多政策不配套甚至相互冲突，又缺乏协调配合，尚未形成合力。例如农转城后，就业、养老、医疗、低保等方面如何转移接续，虽然长株潭三市取得了一些成效，但是仍存在一些问题。因此，户籍管理和户籍制度的改革与创新是长株潭三市目前亟待解决的问题。

四　政策启示

推进农业转移人口市民化，需要解决几个关键问题：一是户籍问题，即农业转移人口进入城镇后户籍的转变。二是权利问题，即农业转移人口可同等享受就业、子女教育、住房、医疗卫生、社会保障等方面的服务。三是资金问题，即为农业转移人口市民化提供财政保障。从户籍问题、城乡社会保障、公共教育共享、住房保障等多个方面综合考虑农业转移人口市民化，根据长株潭城市群的实际情况，得出以下政策启示。

（一）户籍制度改革与社会保障协同推进

按照党的十八届三中全会要求，全面取消小城市落户限制，有序实施中等城市落户政策。另外，2015 年湖南省在户籍制度改革进程中又一次加快了步伐，即出台了《湖南省人民政府关于进一步推进户籍制度改革的实施意见》。就长株潭三市而言，一是要重点解决城区被征地农民、城中村居民，以及长期在市区工作生活的非城市户口居民等存量农业转移人口市民化等问题。城乡二元制户籍制度是农业转移人口市民化的主要障碍，其阻碍了长株潭三市劳动力的自由流动。当然二元制户籍制度的改革变成一体化的户籍制度只是第一步，例如将株洲市四区及云龙示范区内的农业户口居民转为城市居民，让其享受与城市居民同等的待遇。二是实行城乡统一的户口迁移政策，放宽进城落户条件。对市区进城务工、经商人员，合理确定该城市落户条件，把符合条件的农业转移人口转为城镇居民。三是积极出台户籍制度改革的配套政策。即要确保农业转移人口平等享有医疗、养老、社会保险等社会保障，换句话说，在推进户籍制度改革的同时，要注重与农业转移人口利益相关的社会保障机制的协同推进，不能单独追求户籍人口城镇化率，更要注重附着在户籍上的社会保障均等化，使其覆盖范围扩大，财政支出对其投资力度增加，而社会保障的完善也会提高农业转移人口市民化的意愿。针对长株潭三市的具体实际情况，在推进户籍制度改革中，要加大市财政对社会保障的投资力度，加强对社会保障部门政策实施的监督，使其真正把相关政策落实到位。放开放宽城市落户限制，推进户籍制度改革与社会保障机制的协同发展。

（二）公共教育、医疗卫生、城镇住房、就业创业等基本公共服务与市民化协同发展

在推进农业转移人口市民化的过程中，长株潭三市政府需要协同推进医疗卫生、教育、城镇住房等公共服务与市民化发展，加快实现城镇基本公共服务常住人口全覆盖。近几年长株潭三市政府虽然对公共服务方面的投入力度不断加大，但是缺口仍然很大，公共服务还有待继续完善。

在城镇住房方面，长株潭三市要积极推进建立住房保障体系。住房是农业转移人口市民化进程中需要重点关注的问题，也是进入城市生活最基本的保障。城镇住房是农业转移人口市民化的前提条件，是实现农业转移人口最终留在城镇居住发展的重要载体。要让更多的农民进城，就需解决和改善其在城镇的居住条件，尽快建立起多层次的住房供应保障体系，保证"居住有其屋"。针对目前长株潭三市城镇住房的现实问题，需要从以下几个方面进行改善。第一，促进农村产权制度改革，为农民创造获得更多财产性收入的机会，引导更多转移进城的农民将财富从农村转移到城镇中去，同时要完善针对进城农民的保障措施，解决购房后的其他负担。第二，逐步建立农村转移人口负担得起的城镇廉租房制度，确保农民进城后有房可住。尤其针对为城镇建设做出贡献并在城镇具有稳定职业的进城农民，要确保廉租房制度将他们纳入保障体系。第三，根据进城农民的实际需求，建立更符合现实状况的住房公积金制度，将公积金的受益人群扩大至广大农民群体，为落户城市的农民建立保障住房安全的最低防线。第四，针对当前长株潭城镇住房的困境，重要的一大根本举措还是提高农民自身的稳定性收入。对此要建立长期稳定的制度，增强进城农民的创收能力，不断提高农民的薪资收入，提高农民工的购房能力。

在就业方面，主要目的是提高就业保障水平，这是推进农业转移人口市民化的重要基础。只有让转移进城农民获得理想的就业岗位且得到稳定的经济收入，他们才能在新的环境中真正生存下来，并愿意留在城市稳定发展，从而为城市建设与发展贡献更大的力量，共享城市发展的现代生活。因此，为了促进农业转移人口市民化有效进行，必须从整体上提高城镇的就业保障水平。提高就业保障水平有如下主要措施：一是制定相应的激励政策，鼓励农民工积极应聘城镇工业、新兴产业、现代服务业发展带来的众多岗位，实现更高质量的就业；二是加强技能培训，主要在文化素质和专业技能方面，从而增强农业转移人口的就业竞争力；三是充分发挥政府公共财政的作用，积极为农业转移人口中的贫困和特殊家庭提供就业渠道，增加岗位福利，从而使其生活来源得到基本保障；四是将农业转移人口纳入城镇居民统一的就业服务体系中，与城镇居民共享就业资源，建立平等的劳动力市场。

（三）新型工业化、新型城镇化、农业现代化与市民化协同发展

新型城镇化进程中，农业转移人口市民化不仅使城镇规模扩大，而且使城镇化质量得到提升。农业转移人口转化为城镇市民有利于农村实现土地规模经营，促进农业生产向集约化、现代化发展，提高劳动生产率，推动传统农业向现代化农业转变。新型城镇化的本质是实现农业转移人口市民化，农业转移人口市民化为城市发展带来稳定且丰富的劳动力资源，增加消费需求，从而促进产业发展。而产业发展可以在一定程度上优化城市产业结构，从而提高城镇发展的水平与能力。应促进工商资本入乡，鼓励他们投资适合产业化、规模化、集约化经营的农业领域。实现乡村经济多元化和农业全产业链发展，用城市的工业来延长农业的产业链，用城市的互联网产业等服务业丰富农村的产业业态，实现城乡之间产业协同。大力发展现代服务业，优先发展现代物流业，打造物流信息平台的建设。大力培育大型的电子商务公司，打造适合农业转移人口创业的"互联网＋"的模式，为农业转移人口提供众多的就业创业机会，使产业结构升级和农业转移人口市民化之间形成良性互动关系。新型工业化的发展要求是由"高耗能、高污染、低效益、低附加值"向"高效益、高附加值、低能耗、低污染"转变。长株潭是湖南省新型工业化的核心地区，其区位优势与产业优势明显。加快新型工业化发展，可以为农业转移人口市民化提供经济支撑和产业支持。

（四）农村土地权益保障与农业转移人口市民化协同推进

农业人口转为市民后，其承包地、宅基地的处置问题是推进城镇化过程中的重大现实问题，因为长久不变的土地承包权和依法保障的宅基地使用权是农民的重要财产权利。加快推进农村土地产权制度改革，切实保护好农业转移人口财产权益，这是地方政府激励农业转移人口市民化的一个现实选择。从法律层面赋予农民更多的话语权和利益分配权，这样可以使农业转移人口自由决定土地承包经营权或者宅基地使用权取舍问题。政府可以探索建立合理的征地补偿以及利益分配机制，让农业转移人口获得更

好的保障与支持，减少市民化的后顾之忧。可将农业转移人口的土地经营权以及宅基地使用权折成股份入市，建立集体经营性建设用地入市制度，可流转土地承包经营权，建立农村土地产权信息数据库，及时准确地记录产权的流转情况，便于土地产权交易的高效运行。协同推进农业转移人口市民化与农村土地权益保障，通过完善农村土地权益流转体系和流转市场，从根本上消除农业转移人口市民化的后顾之忧。

（五）政府、企业、农业转移人口多元主体协同推进

农业转移人口市民化需要投入大量的资金，或者说付出一定的成本，包括基础设施建设成本、社会保障成本、城市生活成本、住房成本和子女教育成本。这些成本需要政府、企业、农业转移人口各主体共同承担。政府主要承担基础设施建设成本和随迁子女义务教育成本的全部、社会保障成本的大部分、住房成本的小部分；企业主要承担一部分社会保障成本；农业转移人口自身承担住房成本大部分、生活成本的全部、社会保障成本的小部分。在成本分担过程中，各主体应相互协同，整体推进。

参考文献

一　中文著作、学位论文

高飞：《中国农业转移人口市民化政策研究》，科学出版社 2018 年版。

郭冠男：《农民在市民化过程中的土地权利研究》，博士学位论文，中国农业大学，2016 年。

樊纲、马蔚华：《农业转移人口市民化与中国产业升级》，中国经济出版社2013 年版。

黄锟：《中国农业转移人口市民化制度分析》，中国人民大学出版社 2011年版。

李抗：《农民工市民化进程中的财政政策研究》，博士学位论文，中国财政科学研究院，2015 年。

欧阳力胜：《新型城镇化进程中农民工市民化研究》，博士学位论文，财政部财政科学研究所，2013 年。

潘家华、魏后凯等：《中国城市发展报告：农业转移人口的市民化》，社会科学文献出版社 2013 年版。

祁晓玲、罗元青等：《农业转移人口市民化理论及政策研究》，人民出版社2019 年版。

单菁菁：《中国农民工市民化研究》，社会科学文献出版社 2012 年版。

田明：《农业转移人口的流动与融入》，科学出版社 2015 年版。

王晓红：《农业转移人口市民化成本及其分担机制研究》，博士学位论文，东北农业大学，2016 年。

姚德超：《共生视域下农业转移人口市民化问题治理研究》，中国社会科学出版社 2018 年版。

张雷：《土地流转影响农民工市民化的机制研究》，博士学位论文，西北大学，2017 年。

郑玲玲：《中国农业转移人口市民化的政策与路径研究》，博士学位论文，东北师范大学，2017 年。

朱健：《户籍制度改革背景下农业转移人口市民化问题研究》，博士学位论文，湘潭大学，2016 年。

二 中文论文

安虎森、刘军辉：《农村土地产权制度改革与城镇化》，《甘肃社会科学》2013 年第 3 期。

蔡昉：《以农民工市民化推进城镇化》，《经济研究》2013 年第 3 期。

陈斌开、陆铭、钟宁桦：《户籍制约下的居民消费》，《经济研究》2010 年第 1 期。

陈超美：《CiteSpace Ⅱ：科学文献中新趋势与新动态的识别与可视化》，陈悦等译，《情报学报》2009 年第 3 期。

陈筱、彭希哲、张力：《城市落户条件的区域差异——基于全国 46 个样本城市的分析》，《人口与发展》2011 年第 4 期。

陈钊、陆铭等：《移民的呼声——户籍如何影响了公共意识与公共参与》，《社会》2014 年第 5 期。

谌新民、周文良：《农业转移人口市民化成本分担机制及政策涵义》，《华南师范大学学报》（社会科学版）2013 年第 5 期。

程诚、王宏波：《农民工市民化途径实证研究》，《城市问题》2010 年第
7 期。

程欣炜、林乐芬：《经济资本、社会资本和文化资本代际传承对农业转移
人口金融市民化影响研究》，《农业经济问题》2017 年第 6 期。

程业炳、张德化：《农业转移人口市民化的制度障碍与路径选择》，《社会
科学家》2016 年第 7 期。

崔庆五：《关于成都户籍制度改革模式的几点思考》，《人口与经济》2012
年第 2 期。

丁静：《农业转移人口市民化政策运行的逻辑起点与理性回归》，《求实》
2018 年第 6 期。

董莉、董玉整：《农业转移人口市民化进程的层次跃进》，《学术研究》2017
年第 6 期。

董延芳、刘传江：《农民工市民化中的被边缘化与自边缘化：以湖北省为
例》，《武汉大学学报》（哲学社会科学版）2012 年第 1 期。

范长煜：《新型城镇化背景下加快农业转移人口市民化研究 》，《华中师范
大学学报》（人文社会科学版）2018 年第 3 期。

范洋洋、刘兆延、张淑华：《新生代农民工市民化影响因素分析——基于
HLM 模型的实证研究》，《沈阳大学学报》（社会科学版）2016 年第
5 期。

方永丽、胡雪萍：《农业转移人口市民化进程中的"推力—拉力"分析》，
《中国农业资源与区划》2017 年第 8 期。

冯虹、李升：《特大城市外来人口聚集区中的农民工群体研究》，《国家行
政学院学报》2016 年第 1 期。

傅晨、李飞武：《农业转移人口市民化背景下户籍制度创新探索：广东"农
民工积分入户"研究》，《广东社会科学》2014 年第 3 期。

葛乃旭、符宁、陈静：《特大城市农民工市民化成本测算与政策建议》，《经

济纵横》2017 年第 3 期。

葛正鹏：《农村城市化：农民市民化研究的新视角》，《经济问题》2007 年
第 4 期。

谷正艳：《农业转移人口市民化需冲破哪些障碍》，《人民论坛》2017 年第
5 期。

顾东东、杜海峰等：《新型城镇化背景下农民工社会分层与流动现状》，《西
北农林科技大学学报》（社会科学版）2016 年第 4 期。

辜胜阻、李睿、曹誉波：《中国农民工市民化的二维路径选择：以户籍改
革为视角》，《中国人口科学》2014 年第 5 期。

郭熙保：《集体成员动态化：户籍制度与土地制度改革同步推进的新思路》，
《光明日报》2014 年 8 月 27 日第 15 版。

郭郡郡、刘玉萍、赵清亲：《农业转移人口市民化研究动态——基于 Cite Space
的知识图谱分析》，《西华师范大学学报》（哲学社会科学版）2018 年
第 6 期。

国务院发展研究中心课题组：《农民工市民化对扩大内需和经济增长的影
响》，《经济研究》2010 年第 6 期。

韩俊强：《农民工住房与城市融合——来自武汉市的调查》，《中国人口科
学》2013 年第 2 期。

韩立达、谢鑫：《变"权"为"利"、突破农业转移人口市民化私人成本障
碍》，《理论与改革》2015 年第 1 期。

胡平：《简析城市农民工市民化的障碍及实现途径》，《农村经济》2005 年
第 5 期。

胡杰成：《边缘化生存：农民工的工作和生活状况——来自珠三角某工厂
的一项田野调查研究》，《宏观经济研究》2011 年第 1 期。

黄建新：《新生代农民工市民化：现状、制约因素与政策取向》，《华中农
业大学学报》（社会科学版）2012 年第 2 期。

黄锟：《城乡二元制度对农民工市民化影响的实证分析》，《中国人口·资

源与环境》2011 年第 3 期。

黄林秀、唐宁：《城市化对农村居民生活质量影响的实证研究——以城乡综合配套改革试验区重庆为例》，《西南大学学报》（社会科学版）2011 年第 3 期。

黄露霜、郭凌：《中国农业转移人口市民化：历史演进、现实困境与路径选择》，《农业经济》2016 年第 12 期。

纪春燕、张学浪：《新型城镇化中农业转移人口市民化的成本分担机制建构——以利益相关者、协同理论为分析框架》，《农村经济》2016 年第 11 期。

贾康：《中国新型城镇化进程中土地制度改革的新思路》，《经济纵横》2015 年第 5 期。

贾晓芳、李丹、黄锐：《湖南省人口城镇化与土地城镇化协调发展研究》，《城市学刊》2017 年第 2 期。

康传坤、孙根紧：《基本养老保险制度对生育意愿的影响》，《财经科学》2018 年第 3 期。

冷智花、付畅俭：《收入差距与人口迁移——人口学视角的城市化动因研究》，《重庆大学学报》2015 年第 6 期。

李国平、孙铁山、刘浩：《新型城镇化发展中的农业转移人口市民化相关研究及其展望》，《人口与发展》2016 年第 3 期。

李俭国、张鹏：《新常态下新生代农民工市民化社会成本测算》，《财经科学》2015 年第 5 期。

李培林、田丰：《中国农民工社会融入的代际比较》，《社会》2012 年第 5 期。

李涛：《推进农业转移人口市民化制度建设的几点建议》，《经济研究参考》2016 年第 2 期。

李晓庆、姜博等：《城市群土地集约利用与新型城镇化耦合协调分析——以我国三大城市群为例》，《长江流域资源与环境》2017 年第 7 期。

刘传江：《新生代农民工的特点、挑战与市民化》，《人口研究》2012 年第
　　2 期。

刘传江、徐建玲：《"民工潮"与"民工荒"——农民工劳动供给行为视
　　角的经济学分析》，《财经问题研究》2006 年第 5 期。

刘传江、徐建玲：《第二代农民工及其市民化研究》，《中国人口·资源与
　　环境》2007 年第 1 期。

刘传江、周玲：《社会资本与农民工的城市融合》，《人口研究》2004 年第
　　5 期。

刘丽：《新生代农民工"市民化"问题研究——基于社会资本与社会排斥
　　分析的视角》，《河北经贸大学学报》2012 年第 5 期。

刘庆斌：《推进农业转移人口市民化的着力点》，《学习时报》2014 年 4 月
　　28 日第 4 版。

陆成林：《新型城镇化过程中农民工市民化成本测算》，《财经问题研究》
　　2014 年第 7 期。

路春艳、张馨慧：《北京市社会保障综合水平评价研究》，《区域经济研究》
　　2018 年第 3 期。

马晓河、胡拥军：《推动一亿农业转移人口市民化的政策建议》，《经济研
　　究参考》2018 年第 24 期。

彭黎：《市民社会语境下的农民市民化》，《华中农业大学学报》（人文社会
　　科学版）2016 年第 1 期。

齐红倩、席旭文：《分类市民化：破解农业转移人口市民化困境的关键》，
　　《经济学家》2016 年第 6 期。

冉光和、汤芳桦：《我国非正规金融发展与城乡居民收入差距——基于省
　　级动态面板数据模型的实证研究》，《经济问题探索》2012 年第 1 期。

孙蚌珠、王乾宇：《在全面改革中推进农业转移人口市民化》，《山东社会
　　科学》2014 年第 1 期。

申明锐、张京祥：《新型城镇化背景下的中国乡村转型与复兴》，《城市规

划》2015 年第 1 期。

施远涛：《农业转移人口市民化的逻辑、困境及政策变革——基于家庭的
    视角》，《苏州大学学报》（哲学社会科学版）2015 年第 1 期。

眭海霞、陈俊江：《新型城镇化背景下成都市农业转移人口市民化成本分
    担机制研究》，《农村经济》2015 年第 2 期。

谭崇台、马绵远：《农民工市民化：历史、难点与对策》，《江西财经大学
    学报》2016 年第 3 期。

田新朝、张建武：《基于双重结构的新生代农民工市民化及其影响研究：以
    广东省为例》，《人口与发展》2013 年第 1 期。

田园：《政府主导和推进下农业转移人口市民化问题探究》，《西北农林科
    技大学学报》（社会科学版）2013 年第 3 期。

田珍、秦兴方：《农民市民化的路径选择与逻辑次序：基于农民群体分化
    的视角》，《农村经济》2010 年第 6 期。

王春光：《我国城市就业制度对进城农村流动人口生存和发展的影响》，
    《浙江大学学报》（人文社会科学版）2006 年第 5 期。

王春蕊：《论农业转移人口市民化进程中居住证管理制度的完善》，《中州
    学刊》2015 年第 6 期。

王桂新、胡健：《城市农民工社会保障与市民化意愿》，《人口学刊》2015
    年第 6 期。

王桂新、沈建法、刘建波：《中国城市农民工市民化研究——以上海为例》，
    《人口与发展》2008 年第 1 期。

王国霞、张慧：《农业转移人口市民化成本分担机制分类设计初探》，《经
    济问题》2016 年第 5 期。

王西、刘维刚：《农业转移人口市民化成本测算及分担机制研究》，《经济
    纵横》2016 年第 12 期。

王习贤、贺治方：《制度设计与文化融合：农业转移人口市民化研究的两
    个视角》，《城市学刊》2015 年第 1 期。

王兆刚、邵杰：《政府治理视角下我国农业转移人口市民化的障碍与推进路径》，《中共青岛市委党校学报》2016 年第 6 期。

王志燕、魏云海、董文超：《山东省农业转移人口市民化成本测算及分担机制构建》，《经济与管理评论》2015 年第 2 期。

王竹林：《农民工市民化的资本困境及其缓解出路》，《农业经济问题》2010 年第 2 期。

魏后凯：《加快户籍制度改革的思路和措施》，《中国发展观察》2013 年第 3 期。

魏后凯、苏红键：《中国农业转移人口市民化进程研究》，《中国人口科学》2013 年第 5 期。

韦路、陈稳：《城市新移民社交媒体使用与主管幸福感研究》，《国际新闻界》2015 年第 1 期。

文乐：《人力资本、空间溢出与农业转移人口市民化——基于空间面板数据的经验研究》，《软科学》2017 年第 9 期。

吴波：《基于户籍新政解构下农业转移人口市民化推进路径的重构》，《华东经济管理》2015 年第 3 期。

吴宾、夏艳霞：《农业转移人口市民化研究热点述评——基于共词分析视角》，《湖南农业大学学报》（社会科学版）2017 年第 2 期。

吴丽丽：《社会资本视角下新生代农民工市民化路径研究》，《农业经济》2016 年第 9 期。

吴萨、曾红颖等：《流动人口的基本公共服务需新的制度安排》，《宏观经济管理》2013 年第 4 期。

吴业苗：《农业人口转移的新常态与市民化进路》，《农业经济问题》2016 年第 3 期。

夏丽霞、高君：《新生代农民工市民化进程中的社会保障》，《城市发展研究》2009 年第 7 期。

肖倩：《城乡制度一体化：破解农民工市民化进程中的制度性障碍》，《中共浙江省委党校学报》2016 年第 2 期。

夏显力、张华：《新生代农民工市民化意愿及其影响因素分析：以西北 3
　　省 30 个村的 339 位新生代农民工为例》，《西北人口》2011 年第 2 期。

熊萍：《户籍制度视角下的农民市民化机制探析——基于推拉理论》，《农
　　村经济》2012 年第 6 期。

熊易寒：《城市规模的政治学：为什么特大城市的外来人口控制政策难以
　　奏效》，《华中师范大学学报》2017 年第 6 期。

徐建玲：《农民工市民化进程度量：理论探讨与实证分析》，《农业经济问
　　题》2008 年第 9 期。

许月恒、任栋：《山东省农业转移人口市民化问题研究》，《宏观经济管理》
　　2018 年第 4 期。

杨聪敏：《新时代农民工的"六个融合"与市民化发展》，《浙江社会科
　　学》2014 年第 2 期。

杨静：《农业转移人口市民化社会服务机制创新研究》，《河海大学学报》
　　（哲学社会科学版）2017 年第 3 期。

杨菊华：《中国流动人口的社会融入研究》，《中国社会科学》2015 年第
　　2 期。

杨守玉：《农民工融入城市影响因素的实证分析：基于广州市农民工的研
　　究》，《农业技术经济》2012 年第 3 期。

杨卫忠：《农业转移人口就地城镇化的战略思考》，《农业经济问题》2018
　　年第 1 期。

杨晓军：《中国户籍制度改革对大城市人口迁入的影响——基于 2000—2014
　　年城市面板数据的实证分析》，《人口研究》2017 年第 1 期。

杨英强：《农民工市民化实证研究》，《经济体制改革》2011 年第 6 期。

杨月、刘兆顺：《新型城镇化背景下长春市人口与土地城镇化协调性研究》，
　　《湖北农业科学》2017 年第 17 期。

杨云善：《建立农业转移人口市民化促进机制研究》，《河南社会科学》2014

年第 2 期。

姚毅、明亮：《我国农民工市民化成本测算及分摊机制设计》，《财经科学》
　　2015 年第 7 期。

姚植夫、薛建宏：《新生代农业转移人口市民化意愿影响因素分析》，《人
　　口学刊》2014 年第 3 期。

余传杰：《农业转移人口市民化：机制完善及制度创新》，《中州学刊》2014
　　年第 3 期。

张飞：《新型城镇化背景下中央与地方财税关系研究》，《经济与管理评论》
　　2017 年第 5 期。

张广裕：《农业转移人口市民化影响因素分析——以甘肃为例》，《生产力
　　研究》2017 年第 9 期。

张国胜、陈瑛：《社会成本、分摊机制与我国农民工市民化——基于政治
　　经济学的分析框架》，《经济学家》2013 年第 1 期。

张国胜、杨先明：《中国农民工市民化的社会成本研究》，《世界经济》2008
　　年第 5 期。

张继良、马洪福：《江苏外来农民工市民化成本测算及分摊》，《中国农村
　　观察》2015 年第 2 期。

张江雪：《中国农业转移人口市民化测度研究——基于全国 8 城市大样本
　　数据的调查分析》，《人口与经济》2017 年第 5 期。

张明新、杨梅等：《城市新移民的传播形态与社区归属感——以武汉市为
　　例的经验研究》，《新闻与传播评论》2009 年第 1 期。

张笑秋：《心理因素对新生代农民工市民化意愿的影响——以湖南省为例》，
　　《调研世界》2016 年第 4 期。

张心洁、周绿林等：《农业转移人口市民化水平的测量与评价》，《中国软
　　科学》2016 年第 10 期。

张欣炜、宁越敏：《农业转移人口市民化成本测算及分担机制研究——以
　　山东省淄博市为例》，《城市发展研究》2018 年第 1 期。

张彰、郑艳茜等：《农业转移人口市民化财政成本的分类评估及核算》，《西北人口》2018 年第 1 期。

张致宁、桂爱勤：《财政转移支付支持农业转移人口市民化问题研究》，《湖北社会科学》2018 年第 1 期。

章秀英：《城镇化对农民政治意识的影响研究》，《政治学研究》2013 年第 3 期。

赵红、王新军：《我国农业转移人口市民化推进研究——基于机制设计理论》，《西北农林科技大学学报》（社会科学版）2015 年第 3 期。

赵继颖、曹玉昆：《有序推进农业转移人口市民化的制度安排》，《科学社会主义》2014 年第 2 期。

赵立新：《城市农民工市民化问题研究》，《人口学刊》2006 年第 4 期。

曾鹏、向丽：《中西部地区人口就近城镇化意愿的受教育程度差异研究》，《数理统计与管理》2017 年第 2 期。

郑鑫：《城镇化对中国经济增长的贡献及其实现途径》，《中国农村经济》2014 年第 6 期。

郑永兰、翟鸿健：《基于推拉理论的新生代农民工中小城市定居研究》，《安徽农业科学》2015 年第 4 期。

周密、张广胜等：《新生代农民工市民化程度的测度》，《农业技术经济》2012 年第 1 期。

周小刚、陈东有：《中国人口城市化的理论阐释与政策选择：农民工市民化》，《江西社会科学》2009 年第 12 期。

朱健、陈湘满、袁旭宏：《我国农民工市民化的影响因素分析》，《经济地理》2017 年第 1 期。

三 外文参考文献

Anam. M., Chiang S. H., "Rural-urban Migration of Family Labor：A Portfolio Model", *The Journal of International Trade & Economic Development*, Vol. 16, No. 3, June 2007.

Au C. C. , Henderson J. V. , "How Migration Restrictions Limit Agglomeration and Productivity in China", *Journal of Development Economics*, Vol. 80, No. 2, April 2006.

Epstein G. S. , Gang I. N. , "The Influence of Others on Migrationplans", *Review of Development Economics*, Vol. 10, No. 4, August 2006.

Eversole R. , Johnson M. , "Migrantremittances and Household Development: An Anthropological Analysis", *Development Studies Research*, Vol. 1, No. 1, January 2014.

Jeremy Burchardt, "Historicizing Counterbanization: In-migration and the Reconstruction of Rural Space in Berkshire (UK), 1901 – 51", *Journal of Historical Geography*, Vol. 2, No. 4, August 2012.

Kahsai Mulugeta S. , Schaeffer, Peter V. , "Deconcentration, Counter-Urbanization, or Trend Reversal? The Population Distribution of Switzerland, Revisited", *Open Urban Studies Journal*, 2010 (3) .

Nelson P. B. , Nelson L. , Trautman L. , "Linked Migration and Labor Market Flexibility in the Rural Amenity Destinations in the United States", *Journal of Rural Studies*, 2014, 36.

Roizblatt A. , Pilowsky D. , "Forced Migration and Resettlement: Its impact on families and individuals", *Contemporary Family Therapy*, Vol. 18, No. 18, September 1996.

Tuyen T. , Lim S. , Cameron M. , et al. , "Farmland loss, nonfarm diversification and inequality among households in Hanoi's peri-urban areas, Vietnam", *International Development Planning Review*, Vol. 36, No. 3, June 2014.

Tiemann T. K. , "Grower-Only Farmers' Markets: Public Spaces and Third Places",

The Journal of Popular Culture, Vol. 41, No. 3, June 2008.

Portes A., Roberts B. R., "The free-market city: Latin American urbanization in the years of the neoliberal experiment", *Studies in Comparative International Development*, Vol. 40, No. 1, January 2005.

Whalley J., Zhang S. A., "numerical simulation analysis of (Hukou) labour mobility restrictions in China", *Journal of Development Economics*, Vol. 83, No. 2, April 2007.

Zhang K. H., Shunfeng S., "Rural-urban migration and urbanization in China: Evidence from time-series and cross-section analyses", *China Economic Review*, Vol. 14, No. 4, August 2003.

后 记

本书是国家社会科学基金项目"新型城镇化进程中农业转移人口市民化协同推进机制及政策研究"（课题号 14BJL067/结题号 20194648）的研究成果。

加快推进农业转移人口市民化既是中国现代化进程中的重大战略问题，也是决胜全面建成小康社会和实施乡村振兴战略的关键问题。党的十九大报告提出"以城市群为主体构建大中小城市和小城镇协调发展的城镇格局，加快农业转移人口市民化"，说明党中央将农业转移人口市民化作为一个系统工程协同推进，为我国农业转移人口市民化进程指明了方向。

本书力图将农业转移人口市民化问题置于新型城镇化和区域协调发展的整体框架下，深入研究农业转移人口市民化的影响因素、动力机制、协同推进机制及政策路径。在研究农业转移人口市民化过程中，明确提出"协同推进"概念，并构建协同推进机制框架。将农业转移人口市民化进程和新型城镇化、新型工业化及农业现代化相结合进行研究，从理论上系统阐释人口流动（农业人口转移）、产业发展、就业吸纳、城镇融合之间的内在逻辑。将农业转移人口市民化作为一个过程体系、机制体系，从动力机制、传导机制、协同机制、保障机制等方面完整地呈现农业转移人口市民化驱动逻辑。多维立体地揭示农业转移人口市民化的路径依赖与政策组合。

　　本书是课题组与我的博士、硕士研究生共同研究的结果。课题组成员朱健、刘晓雄、申群意、龙新民、Dominic Twumasi、孙璐、刘青林、黄珊在课题研究过程中或参与调研，或参与研讨论证，付出了辛勤劳动，贡献了他们的智慧。陈瑶、喻科、闫蕾、陈周杰、郑先秀、李聪、张黎晴等博士、硕士研究生在后期报告撰写中做了大量工作，为顺利结题做出了重要贡献。在此表示感谢！

　　本书的最终完成，还得益于课题结题送审时各位匿名鉴定专家很好的意见建议，在此对他们的肯定与鼓励表示感谢！

　　本书的出版得到了湘潭大学商学院"双一流"学科建设经费的资助，同时也得到了中国社会科学出版社的大力支持，责任编辑李庆红女士做了大量细致的工作，在此一并表示感谢！

陈湘满

2020 年 4 月